MOHAMED EL-ERIAN

MERCADOS EM COLISÃO

COMO ENTENDER A CRISE E TRAÇAR ESTRATÉGIAS PARA UMA ERA DE MUDANÇA NA ECONOMIA GLOBAL

Mohamed El-Erian

MERCADOS EM COLISÃO

COMO ENTENDER A CRISE E TRAÇAR ESTRATÉGIAS PARA UMA ERA DE MUDANÇA NA ECONOMIA GLOBAL

Tradução
Gil Reyes

Revisão Técnica
Cristina Carvalho Vaz

Ediouro

À memória de meu pai

À minha mãe, esposa e filha

Ediouro

Editora: Cristina Fernandes
Assistente editorial: Marcus Assunção
Coordenadora editorial: Adriane Gozzo
Assistente de produção: Juliana Campoi
Preparação de textos: Alessandra Miranda de Sá
Revisão: Tereza Gouveia
Editora de arte: Ana Dobón
Projeto gráfico e diagramação: A2
Capa: A2, a partir do projeto original

Dados Internacionais de Catalogação na Publicação (CIP)
(Câmara Brasileira do Livro, SP, Brasil)

El-Erian, Mohamed A.
Mercados em colisão : como entender a crise e traçar estratégias para uma era de mudança na economia global / Mohamed A. El-Erian ; tradução Gil Reyes. -- São Paulo : Ediouro, 2008.

Título original: When markets collide.
Bibliografia.
ISBN 978-85-00-01419-2

1. Administração de risco 2. Ciclos econômicos 3. Economia mundial 4. Mercados globalizados 5. Política mundial I. Título.

08-10592 CDD-337

Índice para catálogo sistemático:
1. Sistema financeiro global : Análise : Economia mundial 337

Rua Nova Jerusalém, 345
Bonsucesso - Rio de Janeiro - RJ - CEP: 21042-235
Tel.: (21) 3882-8200 - Fax: (21)3882-8212/8313
www.ediouro.com.br

Sumário

Prefácio

MERCADOS EM COLISÃO DISCORRE SOBRE as dinâmicas que estão transformando a economia global. É importante para os investidores entender essas forças, embora elas pareçam difíceis de ser totalmente identificadas e compreendidas. Envolvem mudanças tanto nos mercados financeiros maduros quanto nos emergentes, que criarão novas oportunidades latentes numa configuração de riscos complexa e diferente.

Espero poder compartilhar com vocês algumas análises e *insights* sobre o que chamo de "novo destino" da economia global. No processo, vou falar também dos solavancos da viagem, dos desvios enganosos e das fortes oscilações que ocorrem à medida que as economias se transformam e o mundo emerge após um período de rupturas e confusão.

As mudanças de longo prazo, que os analistas chamam de "transformações seculares", são inerentemente desafiadoras. Envolvem realinhamentos significativos no poder econômico e complicadas transferências de controle no que determina crescimento econômico, riqueza, inflação e retorno de investimento. Surgem novos atores e instrumentos influentes, que são, de início, difíceis de analisar. Em termos mais gerais, o processo de transformação histórica gera conflitos entre o mundo de ontem e o de amanhã – e, ao fazê-lo, cria muito ruído.

Conforme nos dirigimos para esse novo destino, as infra-estruturas existentes são pressionadas, entre elas os governos, que precisam então lidar com desafios políticos difíceis, tendo informação incompleta e ferramentas obsoletas. Indivíduos e instituições precisam se adaptar a novas noções de direitos, reais e percebidos. Protagonistas que eram previamente dominantes no campo de jogo global devem agora aceitar a influência daqueles que ninguém considerava sérios competidores alguns anos atrás. E os atores repentinamente influentes precisam administrar os desafios do sucesso.

Este livro vai ajudar os investidores a navegar pelas transformações da modificada economia global – fenômeno que vai causar sério impacto na potência das estratégias de investimento e influenciar a eficácia das abordagens de administração do risco. Vamos detalhar os elementos de um plano de ação e apontar fatores que podem resultar em acidentes de mercado onerosos. Também argumentaremos que, ao navegar pela transformação, os investidores devem levar em conta as ações dos mentores políticos, tanto em âmbito nacional quanto internacional (ou "multilateral").

Eu, particularmente, contei com o privilégio de ter uma carreira que me expôs a questões tanto de investimento quanto de política e acabei reconhecendo que é impossível discutir estratégias de investimento para uma era de mudança global sem especificar de que modo investidores *e* mentores políticos devem e vão reagir. Não importa em que grupo estamos, os esforços bem-sucedidos requerem a compreensão de como os outros devem, ou irão, provavelmente se comportar.

Investidores que desejam manter alto desempenho e reduzir o risco de perdas repentinas e substanciais vão considerar, espero eu, úteis os *insights* e os quadros de referência deste livro para a compreensão do contexto, do enfoque e das implicações do novo cenário global.

Mercados em Colisão abrange os seguintes tópicos.

Depois da Introdução, o capítulo 1 detalha algumas das aberrações, enigmas e quebra-cabeças que têm dominado o cenário econômico e financeiro nos anos recentes. No nível mais básico, tais fenômenos sinalizam transformações seculares em andamento.

O capítulo 2 ilustra que, apesar das crescentes dificuldades na compreensão do cenário em mutação, os investidores têm encarado como pressuposto riscos significativos; e têm feito isso de maneiras que nem sempre ficam dentro do alcance dos organismos de fiscalização tradicionais dotados da sofisticação necessária. Como resultado, uma significativa turbulência atingiu o centro nervoso do sistema financeiro desde o verão de 2007. Esse fato trouxe uma série de perdas institucionais de alto nível, que fomentaram o risco de uma crise global de crédito e dispararam reações políticas de emergência pelo mundo afora.

Tendo esses desdobramentos como pano de fundo, o capítulo 3 discute de modo mais geral por que os investidores, inevitavelmente, demoram para compreender as transformações estruturais em andamento. Ao fazer a distinção entre ruído e sinais, a discussão apresenta ferramentas extraídas da economia e das finanças tradicionais, da ciência do comportamento e da neurociência. Essas ferramentas ajudam a explicar as causas subentendidas nas inconsistências de mercado e lançam luz sobre como e por que elas se resolvem com o tempo.

Naturalmente somos levados à discussão do capítulo 4, sobre o novo destino secular do sistema financeiro global. Nessa parte, são ilustradas as mudanças reais e possíveis nos elementos que desencadeiam as quatro variáveis que afetam a robustez de quase todas as abordagens consideradas pelos participantes do mercado: crescimento, comércio, formação de preços e fluxos de capital. O resultado será nada menos que uma mudança de regime, cujos próximo estágio da globalização e integração terão como característica motores de crescimento global mais diversificados, uma redução no comércio global e nos desequilíbrios dos balanços de pagamentos e uma alocação mais diversificada de fundos de investimentos ao redor do mundo.

Um destino só é relevante se você pode viajar até ele. Assim sendo, o capítulo 5 analisa a estrada à nossa frente, e com ela os buracos. Ele detalha os impulsos de não-linearidade ocasionados pelo risco de *acidentes de mercado* – transtornos causados por comportamento insustentável dos investidores e intermediários. Também examina a influência combinada de *erros políticos* potenciais por parte de governos nacionais e organizações internacionais.

Os três capítulos seguintes tratam de como os participantes do mercado devem se posicionar para se beneficiar dos ganhos financeiros e administrar as perdas da melhor forma. Para o sistema global em seu conjunto, o desafio é alcançar o equilíbrio dinâmico – ficar distante de grandes desequilíbrios estruturais e financeiros nos países industrializados (e nos Estados Unidos em particular) e voltado para a estabilidade implícita associada ao esperado fluxo de economias emergentes, como determinantes de peso do crescimento global e do fluxo de capitais.

O desafio tem dois componentes distintos que os investidores precisam compreender e otimizar de modo simultâneo e compatível com seu nível de qualificação. O primeiro trata do planejamento e implementação de um plano de alocação de recursos compatível com as realidades seculares à nossa frente (opostas às históricas). Em termos técnicos, o foco está na adequada especificação do "inchaço" da distribuição para os resultados globais. O segundo componente envolve administrar os "lados" da distribuição e, em particular, proteger parcialmente os portfólios contra os caprichos da viagem até o novo destino secular.

Para esse fim, o capítulo 6 começa com uma análise dos principais propulsores do desempenho superior em investimento no longo prazo, focalizando a alocação de recursos e os veículos eficazes de implementação. Como os investidores só conseguirão excelência se compreenderem de modo adequado o contexto político, o capítulo 7 concentra-se no enfoque das políticas nacionais. Também aponta as mudanças que são necessárias nas abordagens tradicionais para que consigam dar apoio às adaptações do investidor. Ainda oferece um plano de ação para instituições multilaterais que possam ter papel importante para aumentar a consistência internacional das ações nacionais, que de momento estão com a configuração errada.

O capítulo 8 suplementa a análise examinando o lado do risco. Ao detalhar a natureza assimétrica da redução do risco no sistema financeiro internacional, a ênfase recai nas abordagens que os investidores de longo prazo podem adotar para fazer a viagem de modo adequado.

As conclusões do livro estão no capítulo final.

Tive de fazer várias escolhas no esforço de escrever este livro. Tentei definir qual seria meu público-alvo e minha abordagem. Deveria me dirigir basicamente a investidores ou a colegas de círculos políticos e à comunidade de pesquisa? E quanto às ferramentas de análise? Deveria confiar em apenas uma abordagem ou incorporar um *mix* mais amplo?

Depois de pensar bastante nessas questões, decidi adotar uma abordagem eclética, apesar do risco de acabar num meio-termo confuso. Especificamente, estou me dirigindo tanto a investidores quanto a mentores políticos nacionais e internacionais. Adotei uma abordagem multidisciplinar que combina ferramentas tradicionais de análise com outras novas. E, ao longo de todo o processo, procurei vincular a discussão analítica a situações históricas e aos dias de hoje, incluindo minha experiência.

Numa extensão considerável, as escolhas foram determinadas por uma carreira que, acredito, foi enriquecida pelas oportunidades que me foram apresentadas de cruzar as fronteiras entre pesquisa, elaboração de políticas e investimento. As escolhas também refletem o estímulo intelectual que experimentei durante os anos de graduação na Universidade de Cambridge, onde o ensino da abordagem tradicional (neoclássica) da economia foi brilhantemente combinado com outras abordagens (como a keynesiana, a neo-ricardiana e a marxista). Esse coquetel de abordagens ajudou a incitar a mente dos alunos ao raciocínio. Também serviu como grande exemplo da importância de olhar as questões sob diferentes pontos de vista, com o reconhecimento explícito dos méritos e das limitações de cada abordagem.

É muita coisa para o que eu estimava como desejável para este livro; e quanto à viabilidade? As contribuições de outros – do passado e do presente – facilitaram minha capacidade de aproveitar *insights* de diferentes abordagens. Sempre que empacava, buscava encorajamento em alguns livros recentes – como *Freakonomics*[1], os dois volumes de Nassim Nicholas Taleb[2]; o livro de Peter Bernstein, *Capital Ideas Evolving*[3]; e o de Richard Peterson, *Inside the Investor's Brain*[4] –, que ilustram as vantagens de explorar as sinergias entre as diferentes disciplinas.

Por fim, ao escolher uma abordagem eclética, fui influenciado também por um *insight* mais abrangente proporcionado por John Maynard Keynes, talvez o economista mais influente de todos os tempos (e com certeza meu favorito). Keynes lembrava que a economia é "um método e não uma doutrina, um instrumento da mente, uma técnica de pensar que ajuda quem a possui a extrair conclusões corretas"[5]. Como tal, ela pode de fato se beneficiar de interações adequadas com outras disciplinas. Mais que isso, as interações atuam como verificações e equilíbrios, reduzindo o risco de que a ferramenta analítica ou a abordagem de um indivíduo sejam reféns de algumas suposições excessivamente simplificadoras ou de aplicações incompletas.

Espero que os leitores achem a natureza eclética deste livro útil para a compreensão do fenômeno global em andamento, e que afeta tantas pessoas, de tantas maneiras. Na verdade, talvez não haja alternativa para a compreensão da emergência dessa nova era econômica. A complexidade da mudança de regime é tal que garante o uso das ferramentas mais adequadas das disciplinas mais afins.

Terminei de escrever este livro em janeiro de 2008. Desde então, a economia global experimentou uma série de desdobramentos antes impensáveis, entre eles, o fim do Bear Stearns, um ícone dos bancos de investimentos norte-americanos, e as frenéticas tentativas políticas por parte das autoridades dos Estados Unidos para conter os danos da turbulência no mercado financeiro. Tais desdobramentos são coerentes com a análise deste livro. Na verdade, a análise prevê esses distúrbios e reforça a importância da conclusão deles para os que desejam terminar do lado benéfico dessas significativas mudanças globais, e não do lado das vítimas da inevitável turbulência que acompanha tais mudanças.

Introdução
Descobrindo sinais dentro do ruído

Pelos padrões dos mercados financeiros, entrei tarde no mundo dos investimentos. Tinha 39 anos quando troquei a relativa previsibilidade e estabilidade de uma carreira no Fundo Monetário Internacional (FMI), no final de 1997, pela briga de foice do Salomon Smith Barney, em Londres. Seguiu-se uma fascinante jornada durante a qual tive o privilégio de testemunhar de perto a lenta porém constante transformação do cenário econômico e financeiro global.

No início, as mudanças tiveram impacto sobre áreas relativamente pequenas do mundo do investimento e da política – essencialmente, o segmento especializado de investimento em mercados emergentes e o ainda mais especializado e arcano mundo dos derivativos e da transferência de risco. Mas os fenômenos – e tudo aquilo de bom, ruim e feio que os acompanhou – ganharam força, e hoje são criticamente relevantes para um amplo espectro de investidores, mentores políticos e instituições internacionais.

Por meio da discussão profunda desses fenômenos, *Mercados em colisão* procura lançar luz sobre como as atuais mudanças econômicas e técnicas, às quais me refiro ao longo do livro como "transformações", estão impactando o mundo em que vivemos – atual e futuro. O livro oferece âncoras analíticas para a identificação dos elementos-chave dos fatores que, para alguns, se tornaram propulsores dentro de um ambiente extraordinariamente fluido. Ao fazê-lo, vou revelar muitas das razões compreensíveis que, em outras circunstâncias, investidores racionais e bem informados podem demorar a reconhecer como importantes pontos de inflexão; e, em decorrência, ficar propensos a cometer erros. Em alguns casos, tais erros resultaram em turbulências de mercado, repentinas interrupções de liquidez[1], falhas institucionais e reações baseadas em políticas emergenciais – e vão continuar a se manifestar dessa forma.

As informações deste livro têm importantes implicações práticas para estratégias de investimento, abordagens de negócios e elaboração de políticas. Oferecem aos leitores *insights* sobre a melhor maneira de explorar as novas oportunidades e minimizar a exposição a padrões mutáveis de risco. Ou, no jargão de marketing, o objetivo é minimizar o lado esquerdo (ou seja, desfavorável) da distribuição de resultados e, simultaneamente, explorar o lado direito (ou seja, favorável).

Nesta nova era econômica e financeira, esses dois extremos estão mais inchados (*fat tails*).

TRANSFORMAÇÕES: INERENTEMENTE ENGANOSAS

Não é fácil identificar nem navegar pelas transformações, em especial quando são de início imprevistas e evoluem com rapidez. Ao desafiarem o saber convencional e os direitos históricos, as transformações alimentam uma dinâmica que é inevitavelmente não uniforme e, às vezes, imprevisível. De fato, os fenômenos acentuam de maneira relevante as dificuldades que as pessoas têm ao enfrentar as mudanças mais familiares de longo prazo (isto é, seculares). Aqui, as questões tendem a girar essencialmente em torno do *timing* e da regularidade da mudança, em oposição a considerações secundárias de tempo e consistência do sistema.

À medida que mercados individuais ganham impulso, fica evidente que as infra-estruturas políticas e de mercado não podem mais apoiar adequadamente as realidades emergentes, tanto em âmbito nacional como internacional. Atividades que tenham acabado de se tornar viáveis em decorrência das transformações tendem a superar a capacidade do sistema de acolhê-las e dar-lhes sustentação. O resultado é uma série de bloqueios e outros "problemas no encanamento" cuja prevalência dá origem a uma confusão inicial, turbulência, um jogo de atribuição de culpas e subseqüente compreensão de que é necessário algum tipo de mudança.

Portanto, quando os ajustes necessários são promovidos, os participantes do mercado – investidores e mentores políticos nacionais e multilaterais – enfrentam a incerteza e se preocupam com a perspectiva de turbulências adicionais. A turbulência de mercado que começou no verão de 2007 ilustra erros de pontaria e transtornos que provavelmente continuarão a acontecer. Eu chego ao ponto de afirmar que a turbulência vai estremecer os alicerces de nosso sistema financeiro global. O que começou como um problema peculiar ao segmento de hipotecas de risco no mercado dos Estados Unidos se metamorfoseou numa série de colapsos cujo impacto está sendo sentido tanto em Wall Street como nos negócios em geral.

As reações dos participantes de mercado, tanto do setor público como do privado, foram a princípio minadas pela sua falta de compreensão das causas e conseqüências da turbulência. Houve um número excessivo de observadores que apressadamente descartaram a turbulência como algo transitório e de impacto limitado. Investidores, em particular no mercado de ações, a encararam como um evento isolado que não iria se revelar contagioso. Os mentores políticos de início ficaram a distância, também influenciados pelo compreensível desejo de deixar que os tomadores de empréstimos mais gananciosos e os emprestadores inescrupulosos sofressem as conseqüências de suas ações.

No entanto, não demorou muito para que tudo mudasse, quando elementos do setor financeiro e da economia como um todo caíram com um forte estrondo. O reconhecimento mais amplo disparou um processo de acerto de passos que envolvia maciças injeções de liquidez de emergência por bancos centrais ao redor do mundo. Quando tais injeções falharam em deter o colapso, o governo dos Estados Unidos foi forçado a adotar um grande pacote de incentivos fiscais e dar apoio direto ao setor imobiliário. Enquanto isso, altos executivos de importantes bancos de investimentos no Ocidente se voltaram para a Ásia e o Oriente Médio numa campanha maciça de levantamento de capital, que foi descrita nas primeiras páginas da mídia financeira como envolvendo "tábuas de salvação" (*Wall Street Journal*)[2], *bailouts* – ou "socorro financeiro" – (*Financial Times*)[3] e "invasão dos fundos estatais de investimentos" (*The Economist*)[4].

Para alguns de nós, a turbulência do mercado financeiro que começou no verão de 2007 reflete a transformação secular da economia global. Existem agora forças econômicas e financeiras em jogo cujos impactos têm grandes conseqüências, mas que não podem por enquanto ser adequadamente sustentadas pelas atuais políticas e infra-estruturas de mercado mundiais.

Portanto, os ganhos de eficiência que elas trazem estão associados a riscos mais altos de distúrbios em curto prazo. De fato, uma das mensagens importantes deste livro é: *a presente turbulência não é nem o início nem o final da fase de transformações*.

Uma série de inconsistências e anomalias, que serão detalhadas ao longo do livro, atuaram como *sinais* precoces da crescente tensão entre a pressão exercida pelos participantes ou atores no cenário das finanças globais e o que poderia ser acomodado com sensatez e segurança pelos sistemas existentes a fim de minimizar o risco de turbulência. Os sinais também indicaram a extensão em que transferências de riqueza além-fronteiras fortaleciam um novo conjunto de atores e produtos no que diz respeito à influência global.

À medida que for lendo este livro, é importante compreender que as forças por trás da recente crise financeira não se dissiparam. Ao contrário, transformações globais subjacentes vão desempenhar um papel fundamental no sentido de definir e influenciar o cenário dos investimentos e da política pelos próximos anos.

Quando o ruído se torna importante

Esse processo acidentado nada mais é do que a colisão de mercados, na qual *os mercados de ontem colidem com os de amanhã*. A dinâmica subjacente é a de uma transferência entre atores, instrumentos, produtos e instituições. Nesse ambiente, o desafio básico é compreender a inevitável falta de uniformidade dessas transferências e administrá-las de maneira adequada sem perder de vista a natureza e as implicações dos novos destinos.

Os participantes do mercado começam a tomar consciência das transformações por meio do que se conhece comumente como "ruído". O ruído vem a princípio da repentina emergência de anomalias em relacionamentos estabelecidos há longa data, considerados estáveis pelos participantes. A tendência tipicamente humana é tratar as anomalias como temporárias e reversíveis. As pessoas tendem a não dar importância ao ruído, como se não contivesse informação significativa. Em conseqüência, acreditam que não faz muito sentido pensar nas implicações de mais longo prazo para as estratégias de investimento, modelos de negócios ou políticas nacionais e multilaterais. Mas uma leitura cuidadosa da história e da teoria sugere outra coisa. O ruído pode ser importante desde que contenha sinais de mudanças fundamentais que, até o momento, não tenham sido captados pelas ferramentas de monitoramento convencionais.

Em meu primeiro ano como analista de negócios da Salomon Smith Barney em Londres, no fim da década de 1990, aprendi por meio de observações uma lição simples mas poderosa a respeito de como abordar o ruído de mercado. Em vez de automaticamente desconsiderá-lo, devemos nos perguntar se há *sinais dentro do ruído*. Aprendi essa lição ao observar um colega inteligente – um corretor de vinte e poucos anos – que trabalhava na mesa de títulos de mercados emergentes. Seu nome é Edward Cowen. Lembro de Edward como um corretor talentoso e fanático torcedor do Arsenal, time de futebol inglês.

Edward era particularmente bem versado em uma das três qualidades que Bill Gross, fundador da Pacific Investment Management Company (PIMCO) e muito respeitado como "Rei dos Títulos", afirma serem essenciais para um administrador ideal de carteira de títulos, ou, de modo mais realista, uma equipe de administração de carteira de títulos: ser *street smart*, que significa ter a sabedoria das ruas. E, para quem via de fora, Edward parecia ter isso e se orgulhar do fato, a tal ponto, segundo me contaram, que no início da carreira preferia ser visto indo para a sua mesa de manhã com um jornal popular embaixo do braço a ser pego em flagrante com o *Financial Times* ou o *Wall Street Journal*.

A intuição de mercado de Edward era tão aguçada que superava as duas outras qualidades identificadas por Bill Gross: uma formação rigorosa em economia e domínio da matemática financeira. Essas qualidades tornavam Edward um fazedor de dinheiro para a empresa já desde muito jovem. De fato, ele mostrava bem naquela época o que a pesquisa, particularmente em finanças comportamentais e neurociência, confirmou: a importância da intuição, em especial nos períodos de tensão do mercado. Essa atitude era mais visível no modo como ele tratava analistas como eu. Em algumas ocasiões, afastava-se um pouco dos mercados para ouvir nossa opinião – na verdade, ele a requisitava agressivamente. Nesse processo, ele nos pressionava para saber se a turbulência refletia um potencial realinhamento dos aspectos fundamentais. Outras vezes, ele nos pedia (em geral, de modo educado, mas nem sempre) que ficássemos afastados de sua mesa, para que não o confundíssemos com alguma análise de aspecto fundamental que não tivesse nenhuma relação com as realidades do comportamento do mercado naquele dia.

Essa lição – e sobretudo a disciplina de pensar a respeito de interpretações potencialmente diferentes da agitação do mercado – ficou comigo quando passei da análise de mercados na Salomon para investir diretamente neles na PIMCO e na Harvard Management Company (HMC). E ao longo dos anos encontrei validação para essa abordagem em trabalhos acadêmicos sérios relativos a informações imperfeitas e assimétricas, falhas de mercado e finanças comportamentais.

Na maior parte do tempo, apliquei a lição a estratégias e negócios específicos. Cedo na minha carreira em investimentos, tive a sorte de me envolver com uma classe de ativos (títulos de mercados emergentes) inerentemente inclinada a ruídos e reações exageradas de investidores. Afinal, ela estava ainda em sua fase inicial de maturação. O desafio era identificar as causas da agitação e derivar suas implicações. E o resultado com freqüência era bom, não só por meio dos contratos que a PIMCO fez na queda do preço dos títulos da Argentina entre 2000 e 2001 e na grande recuperação do preço dos títulos brasileiros após o verão de 2002, mas também em posições divergentes tomadas em relação a eventos em mercados menores (por exemplo, a maneira pela qual os mercados estavam extrapolando no início de 2002 o impacto da inadimplência da Argentina em relação ao México e o impacto da instabilidade política do Zimbábue sobre a África do Sul)[5].

A metodologia era simples: observar e analisar as causas subjacentes ao ruído; ver como aquelas causas se relacionavam com uma análise específica e distinta de avaliações baseadas em fundamentos econômicos e financeiros e técnicas de mercado; testar os achados iniciais em relação às visões de especialistas nos mercados e derivar implicações em curto e longo prazos para as avaliações de ativos financeiros que sofreram impacto e para aquelas que estão ligadas por um domínio comum ou outras correlações.

Em muitos casos, a resposta correta era "atenuar progressivamente" o ruído – tratá-lo como um desvio temporário e reversível. Mas, em alguns casos importantes, a resposta correta era interpretar o ruído como portador de sinais – sinalizador de significativas mudanças em parâmetros que governam tanto os preços relativos como os absolutos em alguns segmentos de mercado. Sempre a abordagem correta era resistir à tentação inicial de apenas desconsiderar e, portanto, ignorar o ruído.

Algum tempo depois, eu documentei o processo como colaborador regular para a PIMCO e em artigos opinativos para o *Financial Times* e a *Newsweek*[6]. Os artigos tinham um objetivo simples: explicar desdobramentos e tendências recentes de mercado, adicionando o modo como impactavam estratégias de investimento e políticas em andamento. No processo, acabei compilando um conjunto de evidências que sugeriam que o ruído sinalizava a emergência de profundas e, até aquele momento, pouco compreendidas mudanças que impactavam a economia global e o cenário financeiro.

Uma mudança na natureza do ruído que vinha dos mercados apoiava essa evidência. A partir de 2004 e 2005, saímos de um mundo onde o ruído era em geral associado a inconsistências *decorrentes* nos mercados e entramos em outro mundo onde as inconsistências *simultâneas* eram notáveis. Em outras palavras, em vez de serem apenas incompatíveis *ao longo do tempo*, os sinais cada vez mais fortes que vinham de vários segmentos do mercado também se tornaram crescentemente incompatíveis *ao mesmo tempo*.

Algumas inconsistências recentes

Há muitos exemplos de anomalias recentes, várias das quais são discutidas em detalhe no capítulo 1. Talvez o exemplo mais vívido dessa mudança tenha vindo no início de 2005, quando Alan Greenspan, o antigo presidente do Federal Reserve dos Estados Unidos, descreveu como um "enigma" o fato de que sucessivas e significativas altas nas taxas de juros de curto prazo (o índice dos fundos federais) tivessem sido acompanhadas por baixas nas taxas de juros de longo prazo nos Estados Unidos[7]. De fato, por um período que pareceu uma eternidade para investidores (muitos dos quais sentem uma semana como um tempo muito longo), o mercado de títulos dos Estados Unidos apresentou sinais a respeito da economia que conflitavam com os que vinham do outro mercado mundial de maior liquidez, o mercado de *equities* norte-americano.

Essa inconsistência veio acompanhada por uma situação bastante peculiar entre observadores do Fed, aquele grupo de economistas e analistas de Wall Street que ganham a vida prevendo o comportamento da taxa de juros mais influente do mundo: a taxa dos fundos do Fed. Em meados de 2006, com a taxa a 5,25%, a maioria dos observadores do Fed se dividiu em duas facções opostas. Uma previu com confiança *elevações* da taxa – para 6%; a outra, com igual confiança, previu *cortes* – para 4%. Lembro de ter notado várias vezes que não me recordava de tamanhas divergências em sinais e dimensões entre observadores de mercado de tanta credibilidade como aqueles.

No entanto, apesar das visões tão divergentes e dos sinais incompatíveis que provinham dos dois mercados financeiros de maior liquidez no mundo, os tradicionais indicadores de volatilidade e incerteza de mercado (ou de medo do mercado) continuavam a alcançar novas baixas. Um número excessivo de participantes do mercado começou a confundir o declínio na volatilidade do mercado com um declínio no risco geral. Isso os levou a fazer negócios de risco cada vez mais alto. Empréstimos questionáveis foram feitos e, com a alquimia financeira operando ao longo do tempo, uma série de balanços foram excessivamente alavancados (entre eles, os dos proprietários de imóveis dos Estados Unidos), usando veículos, produtos e instrumentos de investimento excessivamente complexos[8].

O trabalho que empreendi com colegas na PIMCO e na HMC para explicar as inconsistências econômicas e financeiras indicou três forças estruturais. Ao entrarem em funcionamento, esses fatores emitiam sinais incomuns, tanto isoladamente como por meio de interações. No processo, eles misturavam modelos existentes com os princípios básicos aceitos. E, embora não fossem os únicos fatores em jogo, eram influentes o suficiente para explicar muito do que desconcertava os investidores e mentores políticos.

Desconsiderar os sinais

O crescente predomínio de sinais incomuns não era acompanhado por um ajuste suficientemente significativo da parte dos participantes do mercado. Em vez de procurar novas âncoras analíticas e operacionais para entender de melhor forma os desdobramentos, houve um número excessivo de investidores que seguiram em frente a todo vapor, assumindo mais riscos e se engajando fortemente em novas atividades com abordagens antiquadas. Mentores políticos expressaram algum desconforto, mas eles pareciam ou sem disposição ou sem capacidade para agir. Na verdade, assim com a maioria dos observadores de mercado, os mentores políticos passaram a se tornar "dependentes de dados", uma vez que seus velhos modelos aparentemente sólidos não conseguiam explicar as realidades do momento. A dependência de dados foi adotada apesar do reconhecimento de que informações econômicas e financeiras de alta freqüência são inevitavelmente voláteis e sujeitas a importantes revisões *ex post*.

Uma situação assim faz antever desdobramentos caóticos. De fato, um problema de navegar por mercados sem âncoras analíticas robustas é que pode haver conseqüências graves se houver uma virada repentina nos dados de alta freqüência e/ou nos preços. Esse fenômeno foi, é claro, vivamente ilustrado desde o verão de 2007. No intenso período que se seguiu, o sistema financeiro sofreu tremendos danos. Quando a fumaça começou a se dissipar, a estimativa inicial da mídia de 18 bilhões de dólares em perdas para os "grandes bancos"[9] foi depois revista para 400 bilhões por analistas do Deutsche Bank.

Um cancelamento de 8 bilhões de dólares do Merrill Lynch foi seguido pela demissão de seu CEO, Stan O'Neil. O CEO do Citigroup, Chuck Prince, também se demitiu, depois de perdas adicionais de 8 a 11 bilhões de dólares. O pior ainda estava por vir. Algumas semanas depois, ambas as instituições anunciaram outra rodada de perdas que deixou Wall Street perplexa; e houve mais outra rodada poucas semanas depois. E não foram as únicas.

Uma avaliação otimista inicial do UBS abriu caminho para um cancelamento de hipotecas de risco de vários bilhões de dólares, o que levaria a uma perda geral para o ano todo. Uma série similar de eventos ocorreu no Morgan Stanley e em outros locais de Wall Street e da Europa. Na verdade, o Goldman Sachs pareceu ser o único grande banco de investimentos que conseguiu atravessar bem a turbulência[10]. E também se destacou como uma das poucas grandes instituições que não foram forçadas a entrar em campanha urgente de levantamento de capital para salvaguardar seu balanço.

A turbulência no sistema bancário foi apenas parte da história nos mercados financeiros. Várias empresas de hipoteca faliram. Companhias AAA que fazem seguro de títulos emitidos por municípios e outros enfrentaram grandes perdas e a perspectiva de cair no *ranking*, além de serem forçadas também a procurar injeções de capital de emergência.

Os danos aos mercados financeiros pressionaram os governos e os bancos centrais a agir de preferência na administração de crises. Isso foi muito bem exemplificado nos cortes drásticos de juros que ocorreram nos Estados Unidos e no pacote do governo norte-americano de estímulos fiscais de emergência. Mesmo assim, a credibilidade do setor público (ou seja, governos, bancos centrais e agências reguladoras) sofreu abalo, incluindo o Banco da Inglaterra, que foi forçado a fazer uma reversão radical em sua política, muito divulgada. Na verdade, quase todos os organismos reguladores e de fiscalização nos principais países industrializados foram alvo de críticas, assim como as agências classificadoras de riscos.

Não devemos esquecer os negócios como um todo. A turbulência nos mercados financeiros levantou legítimas preocupações sobre os danos colaterais à economia. Multiplicaram-se as referências a uma "crise de crédito", o que chamou a atenção dos políticos e produziu várias sessões legislativas, em particular no Congresso dos Estados Unidos. O questionamento foi muito além do fato desencadeador mais próximo (o desastre no mercado de hipotecas de risco) e das conseqüências potenciais (mais embargos consumados e esperados). Também incluiu a quebra na proteção ao consumidor e na regulação financeira, o papel da fraude, a quase-paralisação dos mercados de capitais, a fragilidade das atividades interbancárias e as atividades das agências classificatórias de crédito. E, ao considerar o papel potencialmente estabilizador do capital novo e paciente que aguardava a distância, alguns políticos questionaram seus motivos em vez de dar boas-vindas a seu envolvimento[11].

Não surpreende que os observadores começassem a questionar o impacto no longo prazo desse episódio. Alguns expressaram a preocupação de que isso não fosse uma flutuação cíclica, mas algo que pudesse pregar uma peça no processo de globalização e, de maneira mais precisa, comprometesse a integração dos mercados através das fronteiras geográficas e dos instrumentos financeiros.

A NOVA REALIDADE SECULAR

A reação de alguns observadores num passado recente – em especial os que antes apoiavam com entusiasmo a globalização financeira e que passaram a desejar abandoná-la – lembra a maneira como as crianças de cinco a sete anos jogam futebol: elas tendem a perseguir a bola como se fossem uma manada barulhenta. São, com efeito, totalmente dependentes de dados. Sua abordagem contrasta de modo agudo com o comportamento de crianças mais velhas. Ancorados em melhor compreensão do jogo e com disposição mental mais estratégica, jogadores mais velhos procuram manter posições no campo e confiam mais em deixar que a bola faça também sua parte.

Portanto, você pode perguntar, que fatores estruturais ajudam a explicar o ruído e por que tem sido tão difícil para os participantes do mercado desenvolver ferramentas de análise e abordagens adequadas?

Tenho certeza de que você deve ter deparado com estes três fatores sob vários rótulos:

- O primeiro é um realinhamento fundamental do poder e da influência da economia global, incluindo o deslocamento gradual para um conjunto de países que antes tinham pouca ou nenhuma influência sistêmica.
- O segundo é uma pronunciada acumulação de riqueza financeira nas mãos de um conjunto de países, entre eles, agora alguns que antes estavam mais acostumados a ser devedores e tomadores de empréstimo do que credores e investidores. Isso alimentou a influência sistêmica dos fundos estatais de investimentos (*sovereign wealth funds*, ou SWF)[12], reforçou o desejo natural de diversificar a alocação de seu capital e atraiu a atenção de políticos nos países industrializados.
- O terceiro é a proliferação de novos instrumentos financeiros que alteraram de maneira profunda as barreiras de entrada em muitos mercados. Para alguns, como Greenspan, eles são uma fonte importante de transferência de risco e de diversificação de risco; para outros, como Warren Buffett, o conhecido investidor, constituem "bombas-relógio" similares a armas de destruição financeira em massa[13].

A interação desses três fatores resultou, e continuará resultando, em profundas mudanças nos propulsores de relações-chave na economia e nas finanças globais. Os mercados colidem à medida que novos atores, instrumentos, produtos e instituições assumem maior importância sistêmica e o fazem de maneira diferente das configurações anteriores. Não é de admirar a dificuldade que tiveram os participantes do mercado para se adaptar de maneira rápida e eficaz.

Esses fenômenos têm sido vistos no surgimento de propulsores novos – e em alguns casos inimagináveis anteriormente – que atuam em variáveis tão básicas como crescimento econômico global, comércio, formação de preços e fluxos de capital – variáveis que os investidores devem levar a sério por terem enorme peso na escolha adequada das estratégias de investimento, modelos de negócios e políticas. Eles também são vistos na tensão enfrentada por atores antes dominantes no setor financeiro, alguns dos quais têm se ajustado com maior rapidez do que outros. E testemunham ainda a maneira pela qual as interligações dos mercados estão mudando. Como resultado, a diversificação não traz mais para os investidores a mesma comodidade que trazia antes.

Tudo isso leva, de maneira inevitável, a oscilações excessivas na *produção e consumo* de novos e complexos "produtos estruturados" e nos correspondentes veículos de investimento, com a conseqüente necessidade de custosas operações de "limpeza".

Problemas no encanamento decorrentes da nova realidade

Existe outra razão pela qual a história nos diz que tais mudanças estruturais e fundamentais não são fáceis de absorver. Não apenas porque a identificação dos riscos é feita com atraso e os riscos se configuram de modo diferente; é também porque as mudanças têm de ser acompanhadas por uma readaptação das funções que possibilitem a continuidade, o que inclui os "encanamentos" e a infra-estrutura dos mercados financeiros. No entanto, muitos investidores se sentem compelidos a acompanhar a maré, seja de bom grado ou de outro modo.

Essa combinação resulta num problema típico de encanamento: os canos simplesmente não conseguem fazer frente ao fluxo de novas e velhas transações. Isso é válido para as empresas individuais, em que a disposição dos administradores do portfólio de usar novas estratégias ainda não é acompanhada pela capacidade dos gerentes de nível médio e de retaguarda de processá-las e mantê-las de modo adequado. É também válido para o sistema financeiro como um todo, no qual os parâmetros básicos – como as avaliações, exposição de preços, transparência e fiscalização adequada – correm o risco de ficar sobrecarregados. Ainda é válido para a política, em que os instrumentos tradicionais são menos poderosos.

Como os problemas no encanamento que enfrentamos em casa, o resultado é um processo de limpeza que costuma ser desagradável. Os custos também podem ser significativos, já que se relacionam não apenas ao próprio problema, mas ainda aos danos colaterais. De fato, os investidores enfrentam mais do que o difícil desafio de entender o novo *destino* (ou "situação clara"), incluindo o que isso implica para as configurações institucionais e organizacionais. Eles também precisam compreender e percorrer uma *jornada* que é inevitavelmente turbulenta e não-linear. E com isso vem a probabilidade de *acidentes de mercado e erros políticos*.

Devido às dificuldades de conseguir identificar rapidamente e se adaptar às múltiplas mudanças estruturais, é inevitável que alguns investidores (entre eles, os que tiveram sucesso anteriormente) tropecem, que algumas empresas venham à falência, que alguns mentores políticos de prestígio se mostrem lentos em tomar medidas e que algumas instituições internacionais percam relevância. Desde que os números permaneçam contidos, tais aspectos irão constituir apenas "ferimentos superficiais" em uma transformação secular que, no geral, é robusta. Mas, se esses poucos se tornarem muitos, o mundo enfrenta a perspectiva de um ajuste desordenado, caracterizado por crescimento econômico decepcionante, desemprego mais alto, maior pobreza, guerras comerciais, controles de capital e instabilidade do mercado financeiro.

Um quadro de referência para compreender a nova realidade

Num cenário como esse, o propósito deste livro é documentar e detalhar as mudanças estruturais fundamentais que estão agora em jogo – tanto o impacto individual delas como a maneira pela qual tais mudanças convergem para definir um novo destino secular. Em decorrência, o livro também lança luz no caminho. Essa combinação oferece aos leitores âncoras analíticas – modelos mentais, se você preferir – que podem ajudar na formulação e na implementação de estratégias para uma era de mudança econômica e financeira.

Acredito que este livro atenderá aos seus objetivos se ajudar os leitores a compreender melhor a natureza e as implicações das realidades seculares globais emergentes. Para esse fim, ele detalha os desafios com os quais se defrontam os participantes de mercado e sugere maneiras de encará-los. O foco está na capacidade de lidar tanto com os resultados seculares mais prováveis (os resultados que ancoram os lados da distribuição de resultados) como com as grandes perturbações potenciais (o farto lado esquerdo da distribuição).

Na tentativa de alcançar esse objetivo, o livro também fornece um quadro de referência para explicar desdobramentos no setor financeiro e no mundo da política, incluindo a recente turbulência de mercado e os problemas de liquidez que começaram no verão de 2007. Demonstrei que os desdobramentos compartilham uma raiz comum: a tendência que as transformações estruturais têm para propiciar atividades que de início superam a capacidade do sistema em acomodá-las e dar-lhes sustentação. Esse descompasso vai continuar a ocorrer no período que vem pela frente, quando provavelmente haverá uma prolongada fase de reconciliação em termos de empresas individuais e das nações, e no sistema multilateral como um todo.

A análise, portanto, elucida fatores como a recente migração em larga escala das atividades financeiras para além do alcance das jurisdições de fiscalização e regulação tradicionais; o giro de praticamente 180 graus nas fontes e nas vítimas de problemas sistêmicos; as dificuldades para avaliar determinados instrumentos; a proliferação de veículos de investimento estruturados (*structured investment vehicles*, ou SIVs) e outros encanamentos que ficam fora do balanço patrimonial; e a nova influência dos SWFs.

Finalmente, a análise trata também do incomum espetáculo de ver o sistema bancário mais sofisticado do mundo sofrer uma pressão significativa. Lança luz sobre aquilo que antes era tido como um bloqueio altamente improvável e, para alguns, inimaginável do vibrante mercado para tomada de dinheiro com base em papéis comerciais. Explica por que os investidores tiveram de passar de repente a se preocupar com a estabilidade de seus fundos de investimentos e com suas velhas instituições financeiras. E detalha por que as autoridades de países com mecanismos de mercado altamente desenvolvidos foram forçadas a adotar a administração de crises e ações políticas de emergência.

Capítulo I

Aberrações, enigmas e quebra-cabeças

Na Introdução, esclareci que nos últimos anos surgiram questões econômicas e financeiras que não podem ser explicadas pelos modelos e pelas posturas mentais existentes nem pela experiência passada. Como resultado, foram chamadas de "aberrações", "enigmas" e "quebra-cabeças", e muitas pessoas do mercado as desconsideraram como apenas "ruído" e, portanto, desprovidas de informação significativa. Mas essas questões eram, na verdade, sinais de mudanças subjacentes que provaram ter grandes conseqüências – como ilustrado particularmente na crise que abalou os alicerces do sistema financeiro internacional desde o verão de 2007. Esses sinais continuam sendo significativos para os investidores agora e continuarão a sê-lo no futuro.

Talvez a reação mais famosa a essas anomalias e inconsistências seja a que está contida no relatório financeiro semestral ao Senado feito pelo então presidente do Fed, Alan Greenspan. No relatório de fevereiro de 2005, ele observou que "de momento, o comportamento totalmente imprevisto dos mercados de títulos mundiais permanece um enigma". Ainda recordo a reação dos analistas da PIMCO quando Greenspan usou a palavra "enigma". Muitos ficaram impressionados de ver que o mais respeitado, versado e influente mentor político da época não conseguia encontrar uma explicação para algo tão básico como a forma da curva da taxa de juros dos Estados Unidos (a "curva de rendimentos").

Greenspan não estava nem de longe sozinho. Mais tarde, em 2005, *The Economist* publicou matéria de capa sobre a desconcertante economia global. Alguns meses mais tarde, Larry Summers, professor de Harvard e ex-secretário do Tesouro dos Estados Unidos, referiu-se a "uma ironia de nosso tempo" ao refletir sobre a configuração dos balanços de pagamentos globais. Ele comentava o grande fluxo de capital dos países em desenvolvimento para os países industrializados, ou dos pobres para os ricos – um fluxo que corre completamente ao contrário não apenas daquilo que predizem os manuais de economia, mas também da lógica de relacionamentos entre ricos e pobres. Summers observou: "Pelo que sei, não era previsível nem foi previsto; as implicações desse fato são extensas, e ainda não se pensou devidamente nelas"[1]. O ministro das Finanças da Nova Zelândia também ficou perplexo, de maneira semelhante, quando lhe pediram que comentasse as ações dos investidores em seu país. Numa entrevista de setembro de 2006 para o *Financial Times*, descreveu esses investidores como "irracionais", observando que seu comportamento de investimento era próprio de "gente que devia ser um pouco esquisita"[2].

Para mim, o maior quebra-cabeças está centrado na reação dos investidores, em particular na capacidade *e* na disposição do sistema financeiro de superconsumir e superproduzir produtos de risco no contexto de uma incerteza sistêmica tão grande. Como outras pessoas, fiquei impressionado ao perceber como dois fenômenos que esperávamos ter correlação negativa acabaram sendo positivamente correlacionados por tanto tempo – por um lado, a significativa queda nos prêmios pagos aos investidores para assumir riscos e, por outro, o desejo dos investidores de assumir ainda mais riscos de baixo preço como esses.

A dinâmica subentendida nessa correlação positiva, que vou discutir mais detalhadamente no capítulo 2, foi mais ou menos a seguinte: alguns investidores hesitavam em aceitar os retornos mais baixos esperados, associados ao declínio generalizado dos prêmios pelos riscos. Em decorrência, tentaram extrair resultados adicionais. A alavancagem foi a melhor maneira de fazer isso: ao emprestar, eles tinham mais dinheiro para trabalhar sua melhor idéia de investimento; e isso aparentemente fez sentido, já que o retorno esperado foi maior do que o custo do empréstimo. Em contrapartida, as posições alavancadas fizeram os prêmios por risco baixarem ainda mais, incentivando outra rodada de alavancagem.

Esse ciclo é apenas um exemplo da espantosa tranqüilidade e autoconfiança que prevaleceram apesar da abundância de coisas que não podiam ser explicadas. Em vez de ficarem a distância até que surgissem as explanações adequadas, muitos investidores se lançaram em negócios cada vez mais arriscados e alavancagens ainda mais altas. Wall Street reagiu com ritmo acelerado na elaboração de produtos cada vez mais complexos. Muitos desses produtos ofereciam aos investidores "alavancagem embutida", favorecendo de modo direto os que procuravam ampliar o que de outro modo teria, para eles, uma expectativa baixa de retorno. E enquanto mentores políticos nacionais e multilaterais expressavam uma mistura de preocupação e atordoamento, nenhum deles tomou medidas significativas para elevar a taxa de juros e cortar a euforia no melhor da festa.

Alguns meses mais tarde, a economia mundial viu-se sob significativa turbulência de mercado. Diferentemente das crises financeiras globais dos 25 anos precedentes, essa foi desencadeada por eventos na economia mais sofisticada do mundo, a dos Estados Unidos. Ela impactou os segmentos mais próximos das autoridades monetárias, a saber, as interações entre os bancos. E os resultados foram estranhos, para dizer o mínimo.

Considere a oscilação altamente incomum ao longo do dia nas taxas de juros, de mais de 100 pontos-base, ocorrida no mercado de títulos do Tesouro dos Estados Unidos e que, pelo menos em uma ocasião, estava associada a erosões incomuns na liquidez e nos fluxos de mercado. Seria de esperar que um evento tão disseminado pelo sistema causasse danos colaterais ou fosse contagioso, talvez até levando as pessoas a fazer fila do lado de fora das agências bancárias para sacar seu dinheiro. Com base na história recente, era esperado ainda que as vítimas fossem as economias emergentes, com um sistema bancário frágil, e não um país industrializado com um sofisticado sistema financeiro.

Houve de fato uma corrida aos bancos, mas no Reino Unido. O evento deixou o governo em pânico no sentido de garantir todos os depósitos bancários e disparou uma incrível reviravolta na política pública de um banco central altamente respeitado: o Banco da Inglaterra. Também houve danos colaterais cuja extensão, há alguns anos, teria causado a perda do cargo de Ministro da Fazenda e diretores de bancos centrais em economias emergentes e, em alguns casos, de primeiros-ministros e presidentes. Mas desta vez as vítimas no alto escalão foram os CEOs de alguns dos mais influentes bancos do mundo e outros diretores de corporações.

A lista de aberrações não pára por aí. É interessante que os numerosos exemplos não se restringem a apenas um mercado, a um país ou a um conjunto de atores. Dizem respeito a vários deles. Também digno de nota é o fato de que a tendência mais usual, de que as inconsistências ocorram *seqüencialmente*, deu lugar ao surgimento de inconsistências que se produziram *simultaneamente*.

Portanto, não surpreende que, na presença de tantas anomalias, algumas abordagens convencionais de fazer investimentos se mostrassem menos eficientes. As estratégias convencionais e os modelos de negócios não captam mais de maneira adequada a dinâmica real da economia global; e os atores dominantes do setor são desafiados por competidores que antes pareciam empreender apenas atividades de baixo valor agregado e, portanto, não eram encarados como participantes influentes do mercado. Ao mesmo tempo, medidas políticas e mecanismos de fiscalização perdem cada vez mais sua relevância e eficácia.

Nas seções a seguir, vou discutir a natureza das aberrações, enigmas e quebra-cabeças que surgiram recentemente. Ao focalizar tópicos relacionados a questões políticas e de mercado, ficará claro que essas inconsistências continham importantes sinais de transformações globais subjacentes. Nesse processo, vou lançar luz sobre a evolução futura dos fundamentos que influenciam o retorno esperado e o risco, a saber, crescimento global, comércio, formação de preços e fluxos financeiros.

Balanços de pagamentos globais e o papel das economias em desenvolvimento

Os manuais de economia são unânimes em afirmar que a expectativa de base para a direção natural dos fluxos de capital entre fronteiras na economia global é dos países desenvolvidos para os países ainda em fase de desenvolvimento.

A suposição é que, pelo fato de terem menos capital, os países em desenvolvimento podem oferecer uma expectativa de retorno potencialmente mais alta por unidade de fundos investidos do que a oferecida por países desenvolvidos. Esse argumento se baseia no fato de o trabalho ser relativamente mais barato nos países em desenvolvimento, assim como na relativa falta de sofisticação de seus mercados financeiros. Ambos os fatores servem para aumentar o retorno esperado por unidade de capital que vem das economias desenvolvidas.

Esse fluxo natural pode ser interrompido ou mesmo revertido por certos fatores de risco. Por exemplo, preocupações em relação a barreiras para a saída – como controles do capital, a nacionalização ou confisco direto – vão desestimular o fluxo de capital para países em desenvolvimento. Afinal, por que investir num país estrangeiro se você não pode repatriar os dividendos, lucros e o capital restante quando for apropriado? Por essas razões, o fluxo geral de capitais pode mudar de direção – e com freqüência muda tanto que chegam a ocorrer grandes reversões, combinadas com episódios de fugas de capital quando os naturais desses países também procuram proteger ou encobrir seus investimentos.

Como ilustrado na Figura 1.1, os anos recentes assistiram a uma mudança acentuada e sustentada, tanto nas expectativas históricas como nas que estão por vir. Por exemplo, no fim da década de 1990, a tendência dos países em desenvolvimento de registrarem déficits em suas contas foi revertida, e tais países começaram a ter superávit importante, ou seja, pouparam mais do que investiram. Esses excedentes têm sido grandes e persistentes, resultando num significativo acúmulo de reservas internacionais. Por exemplo, em 2007 o crescimento das reservas da China foi de cerca de 10% de seu produto interno bruto (PIB), pelo terceiro ano seguido.

Figura 1.1 A drástica transformação nas contas externas dos países em desenvolvimento (em bilhões de dólares)*

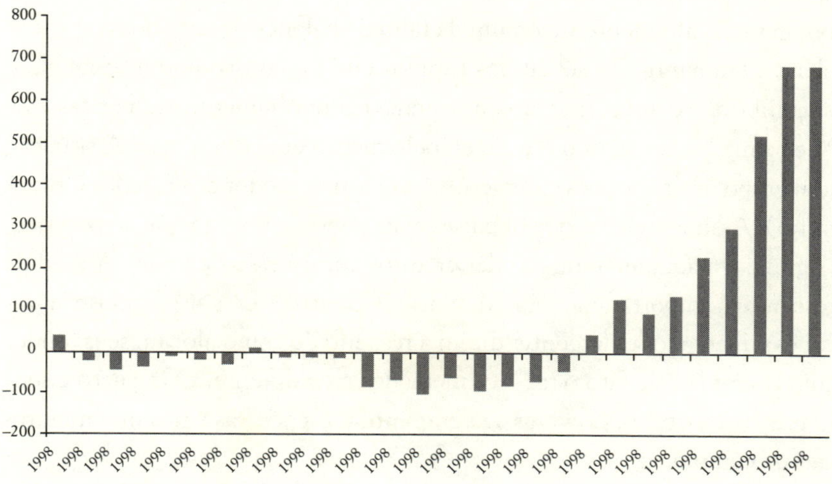

* Inclui países em desenvolvimento e economias recém-industrializadas.

Fonte: World Economic Outlook (WEO) do FMI, outubro de 2007.

Outro aspecto incomum dos excedentes é que eles têm sido acompanhados por uma elevação do crescimento econômico e das importações, e não por um declínio, o que contrasta fortemente com episódios passados, quando os países em desenvolvimento tinham de recorrer a políticas econômicas altamente restritivas a fim de gerar um superávit. De maneira específica, no passado os governos tinham de cortar despesas, aumentar impostos e desvalorizar sua moeda para gerar os tipos de excedentes que vêm se materializando nos últimos anos.

Em resumo, os últimos anos foram *diferentes*. Países em desenvolvimento têm tido persistentes superávits, e o vêm fazendo de um modo que sugere poderio econômico em vez de fragilidade. Vêm ainda poupando de maneira duradoura uma parte importante desse superávit. Tal fenômeno incomum causou uma série de outras irregularidades. Uma das mais visíveis, é claro, foi a capacidade dos Estados Unidos de apresentarem como contrapartida um grande déficit em conta-corrente, que, em determinado estágio, consumiu mais de 90% da poupança mundial. Embora esse fardo sobre a poupança global tenha declinado, a distribuição dos desequilíbrios de pagamentos no país continua altamente assimétrica; e os Estados Unidos são a notável exceção no cenário mundial (Figura 1.2).

Na PIMCO, usávamos a expressão "desequilíbrio estável" para caracterizar essa configuração altamente incomum da falta de balanceamento dos pagamentos globais. O tamanho do déficit dos Estados Unidos constituiu um sinal claro de desequilíbrio. A disposição de países em desenvolvimento de bancar esse déficit de forma barata tornou-o estável, pelo menos em curto prazo. A situação levou um grupo de economias emergentes[3] a se tornar credor dos Estados Unidos (Figura 1.3). Assim, imagine que os países mais pobres emprestavam ao país rico, o que significava acumularem grandes créditos contra esse rico país. À medida que crescem em importância como detentores de ativos de países industrializados, o que os mercados emergentes dizem a respeito de como alocam seus fundos pode influenciar – e de fato o faz – os mercados globalmente. O impacto é sentido no preço dos títulos, no valor de companhias específicas e nos movimentos das taxas de câmbio.

Essas são apenas algumas indicações de que o fato de países em desenvolvimento deixarem de operar em *regime de devedores* para atuar em *regime de credores* está levando (e tem levado) a uma gradual mudança na maneira como os investidores percebem o papel de tais países na economia mundial. E a trans-

Figura 1.2 Distribuição altamente assimétrica dos desequilíbrios de pagamentos (em bilhões de dólares)

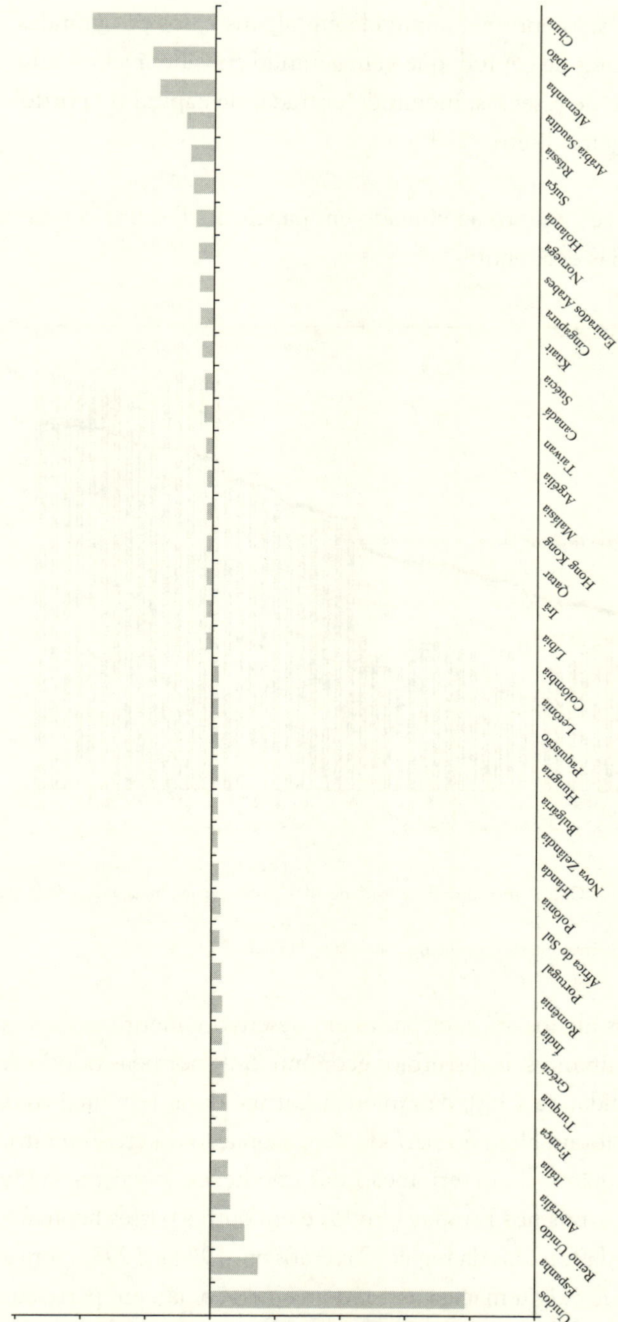

Fonte: World Economic Outlook (WEO) do FMI, outubro de 2007.

formação tem sido enorme, auxiliada em alguns casos por grandes entradas de fundos nas contas de capital, que vêm gerando considerável impulso à dinâmica de acumulação de reservas, incluindo entradas de capital no portfólio e investimento estrangeiro direto.

Figura 1.3 Investimento acumulado em papéis do Tesouro dos Estados Unidos pelas economias emergentes*

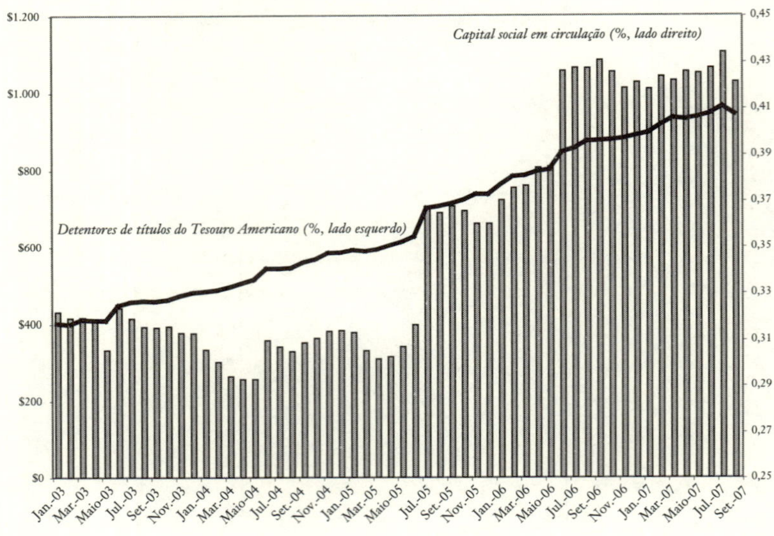

* Inclui China, Taiwan, OPEP, Coréia do Sul, Hong Kong, México, Cingapura, Índia, Brasil, Tailândia, Polônia, Israel e Turquia.

Fonte: Dados do U. S. Treasury, Treasury International Capital (TIC).

Há apenas alguns anos, os países em desenvolvimento eram vistos como *as* fontes predominantes de distúrbios econômicos, e por boas razões. Afinal, havia a década perdida, de 1980, da América Latina, durante a qual os danos à economia global foram além do período de estagnação do crescimento, da elevada pobreza da região e da deterioração das condições sociais; a saúde monetária dos bancos centrais nos Estados Unidos e em outras partes ficou ameaçada pela renegociação das dívidas da região. Tivemos em 1994 e 1995 a "crise da tequila" no México, que exigiu maciça assistência emergencial, em parte como reação à preocupação de que milhões de mexicanos atravessassem a fronteira dos Estados

Unidos tentando escapar de uma grave crise econômica e de um alto desemprego interno. E ninguém esquece as crises asiáticas de 1997 e 1998 nem o calote de 1998 da Rússia, que contribuiu para o fim do fundo *hedge* altamente alavancado (*long-term capital management*, ou LTCM) – o colapso de um fundo *hedge* que foi encarado como ameaça à estabilidade do sistema financeiro global.

Mais recentemente, países em desenvolvimento têm sido vistos menos como uma ameaça de distúrbios ao sistema e mais como uma fonte de estabilidade global. Essa mudança era inimaginável há apenas alguns anos. No entanto, a nova visão deitou raízes profundas e está sendo sentida em várias instâncias. Além disso, encontrou apoio nas contribuições dos países emergentes para o crescimento econômico global e em sua disposição de oferecer grandes quantidades de financiamento barato ao governo dos Estados Unidos, e a bancos, corretoras e outras entidades do setor privado.

Os distúrbios globais do mercado financeiro que começaram no verão de 2007 enfatizaram a mudança na posição internacional das economias emergentes. Para surpresa de muitos, os mercados emergentes mostraram enorme elasticidade diante da turbulência de mercado, grave a ponto de fechar segmentos dos mercados de crédito e paralisar a atividade interbancária nos países industrializados. Mais surpreendente ainda foi que o fato de alguns dos mercados emergentes desempenharem papel crucial na tentativa de salvaguardar a viabilidade de ícones financeiros do Ocidente como Citigroup, Merrill Lynch, Morgan Stanley e UBS.

Além de demonstrar elasticidade, alguns mercados emergentes atuaram de fato como estabilizadores do mercado. Como exemplo, considere o anúncio feito em 27 de novembro de 2007 de que a Autoridade de Investimentos de Abu Dhabi (Abu Dhabi Investment Authority – Adia) – braço de investimentos do governo de Abu Dhabi (estado-membro dos Emirados Árabes Unidos) – iria injetar 7,5 bilhões de dólares de capital no Citigroup. Nesse processo, o investimento do Adia em títulos conversíveis iria, pela conversão obrigatória em ações ordinárias, fazer da instituição o maior acionista individual do Citigroup (com menos de 5%). Esse anúncio foi feito logo após uma acentuada queda no preço das ações do Citigroup, quando os investidores reagiram de modo negativo às notícias de grandes cancelamentos. As ações haviam fechado no dia anterior a 29,80 dólares, o que representava queda de mais de 40% desde o início do ano (e comparado com um retorno positivo de 4,4% para o índice Dow Jones). A notícia do Adia ajudou as ações a recuperarem 12% de seu valor nos quatro pregões seguintes e mais 4% na outra semana. Também ajudou o Dow Jones a registrar o que constituiu, na época, a maior recuperação em dois dias dos últimos cinco anos (com uma sobra de 500 pontos).

Poucas semanas mais tarde, o UBS anunciou perdas em hipotecas de risco da ordem de 10 bilhões de dólares, com indícios de que também iria vender uma participação para fundos estatais de investimentos liderada pela Corporação de Investimento do Governo de Cingapura (Government of Singapure Investment Corporation – GIC). Assim como no caso do Citigroup, o mecanismo para essa injeção de capital foi a emissão de títulos que iriam se converter em participação acionária. E, de novo, os mercados reagiram favoravelmente aos indícios de que entradas de capital de longo prazo, de um *pool*, iriam se materializar e atuar como fator de estabilidade. Por fim, o Morgan Stanley juntou seu anúncio de grandes perdas em dezembro de 2007 com a notícia de que conseguira uma injeção de 5 bilhões de dólares da Ásia. A China, por meio da Chinese Investment Company, comprou preferenciais conversíveis que lhe deram uma participação de quase 10% no Morgan Stanley.

Em resumo, temos testemunhado e continuaremos a testemunhar uma completa transformação no papel sistêmico dos países em desenvolvimento na economia mundial, o que é parte do fenômeno mais amplo que ocorre no setor financeiro, impensável há poucos anos. Martin Wolf, editor de Economia do *Financial Times*, captou bem a troca de papéis entre as economias desenvolvidas e as emergentes ao descrever as causas subentendidas na turbulência de mercados de 2007:

> Sua origem está na expansão do crédito e na inovação financeira dentro dos Estados Unidos mesmo. Não se pode pôr a culpa no "capitalismo caipira" das economias periféricas, e sim na irresponsabilidade que há no cerne da economia mundial.[4]

O enigma da taxa de juros

Essas aberrações históricas faziam parte de um fenômeno mais amplo. E quem melhor do que Alan Greenspan para descrever o "enigma" da taxa de juros que se apoderou do maior mercado de títulos do mundo?

Em seu livro de 2007, *A era da turbulência*, Greenspan apresenta o seguinte trecho:

> "O que está acontecendo?", reclamei para Vincent Reinhart, diretor da Divisão de Assuntos Monetários do Federal Reserve Board. Estava preocupado porque havíamos aumentado a taxa dos fundos federais, e os rendimentos em dez anos dos papéis do Tesouro não só tinham deixado de subir, como haviam na verdade caído... Ver os rendimentos caindo no início de um ciclo de aperto era extremamente incomum.[5]

Em seu depoimento de fevereiro de 2005 ao Congresso, Greenspan deu alguns detalhes a respeito desse fenômeno, observando que "taxas de juros de longo prazo haviam mostrado tendência de baixa nos últimos meses, apesar de o Federal Reserve ter aumentado o nível da taxa dos fundos federais em 150 pontos-base".

Ele prosseguiu observando que

> esses desdobramentos contrastam com a maior parte da experiência, que sugere que, mantendo os demais fatores iguais, aumentar as taxas de juros em curto prazo é algo que normalmente vem acompanhado de um aumento nas taxas de prazos mais longos.

Greenspan sugeriu que o enigma impactou todo o leque de taxas de juros determinadas pelo mercado. Referindo-se aos títulos com datas mais estendidas, declarou:

> Historicamente [...] mesmo as taxas projetadas mais para a frente sempre tenderam a aumentar em associação com uma política monetária de contenção. No episódio atual, no entanto, as taxas projetadas mais para a frente declinaram, ao mesmo tempo que as taxas de curto prazo estavam aumentando. Na verdade, o título de dez anos, que rendera 6,5% em junho último, está agora em torno de 5,25.

Finalmente, Greenspan observou que o enigma ultrapassou as fronteiras dos Estados Unidos. Era visível também em outros países industrializados.

O fenômeno descrito por Greenspan alcançou tal grau que a curva de resultados se inverteu – as taxas de juros de longo prazo caíram abaixo das de vencimento em curto prazo (Figura 1.4). Em outras palavras, ao receberem a princípio taxas de juros mais baixas, os poupadores eram aparentemente penalizados (em vez de recompensados) por sua disposição de investir seu dinheiro por períodos mais longos.

Muitas hipóteses foram levantadas para explicar esse enigma. Algumas lidavam com o incomum fluxo de capitais ao redor do mundo; outras com questões institucionais. Um bom exemplo do primeiro argumento era a hipótese de "fartura de poupança", lançada por Ben Bernanke (quando era executivo do Fed e antes de voltar do Conselho de Assessores Econômicos (Council of Economic Advisors – CEA) para substituir Greenspan como presidente do Federal Reserve)[6]. Esse argumento sugere que o grande déficit nas contas atuais dos Estados Unidos era mais sustentável do que a experiência de outros países poderia sugerir.

Figura 1.4 Inversão na curva de rendimentos dos Estados Unidos que ocorreu quando o Fed elevou as taxas

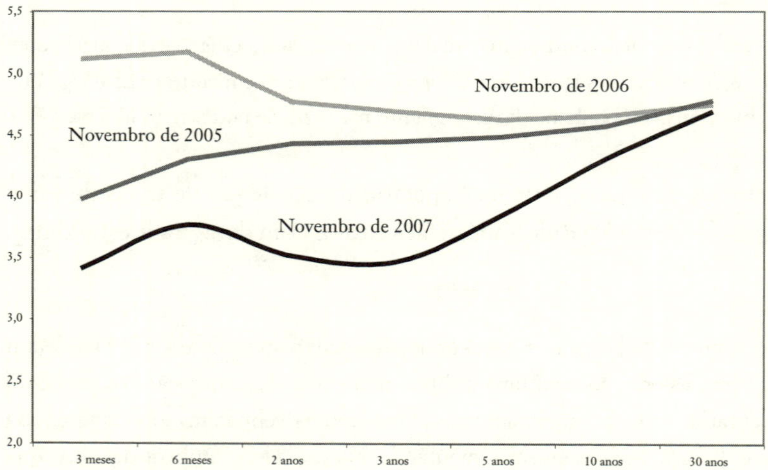

Fonte: Bloomberg.

A razão era simples. Ao depararem com as inesperadas melhoras em suas contas-correntes, descritas antes, os bancos centrais de países em desenvolvimento (e os recém-formados SWFs) fizeram o que era não apenas prudente como esperado: compraram os instrumentos financeiros de menor risco e maior liquidez possível (ou seja, letras do Tesouro norte-americano), à espera de melhor compreensão da permanência daquela melhora, assim como do aparecimento de uma abordagem mais sofisticada da administração dos investimentos estatais. Seu foco estava inicialmente em instrumentos de vencimento em curto prazo, mas, conforme a dinâmica para a formação de reservas ganhou força, o foco se expandiu para incluir vencimentos mais extensos e outros instrumentos.

Esse tipo de compra é movido por considerações quanto a liquidez e segurança, mais do que pelo interesse estrito de maximizar os ganhos. Colocado de outro modo, o Tesouro dos Estados Unidos estava sendo recompensado por seus mercados sólidos e líquidos, pela previsibilidade de sua política de administração de débitos e pelo histórico de respeito aos direitos de propriedade e às leis; e não pelos rendimentos que oferecia. As compras por parte de economias emergentes resultaram em pressão de alta nos preços das letras do Tesouro, reduzindo ainda mais o rendimento – embora o Federal Reserve elevasse as taxas dos fundos federais. Como não pareciam interessados nas oportunidades comerciais mais lucrativas, os mercados se referiram a esse comportamento como "antieconômico" e "anticomercial".

Os SWFs não eram os únicos investidores que agiam de maneira que outros pudessem considerar antieconômica sob um ponto de vista estreito de maximização do lucro. Certos fundos de pensão também compraram letras do Tesouro norte-americano a fim de "imunizar suas obrigações financeiras". Como os direitos dos pensionistas são de longo prazo, fazia sentido para eles os investimentos motivados pelos exigíveis (*liability-driven investments*, ou LDIs), por meio dos quais criavam um apoio para parte de seus futuros pagamentos, comprando instrumentos "isentos de risco" de longo prazo e derivados, que se mostravam compatíveis com o prazo de vencimento de suas obrigações. De novo, a compra de letras do Tesouro não era ditada estritamente por considerações de valor, mas pelo desejo de contar com algo compatível com as obrigações financeiras. Um fenômeno similar ocorreu no Reino Unido. O resultado em ambos os países foi abaixar a extremidade longa da curva de rendimentos, em comparação com o que teria acontecido com outras soluções.

Outros apontam para a possibilidade de os mercados serem muito melhores para fazer previsões sobre o panorama da economia do que o setor público. Assim, enquanto o Federal Open Market Committee (FOMC) lançava repetidas advertências a respeito da inflação, o mercado sinalizou a perspectiva de uma significativa desaceleração econômica, desse modo pressionando as taxas de juros de longo prazo a ficar abaixo das mantidas pelo Fed, já antevendo que as autoridades monetárias teriam de cortar as taxas de maneira agressiva. É interessante observar que a visão dos mercados de valores livres de encargos (*equities*) era diferente da visão dos mercados de obrigações ao portador (*bonds*) – uma questão que vou retomar em breve.

No final, a curva se normalizou, mas foi necessária uma grande ruptura no mercado financeiro para que isso acontecesse. As especulações que se difundiam sobre o impacto do desastre com as hipotecas de risco do setor e as preocupações decorrentes dele a respeito de uma crise de crédito, além das dificuldades enfrentadas por numerosas instituições financeiras, forçaram os bancos centrais ao redor do mundo a fazer significativas injeções de liquidez. Além disso, o FOMC cortou as taxas de juros em 50 pontos-base em setembro de 2007, e em mais 25 pontos-base em outubro e dezembro, seguindo-se cortes de 125 pontos-base em janeiro de 2008 (entre eles, uma drástica ação de 75 pontos-base entre duas reuniões).

Simultaneamente, o Fed tomou medidas agressivas para corrigir a diferença entre a taxa de desconto mais alta e a taxa dos fundos públicos, e injetou diretamente grande liquidez por meio da introdução de um instrumento de leilão a termo (*term auction facility*, ou TAF). Esse instrumento permitiu aos bancos maior liquidez para seus investimentos. Ao depor perante o Congresso dos Estados Unidos, Bernanke declarou: "A meta do TAF é reduzir o incentivo para que os bancos acumulem dinheiro e incrementar a disposição deles de oferecer créditos a empresas e consumidores"[7].

O quebra-cabeça dos mercados de maior liquidez

O que também era incomum com relação ao enigma da taxa de juros é que a inversão ocorreu numa época em que os mercados de ações dos Estados Unidos experimentavam um período de sólida valorização do preço, de maneira consistente com um período de forte crescimento econômico que, segundo as previsões, iria continuar. Como a Figura 1.5 sugere, o mercado de capitais dos Estados Unidos (como medido pelos índices Dow Jones e S&P 500, mas não pelo Nasdaq, voltado para tecnologia) obteve uma série de novos recordes históricos enquanto a curva de rendimentos do país se invertia.

Considere o seguinte: os mercados de títulos e de ações dos Estados Unidos são os dois mercados de maior liquidez do mundo. Como tais, são encarados pelos economistas também como os mercados mais eficientes no modo que processam e valorizam as informações. No entanto, esses mercados vinham enviando sinais conflitantes a respeito das perspectivas para a maior economia do mundo. E os sinais conflitantes ocorriam *ao mesmo tempo*.

Figura 1.5 *Equities* dos EUA registraram sucessivos recordes de alta enquanto a curva de rendimentos se inverteu

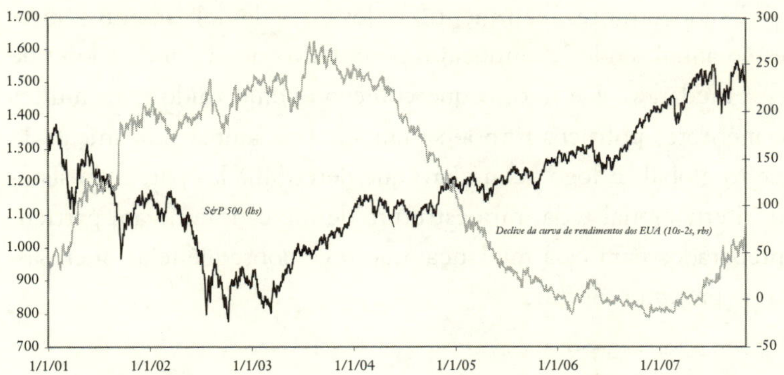

Fonte: Bloomberg.

De novo, várias explicações foram apresentadas, mas nenhuma obteve um consenso significativo. Para alguns, a força do mercado de ações sinalizava uma sólida condição dos balanços das empresas. Quando as empresas detêm muito dinheiro, existe sempre a possibilidade de que paguem rendimentos mais altos e ofereçam programas de recompra. Para outros, a explicação era a saúde da economia global *como um todo* e o grau crescente em que as corporações norte-americanas estavam registrando ganhos com vendas no exterior.

Um terceiro ponto de vista enfatizou as "operações com valores privados". Essa noção se baseava na observação correta de que as empresas de valores privados estavam atraindo muito dinheiro e tinham acesso a um financiamento de dívidas extremamente favorável (tanto em termos de taxas de juros como de condições). Assim, eram capazes de intervir ao menor sinal de uma baixa de preços e comprar empresas públicas numa transação "de público a privado". Conforme esse comportamento começou a ser observado e compreendido pelos investidores, alguns se apressaram em liderar as ofertas de valores privados, e outros reavaliaram setores inteiros do mercado com base no interesse dos fundos de valores privados em uma empresa específica.

Nunca seremos capazes de determinar com certeza o que fez o mercado norte-americano de valores se comportar de modo tão diferente do mercado de títulos, e por um período tão prolongado. No entanto, o que está claro para mim é a importância de não desconsiderar os fenômenos como se fossem apenas "ruído de mercado" – em especial quando as aberrações são acompanhadas por outros eventos desconcertantes. Felizmente, todos esses desdobramentos antes impensáveis estão afinal sendo reconhecidos por aquilo que são: indicadores de que a maré está mudando. De fato, o que começou como ruído para muitos investidores e mentores políticos tornou-se um sinal de ampla redefinição do sistema financeiro global. E logo ficou claro que determinadas partes do sistema monetário internacional e da infra-estrutura de mercado estavam particularmente despreparados para essa mudança, que teve conseqüências onerosas, como veremos no próximo capítulo.

Capítulo
2

Como os recursos tradicionais nos desapontaram

Instituições ameaçadas de afastamento desse cenário, que têm equipes de profissionais encarregadas da "vigilância" do sistema internacional, estão especialmente bem posicionadas para identificar com acerto se os sinais são algo mais do que ruído, e às vezes têm até condições de prevê-los. Além do mais, por estarem inseridas no cenário internacional e pelo poder que têm assegurado por acordos, devem desempenhar um papel de facilitadoras das mudanças orientadas para o bem-estar no ambiente global. Afinal, foram constituídas para conciliar questões internas e internacionais. Atualmente, no entanto, as instituições têm se visto mais bem equipadas para lidar com os desafios de ontem do que com os desafios atuais e futuros.

O Fundo Monetário Internacional é tradicionalmente considerado a mais influente das instituições multilaterais existentes que operam tanto no nível nacional como além-fronteiras. Vejamos algumas de suas atribuições:

- Tem afiliação praticamente universal, com 185 países-membros no final de 2007.
- Por meio de sua equipe internacional, reúne uma das maiores populações mundiais de Ph.Ds em economia trabalhando sob o mesmo teto, e os expõe a desafios políticos do mundo real.
- Possui acesso a países sem paralelo, pois, segundo seus estatutos, os mem-

bros concordam em aceitar um conjunto de obrigações que incluem se submeter a uma avaliação periódica (em geral, anual) pela equipe do FMI.

- Como parte de suas obrigações, complementa sua "vigilância" das políticas nacionais com responsabilidades multilaterais.

Com tais atributos, seria de esperar que o FMI florescesse nos cenários que se constatam entre as nações nos anos recentes – as muitas incertezas das políticas nacionais, formas novas e incomuns de fluxos entre países e a incapacidade de um único país produzir um resultado global *sistemático*. Mas, em vez disso, ele tem se enfraquecido.

Os desafios enfrentados pelo Fundo Monetário Internacional

Ao comentar os desafios enfrentados pelo FMI, seu então diretor administrativo, Rodrigo de Rato, observou em 2005 que "existe a questão de saber se o Fundo está totalmente preparado para os grandes desafios macroeconômicos que vêm pela frente"[1]. Ele prosseguiu observando que a instituição enfrenta "o imperativo de continuar relevante num mundo em mutação". Outros foram mais diretos. Barry Eichengreen, professor de economia e ciência política da Universidade Berkeley, na Califórnia, descreveu o FMI como "um navio sem leme, à deriva num mar de liquidez"[2]. Tim Adams, antigo subsecretário do Tesouro dos Estados Unidos para assuntos internacionais, caracterizou publicamente o FMI como alguém que está "dormindo no timão", enquanto ainda ocupava o cargo oficial[3]. Jim O'Neil, economista-chefe no Goldman Sachs, perguntou: "Qual dos grandes países no mundo desenvolvido precisa do FMI ou se importa realmente com o que ele pensa?". Adam Lerrick, professor de economia na Universidade Carnegie Mellon, acrescentou: "Chefes de Estado não tremem mais quando o FMI chega perto, porque não precisam mais do seu dinheiro"[4]. A citação faz eco a um editorial do *Financial Times* que argumenta: "Como as reservas mundiais de moeda estrangeira serão em breve 20 vezes maiores que os recursos do Fundo, os dias em que ele era capaz de ditar regras a países importantes já ficaram para trás"[5].

Sentindo a crescente consciência a respeito do enfraquecimento do FMI, um número cada vez maior de grupos se juntou às fileiras dos que lançam ataques à instituição. As fileiras incluem os dois extremos do espectro político dos países industrializados: os que acreditam que o FMI é um instrumento do imperialismo e pós-colonialismo ocidentais e os que acreditam que o Fundo interfere no funcionamento eficiente dos mercados e em seus mecanismos disciplinadores correspondentes. E não podemos esquecer os que sentem que as prerrogativas nacionais nunca devem ceder diante de um organismo multilateral.

Tais grupos têm sido acompanhados por outros que – principalmente na Ásia e América Latina – ainda se ressentem das condições de dependência que acreditam terem sido impostas a eles pelo FMI.

Um exemplo claro disso são os anúncios transmitidos pela televisão argentina em outubro de 2007 antes das eleições presidenciais no país[6]. Num anúncio financiado pelo principal candidato, alguém pergunta a um grupo de crianças sobre o FMI. Elas respondem de maneira familiar a qualquer pai, mas que nada tem a ver com a instituição: o FMI é um cavalo; não, é um satélite; ou será que é um país? Uma voz em *off* então se apresenta para certificar àqueles que assistem que "estamos garantindo que nossos filhos, e os filhos de nossos filhos, não tenham idéia do que é o FMI".

Problemas em todos os níveis

Os problemas do FMI vão além de sua incapacidade de reagir aos tipos de desafios que, no papel, dizem respeito fortemente às suas atribuições. Como acontece com muitas outras entidades e atividades tanto do setor público como privado, o modelo de negócios do FMI está mal equipado para lidar com as mudanças que vêm ocorrendo na economia global[7]. De fato, o caso altamente visível e documentado do FMI contém importantes *insights* para muitas empresas financeiras ao redor do mundo.

Em primeiro lugar, e principalmente, o FMI tem de lidar com questões globais que refletem a crescente interação de tópicos tradicionais da economia, nos quais o FMI é forte, e a inovação financeira, em que não tem suficiente *expertise*. Assim, o FMI não é visto como um "conselheiro confiável", dotado de conhecimento e credibilidade. A perda de influência resultante é reforçada ainda, como sugerido na Figura 2.1, pelo fato de a instituição não ser mais requisitada para empréstimos, devido à já mencionada sensível melhora nas contas externas dos países em desenvolvimento. Como resultado, o FMI não é mais capaz de impor o mesmo grau de "condicionamento" político que impunha no passado.

Segundo, o FMI enfrenta problemas internos de orçamento. A instituição depende de um modelo de rendimento que pressupõe alto nível da atividade de empréstimo[8]. Em decorrência, seu rendimento caiu de modo considerável à medida que os países foram pagando sua dívida. O fundo tem agora um déficit anual e crescente que aos poucos consome suas reservas. O resultado é que, justamente quando ele precisa aprender a reagir melhor às novas realidades globais da economia e das finanças, tem de fazê-lo no contexto de uma constante contração orçamentária – tarefa nada fácil.

Em terceiro lugar, o panorama da economia global é que ela será cada vez mais dependente das políticas adotadas nos países que estiverem sub-representados no FMI. De fato, é amplamente aceito hoje em dia que a estrutura de controle do Fundo é ultrapassada e feudalista[9]. Afinal, em que outro contexto poderia a Bélgica, com uma população de apenas 10 milhões de habitantes, ter quase o mesmo poder de voto (2,13% do total) que a China (2,94%, com população de 1,3 bilhão), a Rússia (2,74%, população de 141 milhões), e o Brasil e o México combinados (2,61%, e quase 300 milhões)?[10] Essas incoerências são extremas, não importa o indicador usado: PIB, comércio, reservas, ou praticamente qualquer outro.

Figura 2.1 Poucos países requisitam hoje o crédito do FMI: créditos pendentes do FMI (em bilhões de direitos especiais de saque [*special drawing rights*, ou SDRs] do FMI)

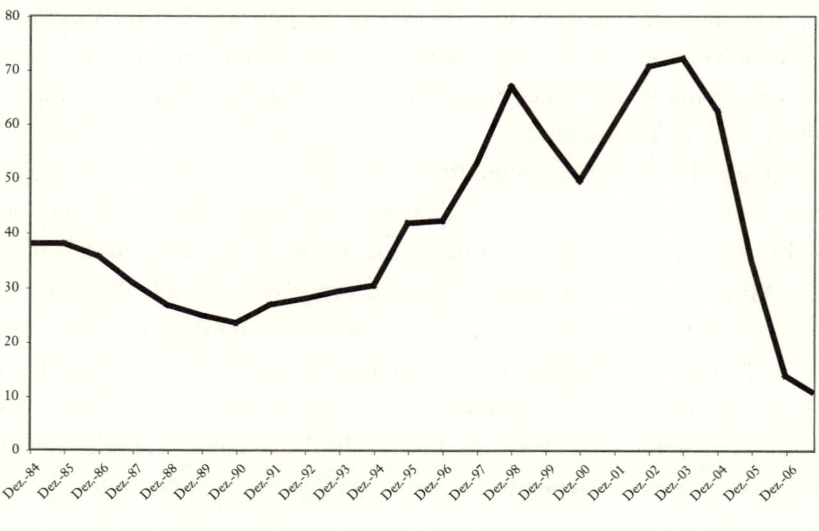

Déficits de legitimidade e representatividade

O déficit de legitimidade e representatividade é evidente na abordagem adotada para selecionar o chefe da instituição – uma posição que sempre foi "reservada" a alguém natural da Europa (num arranjo similar, a presidência do Banco Mundial tem sido "reservada" a um norte-americano desde a criação da instituição em 1944). Ao longo dos últimos meses, surgiu um consenso significativo no que se refere a pôr fim ao processo feudal de escolha. Ele foi reforçado por uma tentativa, não muito precisa, por parte dos países da Europa ocidental e dos Estados Unidos, de defender "um sistema aberto e transparente" para a mudança na chefia de 2007 das duas organizações, embora na prática continue a se manter o velho sistema baseado em nacionalidades.

As objeções são agora tão comuns nos círculos oficiais ao redor do mundo como na mídia, e em seminários e palestras sobre o assunto. No final de setembro de 2007, depois da escolha do novo chefe europeu do FMI, o primeiro-ministro designado da Rússia publicou uma dura crítica no *Financial Times*. Comentando a respeito do FMI e do Banco Mundial, observou:

> Um pré-requisito de seu sucesso é contar com a confiança da comunidade mundial e a concordância da esmagadora maioria dos estados com as suas regras de operação. Não é difícil entender que, se uma ou outra dessas estruturas fosse vista por uma parte significativa do mundo como se assegurasse a dominação de um país ou grupo de países sobre os outros, ela perderia sua legitimidade. E vai deixar de ser um instrumento eficaz.[11]

Tudo fala a favor de uma observação simples mas contundente: as mudanças em andamento na economia global são tão poderosas que levaram uma instituição que já esteve no centro do sistema monetário internacional a ocupar uma posição periférica, na qual corre o risco de acabar sendo mais marginalizada ainda. As dinâmicas subjacentes são similares àquelas enfrentadas por muitas outras instituições que operam tanto no setor público como no privado ao redor do mundo.

O mistério da volatilidade

Talvez sua expectativa fosse que os tradicionais indicadores de incerteza de mercado tivessem registrado um pico na época em que as aberrações começaram a se multiplicar e a inadequação do sistema internacional se tornava mais evidente. No entanto, aconteceu o contrário. Durante alguns anos, até chegarmos ao verão de 2007, vários indicadores da volatilidade dos mercados apontavam na verdade para uma *redução* da incerteza, e não para um aumento. A situação fazia parte de uma tendência geral entre os participantes do mercado de flertar com o que ficou conhecido como "a grande moderação" – a crença de que as economias mundiais haviam entrado num período de reduzidas flutuações, tanto em relação aos indicadores econômicos como aos financeiros.

A tendência de um declínio na volatilidade dos mercados era evidente no indicador que mais atrai a atenção da mídia financeira: o VIX. Com freqüência chamado de "índice do medo" de Wall Street, o VIX é uma abreviação de "Chicago Board Options Exchange Volatility Index", o índice de volatilidade da Bolsa de Chicago. É um indicador da volatilidade implícita, baseado na média ponderada dos preços de várias opções numa cesta de ações diversificada.

Embora o mapeamento esteja longe de ser perfeito, movimentos com base no VIX contêm informações importantes a respeito da extensão da volatilidade implícita dos mercados. E como vários investidores usam abordagens similares para determinar um importante componente das estratégias de administração de risco (essencialmente aquelas abordagens baseadas em valor no risco (*value at risk*, ou VAR)), é de esperar que um declínio no VIX seja acompanhado por um aumento na disposição de muitos investidores em assumir riscos.

Como ilustrado na Figura 2.2, não há dúvida a respeito de como o VIX se comportou quando as aberrações estavam no auge. Contrariamente às expectativas (e, eu acrescentaria, à lógica intuitiva), ele declinou de modo consistente, e o fez de maneira impressionante até o verão de 2007. Em outras palavras, os investidores preferiram assumir mais riscos num período em que inconsistências crescentes e simultâneas dominavam o mercado.

O VIX não foi a única variável a se comportar dessa forma. O mesmo aconteceu com indicadores de volatilidade para os mercados de renda fixa e de câmbio exterior. De fato, os gráficos para esses mercados, assim como os da volatilidade de ações entre os mercados, são todos parecidos. E todos eram também consistentes com uma observação geral: um notável aumento nas correlações entre diferentes classes de ativos, diferentes geografias e diferentes propulsores fundamentais.

Várias mudanças no comportamento dos investidores acompanharam o declínio do VIX. A mais visível foi o encorajamento a todo tipo de *carry trades* (que significa pegar emprestado a juros baixos e investir a juros mais altos, ganhando assim um *positive carry*). Esses negócios predominavam em particular no câmbio externo, onde os investidores pegavam emprestado as moedas de países com taxas baixas de juros e investiam em moedas de países com altas taxas de juros.

Ao longo dos últimos anos, a moeda de financiamento favorita tem sido o iene japonês, uma vez que naquele país as taxas de juros no curto prazo estão abaixo de 1%. E os investimentos correspondentes ocorrem em países como Brasil, Islândia, Nova Zelândia e Turquia.

A Figura 2.3 mostra um exemplo simples da extensão do fenômeno. O valor do dólar neozelandês em relação ao iene subiu muito, apesar de duas questões importantes: primeiro, a Nova Zelândia atravessava um grande e crescente déficit de conta – sinal tradicional da aproximação de uma fragilização da moeda, e não de um fortalecimento; e, segundo, o predomínio e a lucratividade desse *carry trade* desafiaram por longo tempo a lógica da paridade de taxas de juros a descoberto, uma teoria econômica amplamente aceita segundo a qual as diferenças nas taxas de juros entre dois países são iguais à diferença entre as taxas de câmbio atuais e futuras. Não surpreende, portanto, que o ministro das Finanças da Nova Zelândia questionasse a "racionalidade" daqueles que investiam em sua moeda. E, no entanto, tais investidores ganharam dinheiro por um período bem prolongado.

Todos esses desenvolvimentos estavam associados a algumas mudanças estruturais notáveis, que serão discutidas em detalhe num capítulo posterior. O aumento significativo no risco geral assumido pelo mercado foi acompanhado de uma migração das atividades, que passou despercebida para as agências de fiscalização, mal equipadas para a tarefa. Faltou a elas sofisticação, ferramentas e a postura mental adequada. Também testemunhamos a proliferação de novos produtos, assim como um interesse maior por parte dos bancos em utilizar canais recém-criados, que não apareciam em seus balanços patrimoniais – o que meus colegas da PIMCO, Bill Gross e Paul McCulley elegantemente rotularam de "o sistema bancário paralelo".

Veículos de investimento estruturado e outros canais estavam "fora dos balanços patrimoniais" em suas definições formais e tratamento contábil. Na verdade, eles permitiam aos bancos tirar proveito do que era percebido na época como uma atraente "arbitragem reguladora". Especificamente, as atividades

Figura 2.2 Declínio, contrário ao esperado, na volatilidade do mercado até o verão de 2007, como visto no índice VIX

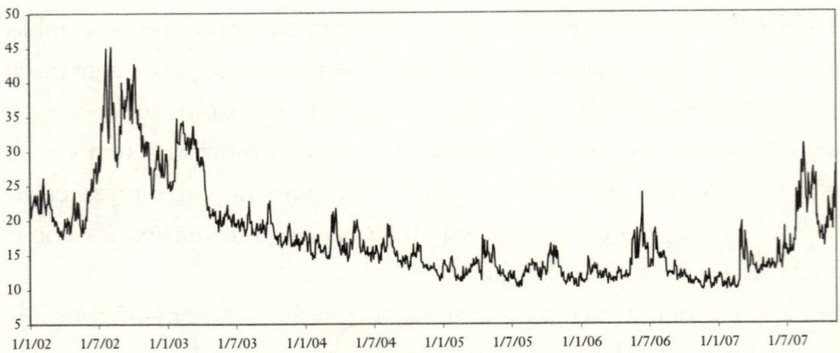

Fonte: Bloomberg.

Figura 2.3 Quantificação da paridade da taxa de juros: dólar da Nova Zelândia *versus* iene do Japão

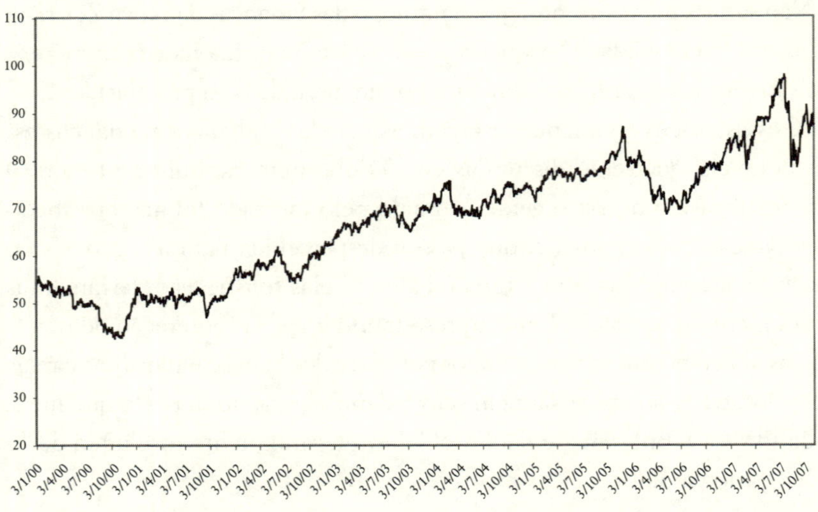

Fonte: Bloomberg.

empreendidas por meio desses canais não necessitavam do apoio do lastro de capital regulador que teria sido exigido se fossem mantidos dentro do balanço patrimonial. Mas essa formulação teórica de não-envolvimento direto não se revelou assim na prática. Os vínculos com seus "mantenedores", em particular as grandes instituições bancárias, vieram sob a forma de linhas de financiamento contingentes, garantias parciais e riscos à reputação.

Na prática, muitas instituições financeiras acabaram forçadas a incluir em seus balanços patrimoniais SIVs hemorrágicos numa época especialmente inoportuna em termos de capital e reputação. Em 26 de novembro de 2007, o HSBC anunciou de maneira explícita a consolidação em seu balanço de 45 bilhões de investimentos que estavam em dois SIVs ligados ao banco[12]. Numa avaliação do risco total, o impacto reduziu o índice de capital regulador do banco de cerca de meio ponto percentual a quase 9%. Outros bancos acompanharam o HSBC. Algumas semanas mais tarde, o Citigroup anunciou que iria incorporar ao seu balanço patrimonial ativos que estavam em seu vasto programa de SIVs.

Agências de classificação de crédito, em particular Moody's e Standard & Poor's, também foram um fator facilitador na migração de instrumentos complexos para instituições e balanços patrimoniais aos quais faltou *expertise* para entender e avaliar os riscos. Beneficiando-se de sua designação como Organizações Nacionalmente Reconhecidas de Classificação Estatística (Nationally Recognized Statistical Ratings Organizations – NRSROs), tais agências agem de fato como guardiãs de investidores que usam as restrições de classificação para controlar exposições a riscos[13]. As orientações gerais para investimentos postulam normalmente que nenhum instrumento com uma classificação abaixo de certo patamar deva ser adquirido. Como vimos, as agências eram muito ativas na classificação de *tranches* (fatias) de produtos estruturados como AAAs, e desse modo garantiram a entrada desses produtos nos portfólios de um conjunto muito grande de companhias de seguros, fundos de pensão e outros grandes investidores.

Com o mercado na realidade negociando essas *tranches* como BBBs ou pior, levantaram-se muitas questões a respeito da solidez das metodologias de classificação das agências, assim como em relação ao potencial conflito de interesses, dado que as agências são pagas pelos que elaboram produtos estruturados. Reacendeu-se a antiga preocupação a respeito de "quem classifica as agências classificatórias" – um assunto ao qual vamos voltar mais adiante neste livro.

O produto final seguiu adiante, superproduzido e superconsumido dentro de complexas configurações de risco, algumas das quais ainda não haviam passado pelo teste do tempo. Nesse processo, também vimos o sistema financeiro dos Estados Unidos assumir um grau de disparidade de vencimentos que é muito incomum numa economia sofisticada e avançada como a do país. Na verdade, o grande intervalo de vencimentos devido ao uso de fundos de curto prazo para financiar compromissos de longo prazo me lembrou de situações que deram origem a profundas crises em países em desenvolvimento (por exemplo, a do México em 1994, da Tailândia em 1997 e da Turquia em 2002).

Gillian Tett captou bem a situação no *Financial Times*, no qual observou que "os financistas não só criaram esses veículos numa escala impressionante nesta década como usaram também uma disparidade descabida de financiamento". Ela acrescentou: "O que realmente choca é que os riscos criados por essa disparidade de financiamento tenham passado tão despercebidos, por tanto tempo... Até recentemente parecia que poucos mentores políticos, banqueiros ou investidores haviam sequer examinado essa perspectiva"[14].

Pense no seguinte: numa época em que as economias mundiais pareciam mais difíceis de compreender (o que é conseqüência lógica do surgimento amplamente disseminado de aberrações) *e* os mecanismos multilaterais de regulação financeira nos decepcionavam, o mercado acabou assumindo, de boa vontade, maiores exposições a riscos por meio da alquimia dos novos produtos estruturados, canais fora do balanço patrimonial e outros veículos situados além do alcance dos sofisticados organismos de fiscalização, privados ou públicos. No processo, um número excessivo de investidores equivocadamente supôs que uma redução da volatilidade dirigida tecnicamente implicava que o risco houvesse de fato caído. E, na seqüência, em vez de espalhar o risco por todo o sistema global, a inovação financeira permitiu uma excessiva concentração do risco em algumas das partes mais sensíveis do sistema e em alguns dos mais instáveis balanços patrimoniais.

O então CEO do Citigroup, Chuck Prince, resumiu bem a situação numa hoje famosa entrevista, capa do *Financial Times*, em 10 de julho de 2007: "Quando a música parar, em termos de liquidez, as coisas vão se complicar. Mas enquanto a música estiver tocando você tem de levantar e dançar. Nós ainda estamos dançando"[15].

Duvido de que muita gente, incluindo Prince, vislumbrasse a cena que iria se instalar no Citigroup (e em outras instituições financeiras) quando a música parasse. Por volta de janeiro de 2008, o Citigroup se desdobrava para levantar capital novo de investidores institucionais e do varejo. Havia perdido seu CEO e vários outros altos executivos. Enfrentava ainda o incômodo adicional da queda de sua classificação de crédito para AA, com o insulto adicional de uma imagem negativa.

Enquanto guiava do trabalho para casa numa noite de janeiro, fiquei impressionado ao ver que a perda histórica sofrida pelo Citigroup era a notícia principal do *BBC World Service*. Poucos dias mais tarde, o *Wall Street Journal* expressou a profundidade do fenômeno "turma no vermelho" numa tabela simples, mas impactante, em parte reproduzida aqui (Tabela 2.1). Nela são listados os 108 bilhões de dólares – sim: bilhões – de *writedowns* (depreciações dos ativos) sofridas por "bancos, corretoras e outras empresas nos maus negócios do setor de hipotecas de risco"[16]. E esse foi apenas um relatório parcial (janeiro de 2008), que, até então, não traduzia a vastidão do fenômeno.

Tabela 2.1 "Turma no vermelho"

Empresa	*Writedowns em bilhões de dólares*
Merrill Lynch	22,4
Citigroup	19,9
UBS	14,4
Morgan Stanley	9,4
HSBC	7,5

Fonte: Susanne Craig, David Reilly e Randall Smith, "More Zeroes for Investors", *Wall Street Journal*, 18 jan. 2008.

Em termos mais gerais, a pressão para assumir maiores riscos, principalmente por meio de complexos instrumentos financeiros estruturados e por *buyout* (compromissos de aquisição de controle) de empréstimos, combinada com o excesso de confiança no paradigma de administração de risco *just-in-time*, fez com que o trio de atores deduzisse o que poderia (e deveria) tirar o sono de qualquer gestor de bens, acionista ou mentor político: um conjunto de instituições que assumia um risco além do que poderia confortavelmente tolerar; outro conjunto de instituições que assumia riscos além do que era capaz de compreender e processar; e um terceiro conjunto de instituições que fazia as duas coisas!

A natureza mutável do risco e do contágio

Considerando os fatores que levaram à turbulência de mercado que se iniciou em julho de 2007, talvez não surpreenda que os distúrbios tenham sido significativamente diferentes em relação à norma dos 25 anos precedentes. Não obstante, houve muitas coisas incomuns a respeito do que disparou os transtornos que abrangeram todo o sistema, dos segmentos de mercado impactados e dos danos colaterais.

Os mercados tinham sido levados a se preocupar com as economias emergentes quando se tratava de choques econômicos e financeiros com conseqüências universais. Afinal, faltava a essas economias a sofisticação financeira dos países mais avançados; suas instituições eram estruturalmente mais frágeis; o *hedging* e outras possibilidades de seguros eram mais limitados; e as populações, que tinham vivido crises passadas que resultaram em grandes perdas e em alguns confiscos de capital, eram mais propensas a entrar em pânico e contribuir para a fuga de capitais.

Não surpreende, portanto, que poucas pessoas esperassem que a fonte dos distúrbios de 2007 fossem os Estados Unidos. E menos pessoas ainda esperavam que os distúrbios paralisassem o centro nervoso do sistema financeiro norte-americano. No entanto, por alguns dias, por volta de 17 de agosto, o sistema financeiro mais sofisticado do mundo pareceu próximo da paralisia. Os participantes do mercado, inclusive eu, abreviaram as férias de verão para encontrar os colegas e conversar sobre "preservação de capital". Essas discussões não se estenderam apenas às usuais suspeitas de ativos de risco (como *equities* e *commodities*). Também se focaram na questão sobre onde estava o dinheiro.

Administração do dinheiro

Eu me lembro de ter abreviado um feriado para voltar às pressas em 14 de agosto de 2007 para discutir com meus colegas da Harvard Management Company nossa abordagem de administração do dinheiro. Havíamos entrado nos transtornos de verão numa posição defensiva, e até levantado um montante significativo em caixa. A questão central ia além de onde havíamos colocado nosso dinheiro (a resposta eram os fundos do mercado financeiro administrados por intermediários bem estabelecidos); a preocupação era também com como os fundos do mercado financeiro estavam investindo.

Depois de acessar a informação que tínhamos disponível, decidimos transferir uma parte importante de nossos investimentos em dinheiro para papéis do Tesouro norte-americano com vencimento de um a três meses. Assim, adotamos o velho adágio de que existem épocas em que você tem de se preocupar mais com o retorno *do* seu capital do que com o retorno *sobre* o seu capital. Mal sabíamos que esses papéis iriam depois cair, do modo como ocorreu quando a aversão ao risco e uma fuga geral para papéis de qualidade tomaram conta dos mercados; e mal sabíamos nós que muitos fundos do mercado financeiro iriam registrar perdas que, se não fosse pela injeção de capital de suas instituições mantenedoras, os teriam levado a quebrar.

É claro que a HMC não era o único lugar em que essas discussões aconteciam. As preocupações também se manifestaram vivamente no que costuma ser visto como o mais tedioso de todos os mercados: a linha de frente do Tesouro norte-americano.

É uma opinião comum em Wall Street que esse segmento seja povoado tanto por negociantes novatos que procuram uma maneira de adquirir experiência gradualmente como por veteranos com 30 anos de profissão, buscando uma vida menos estressante em seu caminho para a aposentadoria. No entanto, de repente, em meados de agosto, os papéis do Tesouro começaram a oscilar muito. Houve ainda oscilações igualmente incomuns na taxa interbancos de Londres (*London interbank offered rates*, ou Libor – taxa que rege atividades entre instituições financeiras) à medida que os bancos acumulavam dinheiro, assim como em outros segmentos de mercado similares (Figura 2.4). E os negócios praticamente pararam em muitos segmentos do mercado de crédito, pois os compradores ficaram no aguardo (no que ficou conhecido como "greve dos compradores").

Pode-se ter um vislumbre do tumulto de julho e agosto nos escritos de Hyman Minsky ou no influente trabalho de Irving Fisher sobre a dinâmica de uma espiral de deflação do débito[17]. No cerne dessa espiral está a queda no valor do colateral que dá sustento a vários relacionamentos credor–devedor. Conforme o valor cai (ou fica incerto), os emprestadores ficam mais cautelosos em relação tanto aos compromissos existentes como aos futuros. O processo seria particularmente perigoso se a espiral impactasse o sistema bancário, como ocorreu no verão de 2007.

Figura 2.4 Distúrbios no núcleo do sistema financeiro

(a)

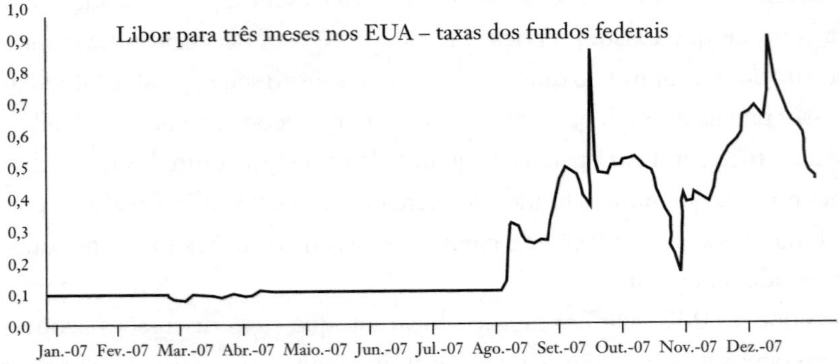

(b)

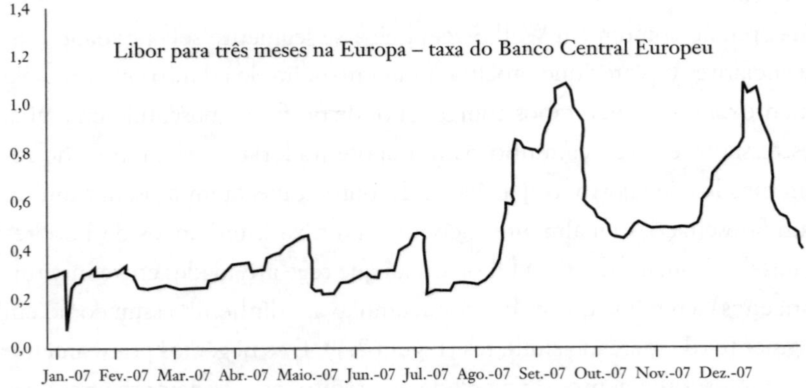

Fonte: Bloomberg.

Figura 2.4 Distúrbios no núcleo do sistema financeiro (continuação)

(c)

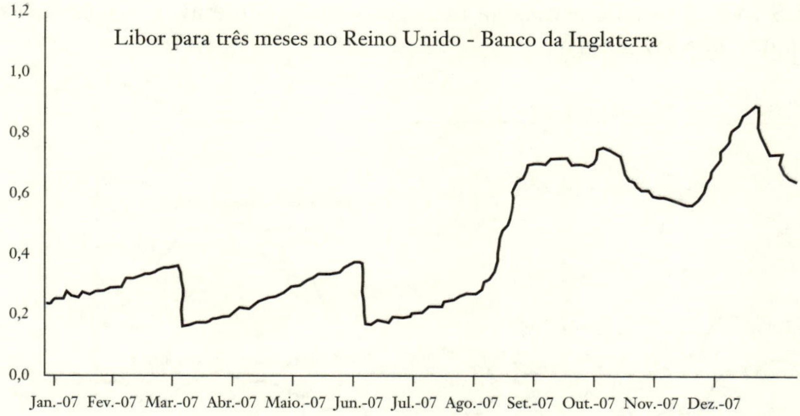

Fonte: Bloomberg.

Danos colaterais

E quanto aos danos colaterais? Com certeza, se a crise foi profunda a ponto de impactar o cerne do sistema financeiro norte-americano, então as economias emergentes teriam de enfrentar importantes perturbações. Afinal, a sabedoria convencional diz que, quando os países industrializados espirram, as economias emergentes pegam um resfriado, se não algo mais sério.

De novo, algo de muito incomum aconteceu. Os mercados emergentes resistiram bem. De fato, apesar de sua tradicional alta sensibilidade a distúrbios globais, a dispersão do risco nos mercados emergentes superou as expectativas, e o mesmo ocorreu com as *equities* (Figura 2.5). Além do mais, como observei antes, em vez de serem vítimas de contágio, algumas economias emergentes aproveitaram a situação para comprar ativos dos países industrializados a preços reduzidos.

Essa elasticidade foi menos evidente nos países industrializados. O Federal Reserve e o Banco Central Europeu (European Central Bank – ECB) foram forçados a fornecer liquidez de emergência aos mercados. A pronta resposta do ECB foi particularmente notável em termos de sua urgência e magnitude, o que garantiu a Jean-Claude Trichet, seu presidente, o prêmio do *Financial Times* como Personalidade do Ano em 2007.

Figura 2.5 Mercados emergentes: já não são os mais vulneráveis aos choques globais (julho de 2007 = 100)

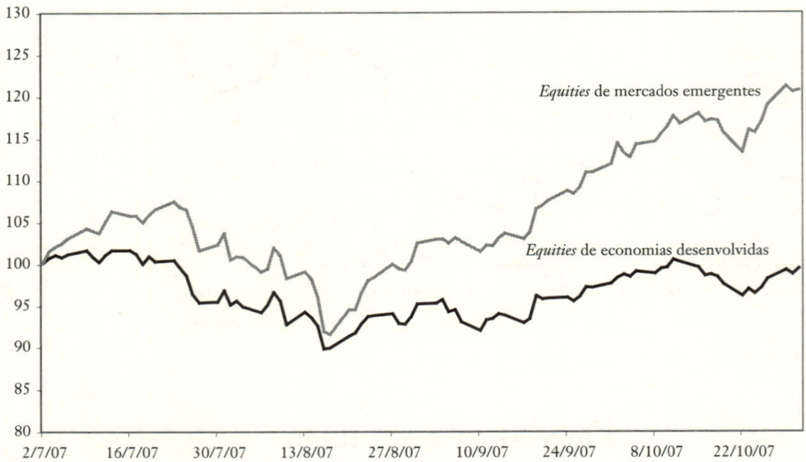

Fonte: Índice do Morgan Stanley Capital International (MSCI). (Eafe [Europa, Austrália e Ásia e Extremo Oriente] livre para países desenvolvidos e ME livre para mercados emergentes, ambos em moeda local.)

Como ficou óbvio que as reações políticas do Federal Reserve eram inúteis para deter a queda dos dominós econômicos e financeiros, o governo federal foi pressionado a elaborar um grande pacote de estímulos fiscais. A ênfase era num pacote que oferecesse ajuda imediata, mas sem agravar a fragilidade estrutural do orçamento – uma abordagem que, segundo um artigo de Larry Summers, ficou conhecida como ditada pelos "três Ts": *targeted*, *temporary* e *timely* (dirigida, temporária e na hora certa)[18] Simultaneamente, tiveram início as ações para dar apoio ao mercado imobiliário, embora de maneira tímida a princípio.

Medidas políticas de iniciativa individual foram acompanhadas por tentativas de ações coordenadas por parte de grandes bancos centrais de países industrializados. Numa dessas ações, o Federal Reserve e o ECB foram seguidos pelo Banco do Canadá, o Banco Nacional da Suíça e o Banco da Inglaterra. A participação do Banco da Inglaterra foi particularmente destacada: ele havia descartado tais operações no início por julgá-las enfraquecedoras da disciplina do mercado, um estímulo ao "risco moral" e uma possibilidade de "plantar as sementes de futuras crises financeiras"[19]. Mas, logo depois de assumir tal posição publicamente, no verão de 2007, o banco foi forçado a dar uma embaraçosa guinada de 180 graus, ao injetar liquidez no contexto dos esforços para salvar o Northern Rock, banco que enfrentava saques de correntistas em pânico. Seguiram-se injeções periódicas de liquidez.

Os comentários do presidente do Northern Rock são bastante esclarecedores do conceito de uma repentina interrupção da liquidez. Numa carta ao *The Economist*, Matt Ridley escreveu:

> Fomos repetidamente advertidos de que a liquidez nos mercados por atacado dependia da qualidade do empréstimo: boas carteiras de empréstimos continuariam a atrair financiamentos quando os maus empréstimos começassem a falhar. Em vez disso, a partir de 9 de agosto, a liquidez começou a encolher em todos os mercados financeiros de atacado, sem distinção entre empréstimos de qualidade diferente, e por muito mais tempo do que as previsões mais extremas poderiam indicar.[20]

Em artigo para o *Financial Times*, Martin Wolff observou que o episódio do Northern Rock fez com que Mervyn King, diretor do Banco da Inglaterra, "perdesse uma queda-de-braço arriscada com o setor mais irresponsável do mundo"[21]. Além disso, temendo uma corrida mais generalizada ao setor bancário do Reino Unido, Alistair Darling, o ministro das Finanças, informou ao público que o governo iria garantir todos os depósitos. Como alguém observou em uma palestra, a iniciativa "abriu a porta para que bancos e outros especulassem com depósitos garantidos"[22].

Existe outra razão pela qual bancos centrais preferem não ser chamados para injetar liquidez emergencialmente, na tentativa de conter distúrbios no setor financeiro. Eles entendem que tais injeções podem ir contra o tipo de administração interna da liquidez necessária para manter a inflação baixa e conter expectativas inflacionárias. Como resultado, as injeções podem minar um esforço árduo para reduzir as taxas de juros reais, para aumentar a credibilidade de uma política e contribuir para um crescimento não inflacionário em longo prazo.

O professor Guillermo Calvo, da Universidade Columbia, popularizou o conceito de "interrupções repentinas" de liquidez. Seu trabalho, durante várias crises em mercados emergentes e posteriormente, oferece importantes *insights* para o mais recente tipo de turbulência de mercado. Note em particular dois de seus achados: primeiro, na maioria dos casos, "fatores externos" foram o principal disparador de interrupções repentinas (a causa não se originou na entidade que enfrentou o transtorno ocasionado pela interrupção repentina); e, segundo, a gravidade do impacto dependeu da extensão da vulnerabilidade financeira interna[23].

Essas duas lições foram atuantes nos distúrbios. Considerem-se os casos de arbitragem estatística (*start arb, de statistical arbitrage*) e de estratégias de fundo *hedge* para arbitragem de capital que tivessem situações especialmente difíceis: as causas dos distúrbios provinham de fora desses segmentos de mercado. Os fundos mais impactados eram vulneráveis por conta de um ou vários dos seguintes fatores: alavancagem, disparidades de vencimento, falta de financiamento a prazo e resgates de clientes.

Os danos colaterais também ficaram claros em outras áreas institucionais. Os fundos *hedge* enfrentavam dificuldades, e alguns simplesmente fecharam. A quantidade de retórica aumentou conforme a crise ganhava contornos de drama político: comportamento financeiro irresponsável, emprestadores inescrupulosos, tomadores de empréstimo ambiciosos, atividades fraudulentas, instituições em conflito e danos colaterais para os indivíduos e grupos que menos tinham condições de arcar com eles (incluindo os que enfrentaram trágicas execuções de hipotecas).

Charlie McCreevy, comissário da União Européia para mercados e serviços internos, captou o clima no discurso de abertura da Conferência Internacional do Banco Wachovia, na Irlanda, em outubro de 2007:

> Empréstimos irresponsáveis, investimentos no escuro, má administração de liquidez, pressão excessiva dos estigmas das agências classificatórias e modelagem imperfeita do valor em risco (VAR) colocam questões para um público bem mais amplo [...] Agora que a maré passou, o estado de desarrumação de muitos dos participantes dos mercados financeiros está aí para que todos possam ver – traseiros à mostra por toda parte. Ninguém pode se orgulhar dessas coisas feias que essa crise de crédito deixou à mostra[24].

O resultado final

Então, que lição isso deixa para nós? Quatro importantes observações que, a meu ver, garantem o prosseguimento da investigação e lançam luz sobre oportunidades e riscos futuros com os quais investidores vão ser confrontados.

Primeiro, estamos saindo de um período de significativas e simultâneas aberrações históricas. Elas foram amplamente disseminadas e constituíram um belo quebra-cabeça para modelos, estratégias e a sabedoria convencional consolidados há muito tempo.

Segundo, muitos investidores se apressaram em desconsiderar as aberrações como ruído em vez de tentarem avaliar se elas sinalizavam algo mais à frente relativo a forças subjacentes. Como resultado, e apesar das profundas e amplas inconsistências de mercado que prevaleciam, a reação inicial de muitos investidores foi de assumir riscos ainda maiores, consistentes com o declínio da volatilidade implícita. Ao mesmo tempo, os mentores políticos acabaram tomando uma atitude bastante caracterizada pelo *laissez-faire* em resposta à migração do risco para longe das vistas dos organismos de fiscalização privados e oficiais, que tinham a competência para exercer a necessária vigilância.

Terceiro, a falha do sistema em distinguir entre sinais e ruídos enfraqueceu a capacidade tanto dos investidores como dos mentores políticos de compreender a natureza e as implicações das transformações subjacentes – transformações que estavam mudando não só o destino secular da economia global, mas também contribuindo para uma jornada bastante acidentada.

Finalmente, quando veio o ajuste inevitável, pegou muita gente desprevenida. O resultado foi um grande choque para os parâmetros tradicionais que sustentam o funcionamento uniforme do sistema de mercado. No entanto, foram os países industrializados, e não as economias emergentes, que experimentaram a principal parte dos danos colaterais.

Capítulo
3

Separando o que importa do que não importa

A coisa mais fácil de fazer ao ser confrontado com os tipos de anomalias assinaladas nos capítulos anteriores é... ignorá-las! Por alguns anos, até o verão de 2007, foi isso que algumas sofisticadas instituições e pensadores econômicos escolheram fazer, tratando as anomalias como se não contivessem nenhuma informação significativa. Outros identificaram as causas próximas do ruído, mas passaram a encará-las como *temporárias* e *reversíveis*. A reação dos investidores e dos políticos, quando foi manifestada, consistiu, portanto, em abafar o ruído. Essa abordagem pode ser resumida pela noção de "reversão dentro da média" ou pela mais corriqueira "*business as usual*" ("negócios, como sempre").

Há uma segunda dimensão de reação humana que vale a pena destacar, e que tem a ver com a dinâmica associada à simultaneidade das anomalias. Além de tratá-las como temporárias e reversíveis por sua natureza intrínseca e extrínseca, a abordagem convencional pressupõe que essas anormalidades não irão criar ciclos de realimentação que possam mudar ainda mais o risco e os padrões de retorno do mercado. Essa abordagem não é apenas intelectual e operacionalmente óbvia; tem ainda apoio da maioria das experiências históricas. Em muitos casos, uma leitura correta e sábia da história sugere que é melhor descartar a noção de que "desta vez as coisas serão totalmente diferentes".

A mudança corre contra aquilo que faz a maioria das pessoas se sentir confortável em sua vida cotidiana. Uma grande parte de nossa vida se baseia numa paz de espírito que advém da previsibilidade e da repetição. Quer saibamos disso, quer não, a maior parte de nós obtém conforto da capacidade de usar as construções ou os modelos mentais existentes para explicar os desdobramentos históricos, dirigir atividades atuais e prever futuras ações. Como disse John Maynard Keynes: "A dificuldade está não em ter novas idéias, mas em escapar das antigas, que se ramificam, para a maioria das pessoas criadas como fomos, por todos os cantos da mente"[1].

Tudo sugere que há um risco significativo de que os investidores demorem para identificar e reagir a transformações estruturais, momentos de virada e mudanças de regime. De fato, um tema unificador deste livro é que estamos hoje vivendo um episódio – uma era de mudança global – que ainda não teve suficiente reconhecimento e compreensão. Como resultado, muitos investidores não avaliaram totalmente o impacto que as inconsistências e aberrações terão sobre uma série de fatores de mercado, políticos e institucionais.

Este capítulo oferece um quadro de referência objetivo que você pode usar para reconhecer e compreender momentos de virada nos mercados, de modo a saber identificar os *sinais dentro do ruído* e pensar a respeito deles. Com essa carta na manga, você será capaz de navegar melhor e lidar com as implicações de maneira adequada. O capítulo, portanto, discute por que é difícil procurar sinais dentro do ruído, por que encontrar sinais pode não ser fácil, e como o fato de ignorá-los pode ter enormes conseqüências. Para tanto, usei uma abordagem multidisciplinar, que aproveita *insights* da economia e das finanças tradicionais, assim como das mais novas disciplinas comportamentais e da neurociência.

Essa abordagem, além de tratar das questões de demora no reconhecimento e dos custos que tal atitude acarreta, prepara o terreno para pensar melhor a respeito do potencial de danos dos ciclos de realimentação. Tais ciclos dão origem à possibilidade de "equilíbrios múltiplos" e colocam interessantes questões relativas ao desenho e à implementação das melhores soluções.

Questões como essas estão atraindo atenção também fora do mundo das finanças. Fala-se cada vez mais na importância de reduzir o ruído para que não impacte negativamente os indicadores de qualidade de vida. Com freqüência, por exemplo, quem está de férias não arruína seu lazer por ficar em contato com o escritório por e-mails ou voice-mails, em tempo real (hábito terrível pelo qual, devo admitir, também me sinto culpado)? Você com certeza já viu muitos *blackberries* na praia – e agora iPhones! Uma interessante análise dessa tendência aparece em um livro recente de Stuart Sim, professor de teoria crítica da Universidade de Sunderland, no Reino Unido[2]. Em *Manifesto for Silence: Confronting the Politics and Culture of Noise*, o autor pede que se dê maior ênfase ao desenvolvimento e manutenção de áreas de silêncio, caso contrário o barulho cada vez maior vai lacerar o tecido da sociedade.

Um quadro de referência simples

Vou começar com a observação básica de que o ruído é conseqüência inevitável de um mundo complexo. Afinal, economia, política e relações sociais quase nunca estão isentas de atrito. Tampouco ocorrem de modo linear. Depois, há sempre uma série de desdobramentos imprevistos que precisam ser internalizados. E nossa vida pessoal não difere disso. Considere os desafios enfrentados pelos pais do primeiro filho. Eles têm de lidar com expressões e sons não familiares do bebê. A maioria o faz sem ter conhecimento nem experiência para avaliar, com suficiente confiança, o que é de fato ruído e o que sinaliza algo mais importante, que requeira atenção por parte dos pais.

O ruído está por toda a parte, e, por ser tão predominante, somos tentados a ir a extremos, ignorando-o por completo ou ficando obcecados por cada um de seus componentes. Em algumas circunstâncias, qualquer um desses extremos pode se revelar bastante arriscado. Se ignorarmos o ruído, podemos deixar de perceber uma mudança importante; se ficarmos obcecados por ele, podemos nos sobrecarregar (e ficar potencialmente paralisados) por minúcias. Então, como conseguir o equilíbrio correto?

Um pouco de engenharia reversa

Sendo economista por formação, sou inclinado a procurar quadros de referência que me ajudem a pensar sobre várias questões. O contexto que utilizo aqui se originou da observação do especialista em negócios com mercados emergentes Edward Cowen, com quem convivi na Salomon Smith Barney em Londres, no fim da década de 1990, como mencionei na Introdução. Ao trabalhar com Edward, passei a me reportar a um modelo ao qual resisti no primeiro contato, ainda na universidade – modelo famoso devido a uma analogia usada por Milton Friedman, economista ganhador do prêmio Nobel.

Friedman sustenta que as ações de um jogador de bilhar podem ser em grande medida previstas por um modelo construído na suposição de que o jogador possui alto nível de habilidades matemáticas, entre outras. Essas habilidades permitem ao jogador articular com rapidez e precisão os ângulos e desvios que determinam a melhor jogada a cada momento. A abordagem de Friedman fazia parte de um debate mais geral, e altamente controverso, a respeito do método científico adequado[3]. Havia fortes defensores das duas facções do debate. Na verdade, se existisse uma frase de pára-choque adequada para ilustrar essa controvérsia, seria mais ou menos assim: "De que lado você está: de quem falseia a verdade, ou de quem a verifica?".

De acordo com determinado aspecto da obra de Karl Popper, filósofo altamente respeitado, Friedman defendeu que o melhor teste de um modelo é comparar suas previsões com resultados tangíveis. Para tal, era defensável construir o modelo com base em suposições simplificadoras (como no caso da abordagem usada pelo jogador de bilhar). Embora se possa discordar dessa abordagem – minha posição até hoje –, ela não deixa de ser útil para pensar em como fazer uma engenharia reversa de um tipo de comportamento que leva a resultados específicos. E, saibam disso ou não, muitos fundos *hedge* atuais, que usam modelos de "caixa-preta", estão efetivamente aplicando a abordagem de Friedman.

Hoje, a questão é se podemos fazer engenharia reversa da reação de Edward Cowen, o corretor da Salomon, supondo que, como ponto de partida, ele se apoiava numa abordagem sistemática para analisar o ruído de mercado e reagir de acordo. Isso de modo algum nega o fato de que, na realidade, quem tem a sabedoria das ruas usa a mesma capacidade de Edward para decifrar sinais dentro do ruído de mercado. É, isso sim, uma tentativa de fazer engenharia reversa do seu comportamento com base num modelo analítico.

Com base na prática, ao longo dos anos, cheguei à conclusão de que tal exercício envolveria os seis passos seguintes:

1. Identificar a fonte do ruído que cria um transtorno de mercado incomum.
2. Ter a disciplina de tratar cada episódio desse ruído como algo que contenha potencialmente importantes sinais.
3. Avaliar o conteúdo real do sinal por meio de uma estimativa baseada *a priori* em um modelo do fenômeno econômico ou de mercado.
4. Estabelecer diferenciação entre os fatores que influenciam o destino e aqueles que influenciam a jornada ao avaliar o conteúdo.

5. Depois de avançar por esse processo, e só então, você deve seguir os pontos de vista dos especialistas e analistas.
6. Esteja atento para encontrar não apenas influências cíclicas, mas também históricas.

Uma elaboração

O primeiro passo – identificar a fonte do ruído – é talvez o mais difícil. Assemelha-se ao desafio que centenas de pilotos aéreos enfrentam todos os dias antes de tirar suas aeronaves do chão. Tipicamente, enquanto os passageiros embarcam e se acomodam em seus assentos, os pilotos seguem uma lista de verificações. Eles usam métodos visuais e confiam em parte num painel cheio de instrumentos. Ao seguirem esse procedimento, estão treinados para procurar anomalias.

Bons investidores com freqüência fazem a mesma coisa. Eles observam a massa de dados do mercado com olhos voltados para detectar anomalias. Os melhores já desenvolveram um modo eficaz de ficar à margem da imensa quantidade de dados com alta freqüência, que apenas confirmam o que eles já sabem.

Para alguns, entre eles Edward Cowen, o corretor da Salomon, esse processo é fácil. Mas, se desconfio que seja verdade para a maioria dos pilotos que inicia seu treinamento, sei que para outros o processo requer prática e disciplina. Essa capacidade pode ser mais bem desenvolvida com base num conjunto de prioridades de mercado inicialmente pequeno. No meu caso na Salomon, no fim da década de 1990, consistia em começar cada manhã preparando uma pequena lista de minhas expectativas para as comunicações de dados programadas para aquele dia. E, uma vez por semana, quase sempre num domingo, eu anotava um conjunto de hipóteses *ex ante* para potenciais tendências econômicas e de mercado da semana seguinte.

Para garantir que me disciplinaria a fazê-lo, estabeleci um pacto implícito com meus colegas. Eu fazia circular minha anotação diária entre corretores e operadores, fornecendo-lhes assim atualizações sobre nossas expectativas. Eles encaravam isso como um serviço. A anotação diária servia também como veículo para desenvolver em mim algo que não me vinha com facilidade: a capacidade de interpretar com eficiência o sinal em meio à grande quantidade de comunicações de dados com a qual deparam os participantes do mercado.

Continuei essa prática na PIMCO na mesa de mercados emergentes. Tanto as anotações diárias da Salomon quanto as da PIMCO foram ficando mais abrangentes e complexas, incluindo contribuições diretas fundamentais e muito valiosas de colegas que trabalhavam duro em fusos horários diferentes. O resultado era uma ampla caracterização do organismo do mercado internacional no qual estávamos operando. Como essa era uma abordagem dinâmica, ajudou-nos a identificar a emergência de aberrações e outras formas de ruído.

Depois que são capazes de realizar esse mapeamento inicial, os investidores estão bem posicionados para avançar pelos cinco próximos estágios. Especificamente, são capazes de analisar episódios de ruído, identificando que haverá de modo inevitável "falso-positivos" ao procurarem sinais dentro daquele ruído. Farão essa avaliação contra o pano de fundo de uma especificação prévia dos fenômenos econômicos e de mercado, o que lhes permitirá identificar as anomalias com relativa rapidez.

Ao analisar uma anomalia, é importante estar atento para o fato de que ela pode se relacionar tanto com o destino ("situação estável") como com a jornada (o processo de chegar até a situação estável). E esse último aspecto não precisa ser necessariamente franco e direto. Em termos específicos, ao impactar a jornada de modo significativo, uma anomalia pode disparar um conjunto de dinâmicas que acabem alterando a própria jornada.

Depois que tiverem adotado esses passos, e só então, é que os participantes de mercado devem procurar conhecer os pontos de vista dos especialistas e analistas. Afinal, é provável que muitas dessas cabeças pensantes ainda não tenham feito o tipo de análise em profundidade necessária para identificar sinais dentro do ruído. Quem pode culpá-los por isso? Espera-se deles que reajam rapidamente e sejam os primeiros a comunicar essa reação com eficiência. Assim, ao depararem com o enredo da história, devem evitar pensar na substância e procurar desenvolver o método mais eficaz para comunicar o enredo (ou, se você quiser ser menos generoso, a abordagem de marketing).

O passo final é pensar a respeito da potencial profundidade dos fatores subjacentes que deram origem às anomalias e questioná-los. Na maioria das vezes, eles serão de natureza *cíclica*. Mas de vez em quando podem ter um caráter de longo prazo, ou histórico, e portanto afetar de maneira fundamental a solidez e a futura eficácia de abordagens anteriores que tenham suportado o teste do tempo.

O ceticismo é compreensível

A essa altura, imagino que alguns leitores estejam assustados. Afinal, mesmo que aceitem minha adaptação da controvertida abordagem de Friedman, alguns de vocês poderão sem dúvida me lembrar de teorias mais tradicionais, que minimizam a possibilidade de que o ruído de mercado possa conter sinais significativos que não são internalizados com rapidez pelos investidores. E, quando há má-formação dos preços, os especialistas em arbitragens entram em ação com agilidade para tirar proveito da situação. Afinal, esse é um setor altamente competitivo e muito bem remunerado.

Nesse contexto, lembre-se da história que os economistas gostam de contar quando se reúnem em momentos de descontração. Eles citam o caso da pessoa que encontra uma nota de 1 dólar na calçada. Ela se recusa *racionalmente* a pegá-la com o argumento de que, se fosse de fato uma nota de dólar verdadeira, não teria ficado ali no chão. Alguma outra pessoa já teria se abaixado para pegar! Parece tolice? Bem, deixe-me contar uma experiência mais pessoal. Em agosto de 2007, eu estava em uma reunião no meu escritório na Harvard Management Company quando um colega – Mark Taborsky, chefe da equipe de gestão externa – apontou um incêndio na ponte que abriga o hoje fechado Tea Party Museum – ponte que pode facilmente ser vista por inteiro da janela do décimo sexto andar da HMC.

Descartei a possibilidade observando que as pessoas que cruzavam a ponte tinham uma atitude bem normal e relaxada. Com certeza expressariam muito mais urgência se de fato houvesse um incêndio. Bem, Mark estava certo. Em poucos minutos, o fogo se alastrava e as pessoas já não andavam mais normalmente pela ponte. Carros de bombeiros entraram em cena enquanto a fumaça subia aos céus.

O *Boston Globe* anunciou no dia seguinte que "centelhas de um canteiro de obras na ponte incendiaram o centenário Boston Tea Party Ship and Museum ontem, destruindo a popular atração turística". E prosseguia dizendo que "o céu escuro pela fumaça que o incêndio formou sobre o Distrito Financeiro ontem atraiu centenas de curiosos"[4]. No entanto, com base numa lógica aparentemente boa, eu havia, a princípio, desconsiderado o acontecimento!

Idiotas racionais

Posso ser descrito como um "idiota racional" – termo usado por Amartya Sen, economista ganhador do prêmio Nobel de 1998 e professor de Harvard, para ilustrar alguns problemas decorrentes da tradicional caracterização que a economia faz do comportamento humano[5].

Existem boas razões pelas quais nos arriscamos a fazer um diagnóstico incorreto de um evento mesmo quando acreditamos ter dele uma visão clara. A razão não é por serem os participantes do mercado, como grupo, "irracionais" (mesmo que alguns o sejam). Ao contrário, há outras razões, com as quais travamos contato com base em trabalhos influentes, realizados em áreas como economia da informação assimétrica e imperfeições de mercado. De modo igualmente importante, as razões se relacionam também com obras mais recentes que analisam eventos do lado inchado (*fat tail*), assim como com estudos que combinam *insights* da psicologia e da neurologia.

É importante ressaltar que a questão básica aqui não é se os participantes do mercado são irracionais – uma possibilidade que é veementemente descartada pela escola neoclássica de economia dominante e sua parente próxima nas finanças, a escola do mercado eficiente (tradicionalmente associada à Universidade de Chicago). De fato, a idéia de que os participantes do mercado são irracionais também contraria o bom senso, num setor que atrai sua cota de pessoas inteligentes procurando oportunidades para atacar.

Lembre-se do discurso de Gordon Gekko, personagem interpretado por Michael Douglas no filme *Wall Street – Poder e Cobiça*, de 1987, aos acionistas da Teldar Paper. Gekko diz ao grupo:

> A questão, senhoras e senhores, é que a cobiça — por falta de um termo melhor — é boa. A cobiça está certa. A cobiça funciona. A cobiça esclarece, penetra e capta a essência do espírito evolucionista. A cobiça, em todas as suas formas — cobiça pela vida, por dinheiro, por amor, conhecimento —, tem marcado o movimento ascendente da humanidade[6].

Não importa se você concorda com Gekko ou sente repulsa por ele, é difícil negar que o setor financeiro seja influenciado por muitas pessoas que compartilhem esse ponto de vista. Portanto, o comportamento irracional é difícil de sustentar e pode se mostrar oneroso. Os racionais atacam, movidos por um desejo de ganhar dinheiro num setor que recompensa os vencedores espantosamente bem.

Sendo assim, a questão não diz respeito à irracionalidade. Ao contrário, se refere a se participantes de mercado predominantemente racionais são, às vezes, impactados por influências que provoquem *distorção*, e que venham a ter como resultado transtornos de avaliação e de liquidez, enquanto os mercados se adaptam com lentidão às novas realidades. Para quem vê de fora, a caracterização é de idiotas racionais. Se a resposta for sim – e é sim –, precisamos considerar duas questões adicionais: primeiro, caso essas situações se apresentem, se elas darão margem a distorções *adicionais*; e, segundo, será que a reação desejável mostrada por investidores racionais e bem informados dará ensejo a desvios *adicionais* em relação às condições de equilíbrio?

As distorções podem ser tão intuitivas quanto as falhas de informação, e podem sinalizar rupturas; podem ser tão complexas quanto as associadas a desvios emocionais e intelectuais, incluindo a incapacidade de internalizar a possibilidade e a natureza dos eventos do lado inchado. E tudo isso interage fundamentalmente com a tentação natural de pegar atalhos intelectuais que usam o passado como guia para o futuro.

COQUETEL DE ABORDAGENS

As próximas seções visam dar a você uma idéia geral das forças subjacentes a esses fenômenos. Vou começar por um dos meus achados favoritos em economia, referente à tese sobre assimetria da informação: "o mercado de limões", teoria que surgiu há 25 anos. Achei que seria útil para explicar por que os resultados podem diferir às vezes do que julgávamos provável. Vou prosseguir depois com uma discussão, embora bem abreviada, dos fatores que levam a tais resultados e me apoiar num verdadeiro coquetel de economia, finanças, teoria do comportamento e neurologia. Concluirei com uma discussão sobre as implicações das reações dos investidores, e o farei com apoio dos *insights* da bibliografia sobre "equilíbrios múltiplos" e "teoria do segundo melhor".

Mas antes vou prefaciar essa discussão mencionando os importantes *insights* de Thomas Kuhn em seus influentes trabalhos sobre história e filosofia da ciência[7]. Kuhn ressaltou a natureza não-linear e às vezes demorada dos avanços científicos. De modo inevitável, mudanças de paradigma envolvem idas e vindas. Os que se atêm ao velho paradigma esperam provas insuperáveis, entre elas, inconsistências duradouras. De início, as inconsistências são atribuídas aos pesquisadores, e não à deficiência do paradigma; e os problemas são agravados pelas dificuldades em enxergar o novo paradigma, já que são usadas as lentes do velho paradigma. O resultado é uma jornada demorada e acidentada do velho em direção ao novo.

Por que usar uma combinação de disciplinas e *insights* para incentivá-lo a procurar além do ruído para encontrar sinais? Uma das razões é que a capacidade de se apoiar em várias disciplinas também minimiza o risco de que essa análise seja inadvertidamente tomada de assalto por um conjunto particular de pressupostos simplificadores demais. Esses pressupostos simplificadores, com freqüência, geram teorias e modelos, e podem também minar sua aplicação se a pessoa que as utiliza perder de vista o fato de que são simplificações exageradas, em primeiro lugar. Em comparação, quanto maior o número de disciplinas usadas para sustentar uma hipótese, maior a probabilidade de se conseguir precisão e aplicabilidade.

Fiquei profundamente impressionado por algo que ouvi há 25 anos. Num ciclo de seminários em Oxford, o falecido John Hicks, economista altamente respeitado, insistia em que, para os *insights* serem convincentes e firmemente estabelecidos, eles precisam ser apresentados em palavras, símbolos e gráficos. Embora eu não pretenda ser tão abrangente aqui, vou me apoiar em várias perspectivas diferentes e complementares para reforçar o argumento de que há uma tentação profunda e natural de os participantes do mercado ignorarem os sinais dentro do ruído, e, por causa disso, enfrentarem dificuldades em reconhecer (e reagir a) importantes momentos de virada na hora certa.

Decompondo o ruído

Insights do mercado de limões

A abordagem teórica tradicional para explicar comportamentos e resultados anormais de mercado apóia-se em "imperfeições de mercado" – noção de que os mercados teriam se comportado com perfeição se não fosse pela falha de um importante fator condicionador. As falhas mais recorrentes são associadas ao processo de compilação e disseminação de informações, o qual é crítico para o funcionamento adequado e uniforme de um sistema de mercado. Quando essa falha ocorre, os conceitos tradicionais da economia neoclássica e das finanças de mercado eficiente devem ser complementados por noções de sinalização de confusão, racionalidade restrita e incerteza estrutural. Assim, falhas de informação podem causar descontinuidades que, no extremo, venham a inibir compradores e vendedores de se juntar e interagir de maneira construtiva. O resultado é uma série de distúrbios de mercado, entre eles, repentinas interrupções de liquidez. Este certamente foi o caso no verão de 2007.

Uma das ferramentas mais úteis que conheço é o mercado de limões (*market for lemons*, ou MFL). Usei a MFL muitas vezes para configurar estratégias de investimento que se revelaram saudáveis num mundo de fluidez técnica. A MFL originou-se numa tese de 1970, de George Akerlof, professor da Universidade Berkeley, na Califórnia, ganhador do prêmio Nobel de Economia em 2001[8]. Akerlof se baseou no exemplo do mercado de automóveis usados para ilustrar o impacto da informação e da sinalização de assimetrias e falhas. No processo, mostrou por que, em casos extremos, o resultado é o mau comportamento dos mercados, incluindo a cessação completa de sua atividade.

Carros com defeitos não aparentes são chamados de "limões". Agora vamos considerar o que acontece quando um comprador não tem informação suficiente para distinguir entre limões e carros em bom estado. O resultado, com grande probabilidade, será uma situação na qual os preços de mercado dos carros bons serão contaminados pela presença sabida de limões entre os carros à venda. Os sinais "de baixo para cima" são fracos demais e com facilidade são superados pelas preocupações "de cima para baixo". Os sinais normais de mercado são incapazes de fechar rapidamente essa lacuna de informação e o resultado é que o mercado se desagrega – e essa desagregação inclui a retirada de fornecedores de alta qualidade que reagem ao declínio da qualidade média percebida pelo mercado.

Você se lembra dos comentários de Matt Ridley, presidente do Northern Rock, do capítulo 2? A suposição feita antes da crise de liquidez do Northern Rock, e endossada pela economia e pelas finanças tradicionais, era de que, em suas palavras, "boas carteiras de empréstimos continuariam a atrair financiamentos quando os maus empréstimos começassem a falhar". No entanto, em períodos de turbulência de mercado, as considerações do MFL sugerem que esse com freqüência não é o caso. Ao contrário, a parte de alta qualidade se desagrega. De novo usando as palavras de Ridley: "A liquidez começou a encolher, [...] sem distinção entre empréstimos de qualidade diferente, e por muito mais tempo do que as previsões mais extremas poderiam indicar".

De que modo os investidores podem identificar situações do tipo MFL? Avaliando os preços individuais em relação aos fundamentos da questão e vendo como esses preços se movimentaram relativamente aos preços em classes de ativos concorrentes e complementares. Desse modo, eles têm uma chance de identificar e se beneficiar de situações em que os preços de ativos foram impactados por comportamento de manada, movido por imperfeições de mercado. O mais típico é que os investidores acabem comprando cerejas pelo preço de limões. No processo, eles têm condições de tirar proveito de circunstâncias que fazem com que os mercados não se comportem otimamente devido a imperfeições nas informações e na sinalização.

Além das imperfeições de mercado tradicionais

As limitações de informação não são as únicas imperfeições que levam a falhas de mercado e se caracterizam por precificação errônea, alocações ineficientes e comportamentos de investidor aparentemente anormais. Em economias menos maduras, podem também ocorrer como resultado de um sistema de controle fraco, direitos de propriedade fluidos e falta de uniformidade na aplicação das leis. De fato, a ladainha das possíveis imperfeições de mercado ajuda a explicar o surgimento de anomalias e descontroles subseqüentes. Mas não explica bem por que investidores sofisticados que operam em sistemas financeiros profundos e maduros acabam cometendo grandes erros. Ainda além, desde que esses erros se repitam ao longo do tempo, surge também a questão de como os investidores desenvolvem tendências que não são corrigidas – tendências que escapam à consciência de investidores sofisticados e bem informados.

Para complementar sua compreensão dessas questões, você precisa ir além do pensamento da economia e das finanças tradicionais e extrair *insights* provenientes da ciência comportamental e da neurociência.

Cisnes negros

Pense de novo no contraste que o capítulo 2 estabeleceu entre a multiplicidade de aberrações de mercado e a inclinação inicial de muitos investidores para continuarem a operar com confiança nos modelos existentes – a ponto de assumirem riscos ainda maiores. O contraste vincula-se diretamente a uma observação histórica mais geral: investidores tendem a subestimar eventos extremos.

Nassim Nicholas Taleb oferece importantes *insights* sobre essa questão, em particular em seu livro de 2007, *A lógica do cisne negro: o impacto do altamente improvável*. Sua análise trata da incapacidade humana de externalizar, *ex ante*, um evento que combina "raridade, impacto extremo e previsibilidade retrospectiva (embora não prospectiva)"[9]. Essa "cegueira para ver cisnes negros", como ele a denomina, resulta de uma tendência universal que prefere descartar a possibilidade de grandes desdobramentos mesmo que eles possam vir a ter grandes conseqüências.

Taleb dá inúmeros exemplos de cisnes negros, lembrando-nos de que eles não se limitam a mudanças financeiras, desastres naturais e grandes guerras (como a Primeira Guerra Mundial). De fato, o fenômeno "Harry Potter" encaixa-se na definição de um cisne negro, assim como a emergência e o impacto do Google.

Apesar da ocorrência periódica de cisnes negros em diversas áreas da vida, os seres humanos resistem a entender o fenômeno da existência de cisnes negros. Em nível geral, essa tendência é influenciada por um profundo desejo do ser humano de ver o mundo como um lugar estruturado e compreensível. Ainda quando essa tendência reconfortante contradiz alguma das complexidades do mundo – principalmente no contexto da recorrência do que deveriam ser eventos extremos (ou extremidades da distribuição) –, a tendência humana é procurar refúgio em explicações *ex post*, que com freqüência reduzem as extremidades a nada mais do que uma reconstituição de visões anteriores.

Taleb acredita que muitas pessoas são vítimas do "tripé da opacidade". Especificamente, há uma tendência natural a supersimplificar eventos corriqueiros, distorcer desdobramentos históricos e exagerar a capacidade para interpretar dados. Os resultados são, primeiro, uma inerente subestimação do que é visto como evento raro; e, segundo, uma excessiva confiança na interpretação do passado para predizer o futuro. Tal atitude inevitavelmente amplifica os efeitos dos eventos raros.

Numa das várias situações que desencadearam uma controvertida troca de idéias, Taleb queixou-se de que essas tendências gerais são inerentes aos tradicionais modelos de trabalho das finanças ensinados aos estudantes das finanças modernas, muitos dos quais acabam se tornando investidores. Ele argumenta que "o ambiente da economia financeira lembra a medicina medieval [...] [que] costumava matar mais pacientes do que salvar"[10]. Seus textos visam em especial as distribuições normais (curvas de sino) que dão sustento a muitos dos instrumentos financeiros usados no mercado, observando que elas tendem a ofuscar a magnitude de um evento ao focalizar em excesso uma "probabilidade prevista" que, por definição, é mal especificada e vai subestimar a predisposição e as conseqüências da ocorrência do evento.

Howard Wainer, pesquisador científico do Conselho Nacional de Examinadores Médicos (National Board of Medical Examiners – NBME) e professor da Wharton School da Universidade da Pensilvânia, chega a uma conclusão similar, embora por um caminho diferente. Em seu artigo de 2007, "The Most Dangerous Equation" [A equação mais perigosa], ele observa que seres humanos têm a tendência de se concentrar na média e esquecer as variações (ou seja, o desvio-padrão em relação à média), o que tem sido "arriscado" para muitos campos[11]. Ele aponta "a imensa extensão de tempo durante a qual a ignorância a esse respeito causou confusão; a variedade de áreas em que houve desvios e a gravidade das conseqüências causadas pela ignorância". Examinando alguns exemplos históricos que remontam a 1150, ele afirma que a ignorância "levou a bilhões de dólares de perdas ao longo dos séculos e provocou terríveis provações".

Especialmente quando combinados com os de outras disciplinas, esses *insights* depõem a favor de nossas hipóteses sobre o impacto não uniforme de transferências estruturais e do choque correspondente entre o mundo de ontem e o de amanhã. Mais ainda, destacam por que vale a pena pensar nas exceções à norma, o que inclui os sinais que podem residir no ruído do sistema financeiro. E, como veremos no capítulo 7, os *insights* dão apoio adicional à importância de você se proteger contra eventos do lado inchado, em particular no contexto de uma louca viagem até um novo destino histórico.

DIMENSÕES COMPORTAMENTAL E DA NEUROCIÊNCIA

Um número de investidores, que cresce com lentidão, começa a prestar atenção à bibliografia especializada a respeito de como pessoas inteligentes – entre elas, as do mundo do investimento – cometem os mesmos erros repetidas vezes. Essa pesquisa, que costuma ser agrupada sob a denominação de "economia e finanças comportamentais", se apóia muito em *insights* da psicologia, e cada vez mais é acompanhada por *insights* da neurociência.

As dimensões comportamental e da neurociência complementam abordagens mais tradicionais para explicar a evolução dos preços de ativos, o comportamento de investidores e os desdobramentos nas finanças corporativas. Tenho visto que podem ser úteis para ajudar minha compreensão de fenômenos de investimento comuns (e ineficientes), como a maneira pela qual alguns investidores perseguem retornos históricos (e não os esperados). Além disso, esclarecem o comportamento de manada entre investidores, assim como a aparente sensibilidade assimétrica a ganhos e perdas.

Também têm se mostrado informativos para analisar atividades de oferta pública inicial (*initial public offering*, ou IPO), assim como a inclinação de alguns investidores para a passividade, o adiamento e distorções internas. Eles ajudam a explicar a persistência de distorções internas na construção de portfólios e a correspondente falta de diversificação. De fato, mais adiante neste livro, vou expor algumas idéias sobre como os participantes de mercado podem se posicionar diante das atuais mudanças estruturais. Vou me apoiar nessa literatura relativamente nova ao sugerir abordagens que são não apenas bem projetadas, mas que também podem ser implementadas de forma que supere as distorções tradicionais.

O combustível para essa literatura cada vez mais influente vem de repetidas observações, aparentemente incompatíveis com a noção de comportamentos humanos racionais, dominante nas abordagens tradicionais da economia e das finanças. A bibliografia cita muitos exemplos. Entre eles, nossa tendência a demonstrar preferências incompatíveis com o tempo, assim como nossa propensão a não tomar um curso de ação que, sabemos, será bom para nós. Também falam de nossa disposição de nos afastarmos de "dinheiro grátis" (por exemplo, no contexto de contribuições de plano de previdência compatíveis com a empresa)[12], de nosso "âmbito estreito" de escolhas (o fato de interpretá-las de maneira isolada mesmo quando terminamos implementando-as como um pacote) e a excessiva influência que os "custos embutidos" têm em nossas futuras decisões.

Para ajudar a explicar essas observações, a bibliografia sobre comportamento procurou aplicar e modelar certos traços psicológicos que influenciam o comportamento do mercado[13]. Por exemplo, examinou a extensão segundo a qual investidores são influenciados por percepções de confiança e otimismo, pela inércia das crenças e por um excessivo apoio em considerações de arbitragem de mercado. Também identificou o meio-termo entre "as operações automáticas da percepção e as operações deliberadas da razão"[14].

A maioria de nós reconheceria a própria sensibilidade a alguma dessas considerações, se não a várias delas. As explicações para esses comportamentos diferem dos *insights* tradicionais de "imperfeições de mercado" apontados antes neste capítulo, nos quais a "irracionalidade" pode ocorrer no contexto tanto de informação completa como no potencial de aprendizagem com base em "jogos repetidos" (que significa a freqüente recorrência do mesmo fenômeno). Especificamente, tais explicações se apóiam no papel das emoções na tomada de decisões.

Dado o foco do meu livro, é importante que os leitores notem a existência de outro fenômeno comportamental: o "efeito da disposição"[15] – a hesitação dos investidores em vender ativos cujos preços tenham caído por um preço menor que o que foi pago na compra. Na verdade, costumamos ouvir com freqüência investidores muito bem-sucedidos, como Bill Gross, fundador da PIMCO, advertirem colegas contra a tendência humana de se ater às ações perdedoras e vender suas vencedoras. As finanças comportamentais sugerem que o efeito da disposição reflete o que é de modo essencial uma crença excessiva e distorcida na reversão à média, que é facilmente acentuada pelo quadro de referência estreito da decisão de investimento. Isso também está relacionado com o efeito do custo embutido.

As explicações são complementadas por *insights* sobre como várias partes de nosso cérebro atuam em conjunto[16]. Pesquisadores de neurociência explicam a leigos como eu que nossos cérebros evoluíram com o tempo por meio de um processo de blocos modulares, ou seja, novas instalações foram acrescentadas às existentes no contexto da evolução natural. Portanto, nossos comportamentos atuais e a capacidade para a tomada de decisões são movidos pela fusão de diferentes sistemas que, às vezes, estão sujeitos à tensão inerente e a resultados conflitantes. Para ilustrar esse ponto, os pesquisadores falam do conflito que com freqüência se manifesta entre o sistema límbico (que a maioria de nós chamaria de "cérebro emocional") e o córtex lateral pré-frontal (o "cérebro analítico").

Robert Shiller, professor de Yale pioneiro no campo das finanças comportamentais, que atraiu atenção internacional com sua obra *Exuberância irracional*, resumiu isso bem numa recente entrevista: "A mente humana é incrivelmente poderosa; é capaz de computações que podem deixar você deslumbrado, mas pode também ser errônea e tola às vezes"[17].

Não é de admirar que a mudança seja difícil

Aqueles que de fato se interessam por detalhes científicos e sua aplicação a uma série de exemplos da vida real devem consultar o interessante trabalho que vem sendo realizado por pesquisadores em locais como Carnegie Mellon, Harvard e Princeton. O trabalho nessas instituições inclui o uso de imagens funcionais de ressonância magnética para avaliar de que modo o cérebro se comporta ao lidar com escolhas entre recompensas imediatas e futuras[18]. Para nós, o fruto dessa pesquisa é um achado simples mas poderoso: nossa capacidade de identificar transformações estruturais, e a elas rapidamente nos adaptarmos, enfrenta vários meandros mentais que vão bem além da noção tradicional de "imperfeições de mercado"; elas estão relacionadas com algumas considerações básicas a respeito de como nosso cérebro funciona. De fato, é tanto possível como provável que, no contexto das aberrações discutidas antes, o segmento analítico do cérebro de um investidor esteja tão saturado que possa ser com facilidade superado pelo segmento emocional.

Os *insights* também falam dos fenômenos da limitada abertura e da lenta adaptação da maioria das pessoas à mudança. Na realidade, muita gente não se sente à vontade diante de mudanças estruturais. Afinal, por definição, tais mudanças são difíceis de identificar, pois tendemos a usar quadros de referência voltados para o passado. Em contrapartida, a demora em reconhecê-las amplifica a turbulência ocasionada por elas.

Em sua posse na presidência de Harvard, em outubro de 2007, Drew Faust falou sobre como as universidades lidam com a mudança. Com sua ênfase na pesquisa, e não apenas no ensino, as universidades são, quase por definição e por estrutura, constituídas para ter como alvo a expansão do conhecimento. E a expansão inevitavelmente envolve algum tipo de mudança nas prioridades, nas atribuições e no saber convencional.

A presidente Faust me fez lembrar, a mim e a milhares de pessoas sentadas ao ar livre, naquela tarde chuvosa de outubro no pátio de Harvard, que a mudança não vem com facilidade – nem mesmo para uma universidade. Eis o trecho relevante de seu discurso[19]:

> Por sua natureza, as universidades alimentam uma cultura de inquietação e desobediência. Isso está no cerne de sua responsabilidade pelo futuro. Educação, pesquisa e ensino lidam sempre com a mudança — transformando os indivíduos à medida que aprendem, transformando o mundo à medida que as investigações alteram nossa compreensão dele, transformando sociedades conforme vemos nosso conhecimento traduzido em linhas de ação [...] Expansão do conhecimento significa mudança. Mas a mudança

costuma ser desconfortável, pois sempre abrange perdas assim como ganhos, desorientação assim como descoberta. Como disse Maquiavel, ela não tem muitos adeptos. No entanto, ao enfrentar o futuro, as universidades devem abraçar a perturbadora mudança, fundamental para qualquer avanço no entendimento.

Para os que acham útil complementar os *insights* acadêmicos com exemplos mais comuns, vamos lembrar uma das grandes cenas do filme *Amadeus*, do diretor Milos Forman, de 1984. O jovem Mozart está apresentando uma de suas novas composições ao imperador José II. Ao terminar a maravilhosa execução da música, Mozart volta-se para o imperador a fim de observar sua reação, assim como o fazem outras pessoas que compareceram àquela apresentação real. Parecendo confuso pela novidade e complexidade da brilhante composição de Mozart, o imperador responde educadamente: "Meu querido jovem, não leve a mal. Sua obra é engenhosa. É uma obra de qualidade. Mas é que simplesmente tem notas demais, é isso. Notas demais!".

O imperador não tinha a capacidade (talvez tampouco tivesse a boa vontade) de distinguir entre brilho e ruído, ou o que ele chamou de "notas demais". De fato, por ele, teria inadvertidamente reprimido o que veio a se revelar uma grande evolução na história da música. Felizmente, havia outros que reconheceram a mudança e, à sua maneira, permitiram que criasse raízes duradouras.

Sendo assim, a questão para os investidores de hoje não é por que os mercados que se mostram eficientes em outras circunstâncias podem demorar a se ajustar a transformações estruturais; tampouco é por que os investidores podem diferir em suas reações. Ao contrário, a questão-chave é o que acontece como resultado dessas transformações.

Equilíbrios múltiplos

Tendo estabelecido a possibilidade de que os investidores percam momentos de virada e, portanto, demorem a reagir, a questão que se levanta é como o mundo evolui em tais circunstâncias. Será que ele apenas se reajusta ao novo equilíbrio, embora com atraso, ou será que o próprio processo de ajuste está sujeito a certos caprichos? E, se esse último aspecto for uma possibilidade, o que ela significa para os investidores ao se manifestar?

Economistas que estudaram as evoluções reais (em oposição às teóricas) dos mercados financeiros têm recorrido às vezes ao conceito de *múltiplos equilíbrios*. Tal conceito evita mapeamentos únicos, individuais, em favor de interações e conseqüências mais complexas. A noção de múltiplos equilíbrios baseou-se em alguns trabalhos recentes sobre finanças comportamentais – em especial, os "estudos sobre limites da arbitragem", que mostram como os mercados costumam se desviar, por um considerável período, das condições de equilíbrio. Isso ocorre mesmo que haja participantes "racionais" que interajam e, portanto, possam compensar o impacto de suas contrapartidas "irracionais". O fenômeno é mais evidente no fracasso dos mercados em arbitrar precificações errôneas e estruturais óbvias[20].

Um aspecto notável dos equilíbrios múltiplos é que eles incorporam ciclos de realimentação e dependências de caminhos, que são propulsores importantes. Em termos simples, um "evento que ultrapasse o limiar" dispara uma reação que movimenta e ativa outro conjunto de reações, que de outro modo teriam permanecido inativas. Você pode ver facilmente como esse processo se torna ainda mais interessante quando ocorre no contexto de informações assimétricas e imperfeitas, do tipo discutido antes neste capítulo.

Parece complicado? Não se você pensar em como um pequeno evento pode causar grandes mudanças de opinião. Fãs de esportes vão reconhecer esse fenômeno porque assistiram a jogos que tiveram grande mudança no seu clima geral com base em uma ocorrência relativamente simples, que alterou o andamento do jogo, criando uma dinâmica em cascata. No futebol americano, uma única jogada pode "virar o jogo", "colocar a torcida de novo para dentro da partida", "incendiar a equipe" ou "acordar o estádio".

A dinâmica em cascata dos equilíbrios múltiplos pode também ficar evidente para pais que estão construindo um castelo de areia com os filhos na praia. Por certo tempo, os grãos de areia em excesso apenas rolam pelos lados do castelo. Em determinada hora, porém, um simples punhado de grãos a mais pode derrubar o castelo todo. Alpinistas sabem que um simples deslocamento de neve pode provocar uma avalanche. E sempre se pode citar a fábula da palha a mais que quebrou a espinha do camelo.

Em todos esses exemplos subentende-se a idéia do fenômeno que serve como fio condutor deste livro: um catalisador que acaba promovendo uma mudança de regime.

Contágio

O fenômeno dos equilíbrios múltiplos também explica por que, quando enfrentam a possibilidade de uma dinâmica em cascata de problemas de liquidez, os mentores políticos têm uma reação exageradamente *racional*. Afinal, a mudança do quadro de referência de uma dinâmica de equilíbrio simples para outra de equilíbrio múltiplo significa que a seqüência exata de resultados é mais difícil de predizer. Portanto, os riscos negativos de uma reação displicente por parte dos mentores políticos tornam-se substanciais.

Como mencionei, houve dois exemplos claros desse fenômeno depois dos distúrbios de liquidez iniciados no verão de 2007. O primeiro exemplo veio do Reino Unido. A corrida às agências do banco Northern Rock levou o governo britânico a garantir todos os depósitos bancários no Reino Unido. Em outras palavras, um problema específico de disparidade de vencimentos num banco em particular levou à necessidade de garantir todos os depósitos no sistema bancário – e com pleno conhecimento do risco moral. No jargão do equilíbrio múltiplo, o governo foi perspicaz ao minimizar a possibilidade de que a mudança de regime do Northern Rock causasse outros distúrbios com base em expectativas concretizadas, e que de início não tinham nenhuma base fundamental.

O segundo exemplo veio dos Estados Unidos, quando o Federal Reserve surpreendeu os mercados ao cortar as taxas de juros acima da expectativa. O fato se repetiu numa série de outros cortes, que incluíram uma redução incomum e drástica de 75 pontos-base entre uma reunião e outra, em 22 de janeiro de 2008. De novo, a atitude foi motivada pelo desejo, embora malsucedido, de evitar que um transtorno específico de mercado se tornasse uma crise geral de crédito, que poderia minar a atividade econômica, aumentar o desemprego e causar uma tensão desnecessária a muitos segmentos da população.

Esse movimento foi acompanhado por uma sinalização do Fed de que iria procurar "seguradoras" ao projetar sua linha de ação. Conforme declaração de Ben Bernanke, presidente do Federal Reserve, ao Congresso: "Estamos prontos para tomar ações adicionais importantes se houver necessidade de apoiar o crescimento e oferecer um seguro adequado contra riscos negativos"[21]. Em suas observações, ele também ressaltou que o corpo decisório do Fed "deve ficar excepcionalmente alerta e ser flexível". De novo, a motivação foi o desejo de impedir que um transtorno de mercado específico se transformasse em algo mais geral. Essa resposta de política monetária foi acompanhada por ações fiscais e correlatas, voltadas para evitar uma onda de execuções de hipotecas de imóveis e uma correspondente queda brusca nos preços da habitação e na confiança do consumidor.

Os conceitos de equilíbrios múltiplos e de contágio esclarecem uma série de tópicos, que vão dos ciclos de negócios às dinâmicas de mudança de clima e ecossistemas. Entrei em contato pela primeira vez com esses conceitos há 25 anos, quando observava os mercados de economias emergentes. Especificamente, notei que havia uma tendência de que uma crise num determinado país e/ou região impusesse danos colaterais a outros países que não compartilhavam necessariamente as mesmas condições iniciais[22].

Na época, o mundo dos mercados emergentes estava suscetível em particular a efeitos de contágio e equilíbrios múltiplos por meio de três canais de transmissão distintos:

- Econômico: a necessidade que as economias emergentes tinham de acesso aos países industrializados, por meio de exportações, a fim de gerar ganhos para pagar os altos serviços da dívida.
- Financeiro: a expectativa das economias emergentes de serem capazes de levantar novos financiamentos para a rolagem dos compromissos da dívida.
- Técnicos: a importância para as economias emergentes de terem acesso a investidores táticos, a fim de ir além do que, naquele estágio, constituía um conjunto insuficiente de fluxos de investimentos *estratégicos* (ou seja, especializados e mais estáveis) restritos e reduzidos.

Tais canais envolviam enormes correlações. Afinal, estavam inter-relacionados: um transtorno econômico poderia desacelerar o fluxo geral de financiamento externo e, no processo, também deixar os investidores táticos intimidados em relação à sua exposição nos mercados emergentes. Além disso, cada um dos fatores envolvia um significativo grau de correlação entre cada uma das economias, individualmente.

Minha primeira introdução prática aos efeitos dos mercados emergentes ocorreu no verão de 1982. Eu viajara de Oxford para Washington, D.C., para um estágio de três meses no Fundo Monetário Internacional. Na época, as expressões "mercados emergentes" e "economias emergentes" ainda não eram de domínio público. Em vez disso, falava-se principalmente de "países em desenvolvimento", embora os rótulos antigos de "menos desenvolvidos" e "do terceiro mundo" ainda tivessem bastante vigência.

Meu estágio naquele verão em um projeto de "substituição de moeda" foi complementado pela exposição diária a ocorrências financeiras globais, por meio de uma excelente publicação diária conhecida na época como *Blue Sheet*. O tom e a cobertura dessa publicação, uma sinopse feita pela equipe do FMI dos principais assuntos econômicos e financeiros que surgiam no mundo todo, mudaram de maneira drástica em agosto. A mudança foi provocada por um anúncio, feito pelo México, de que não estava mais em condições de cumprir com o pagamento de sua dívida externa.

O que começou como uma notícia a respeito do México evoluiu para um grande evento global. Cresciam as preocupações a respeito da saúde dos principais bancos norte-americanos (como o Chase Manhattan e o Citibank), em especial os "centros de dinheiro" gigantes cujos empréstimos ao México e seus vizinhos regionais excediam o capital das instituições[23]. Os empréstimos para outras economias latino-americanas foram interrompidos, o que expôs praticamente todas elas a um ciclo de moratória e reestruturação da dívida. Instituições multilaterais foram forçadas a entrar em operações para administração da crise, numa escala simplesmente impensável antes do anúncio feito pelo México.

Lembro com muita clareza de que modo internalizei as implicações operacionais do contágio. Poucos anos mais tarde, no que constituiu um passo incomum à época para o FMI (mas hoje rotineiro), um grupo de pessoas da entidade – eu estava entre elas – visitou bancos e administradores de investimentos em Nova York para conseguir informações sobre os fluxos do setor privado para países em desenvolvimento. Quando lhes perguntaram qual tinha sido a reação imediata diante das notícias sobre o México, muitos contaram que haviam desistido de fazer novos empréstimos a países como Chile e Colômbia, e que tinham decidido, quando muito, apenas renovar de modo parcial as linhas de crédito existentes.

As ações dos bancos e de administradores de investimentos pareceram ilógicas a nós, economistas do FMI. Afinal, Chile e Colômbia haviam se diferenciado dos outros países pela maneira prudente com que tinham conduzido sua economia e finanças. Mas os aspectos técnicos eram de tal ordem que essa análise fundamental não se aplicava. Esses dois países enfrentavam um grau cada vez maior de racionamento do crédito devido a algo que ocorria bem longe de seu alcance. Felizmente, ambos foram capazes de atravessar o período de crise geral no crédito para os países em desenvolvimento sem necessidade de recorrer a uma reestruturação da dívida.

Como ficou depois comprovado, o anúncio do México constituiu o início do que ficou conhecido na América Latina como a "década perdida" de 1980. O crescimento da região despencou e o comércio encolheu. O nível de pobreza aumentou à medida que vários governos foram forçados a cortar despesas num clima de pânico, que teve impacto desfavorável nos setores sociais (como educação e saúde) e na infra-estrutura.

Para os países industrializados, as preocupações com crescimento e bem-estar na América Latina eram essencialmente relegadas em prol de um grande esforço para capitalizar o sistema bancário. Tornara-se crucial ganhar tempo a fim de permitir que a base de capital dos bancos suportasse a reestruturação dos empréstimos feitos às economias em desenvolvimento ao redor do mundo. O FMI e o Banco Mundial tinham mais flexibilidade para reagir. Enquanto isso, novas expressões entravam no vocabulário operacional, como "dívida pública flutuante" (*debt overhang*) e "bônus Brady". Esse último – originado da pressão feita pelo secretário do Tesouro norte-americano, Nicholas F. Brady, no sentido de transformar em títulos e vender as obrigações não pagas de economias emergentes – marcou o início de uma fase mais otimista nas finanças globais.

Durante essa fase, as economias emergentes, de maneira gradual, assistiram à restauração de seu acesso aos mercados de capital internacionais, e o acesso resultou na proliferação de um novo conjunto de instrumentos financeiros e movimentação de investimento[24]. Ao se dispor a assumir riscos de crédito mais altos, os investidores tinham potencial para comprar os empréstimos bancários reestruturados sob forma de bônus. O rendimento dos bônus apresentava um ganho adicional significativo em relação às taxas de juros oferecidas para as obrigações emitidas por governos e corporações nos países industrializados. Mas enquanto a nova fase, mais otimista, ganhava impulso, o mundo não demorou a identificar, mais uma vez, o impacto abrangente das economias emergentes. E, novamente, o impacto foi turbulento.

Outro abalo atingiu os mercados globais em dezembro de 1994 e no primeiro trimestre de 1995. Mais uma vez o México foi o catalisador: suas disparidades de vencimento da dívida acentuaram o risco de que um país soberano pudesse passar à condição de inadimplente. Ainda me lembro da expressão de choque no rosto de alguns diretores executivos do FMI quando foram informados pelo diretor administrativo Michel Camdessus da extensão do financiamento necessário e do fardo financeiro com o qual o FMI teria de arcar. A crise foi controlada por meio de um grande pacote internacional de auxílio financeiro, em duas etapas. A primeira injeção de fundos de emergência não foi suficiente; o pacote de financiamento precisou ser reabastecido em março de 1995.

Dois anos mais tarde, o mundo repentinamente tomou consciência de que a América Latina não tinha o monopólio no que se referia à capacidade de causar distúrbios aos mercados financeiros globais. O verão de 1997 marcou o início da crise asiática, que produziu uma espetacular implosão dos sistemas financeiros em países como Indonésia, Coréia do Sul e Tailândia – economias antes vistas como o cerne do muito celebrado "milagre asiático".

Por volta de agosto de 1998, a maré de tumultos havia migrado para o Ocidente e agora atingia a Rússia. Em 17 de agosto, o país anunciou o calote a um conjunto de compromissos. O processo provocou um grande transtorno nos mercados que, por volta de setembro, viu algumas áreas do sistema financeiro global à beira do colapso. Isso ficou muito claro no fechamento do fundo *hedge* altamente alavancado (*long-term capital management*, ou LTCM) e pelos subseqüentes esforços dos mentores políticos, liderados pelos Estados Unidos, de favorecer a recuperação da posição do LTCM e devolver liquidez ao sistema financeiro.

A teoria do segundo melhor

Considerações sobre equilíbrios múltiplos e contágio levam naturalmente aos *insights* oferecidos pela "teoria do segundo melhor", da obra de 1956 de dois economistas, Kelvin Lancaster e Richard Lipsey. A análise dos economistas avaliava a melhor maneira de reagir a situações em que uma ou mais "condições ótimas" não eram atendidas. Intuitivamente, você poderia achar que a melhor abordagem fosse continuar encontrando as *outras* condições ideais (ou "primeiras melhores"). Com base em suas conclusões, no entanto, Lancaster e Lipsey aconselham a não fazer isso. Na verdade, eles descobriram que existem situações em que, uma vez que a primeira melhor condição é infringida, o melhor resultado implica infringir outras primeiras melhores condições.

Ao ilustrar para estudantes os *insights* dessa importante teoria, costumo me referir a uma atividade muito popular nos meus dias de faculdade – o jogo do risco. Esse jogo simples de tabuleiro consiste numa competição entre jogadores para ter o controle do mundo, conquistando e defendendo países e continentes. O movimento dos "exércitos" baseia-se essencialmente em lances de dados, portanto os jogadores que tendem a ganhar são os que usam uma abordagem baseada na probabilidade para formar suas estratégias, em especial porque os jogos podem durar horas, até dias.

Ao longo do tempo descobri que a abordagem ideal, baseada em probabilidades, precisava de um empurrãozinho em certas circunstâncias. Por exemplo, e para minha grande frustração, notei que aderir estritamente a uma abordagem baseada em probabilidades era desaconselhável quando alguma das pessoas contra as quais eu jogava não era influenciada por considerações baseadas em probabilidades. Descobri que, quanto mais meus oponentes se desviavam de uma abordagem baseada em probabilidades, maior era a possibilidade de que eu ter de me afastar da minha estratégia normal baseada em probabilidades para contrabalançar a influência deles no jogo. Na verdade, meus oponentes nessas circunstâncias acabavam mudando as melhores dinâmicas iniciais do jogo, e também aquilo que era considerado um comportamento ótimo para outros jogadores.

A teoria do segundo melhor tem aplicação significativa nos mercados financeiros. Ela repousa no cerne de uma citação que tem sido atribuída a Keynes de que "mercados podem permanecer irracionais por mais tempo do que você pode permanecer solvente". Achei a teoria útil para explicar como investidores devem reagir ao incomum surto de atividades de fusões e aquisições (*merger and acquisition*, ou M&A) que tomou conta dos mercados na primeira metade de 2007[25]. E, como vou discutir no capítulo 4, também esclarece por que certas elaborações de investimento complexas, sofisticadas e até aqui bem-sucedidas se revelam particularmente frágeis com o passar do tempo.

O ponto principal

Meu objetivo ao usar uma análise bastante eclética e interdisciplinar neste capítulo foi simples: ajudá-lo a compreender que, ao tentar identificar sinais dentro do ruído do mercado, você precisa considerar que existem muitas razões pelas quais nossa inclinação natural será resistir à idéia de mudança. Mais ainda, depois que você superar a resistência no reconhecimento, não pode supor que o sistema irá apenas se reajustar (o que significa voltar ao estado em que estaria caso o choque inicial não tivesse ocorrido). Existe uma boa chance de que a própria demora dê origem a novas dinâmicas.

Esse é o tipo de pensamento que me levou, e a outras pessoas, a ser sensível não só à emergência de um novo destino histórico para a economia global, mas também a reconhecer que a jornada exige uma análise cuidadosa. A análise é o assunto dos capítulos 4 e 5. Ao entender os principais componentes da jornada e do destino, os investidores estarão em melhor posição para explorar os benefícios de nosso mundo em transformação e também de minimizar seus riscos.

CAPÍTULO

4

Compreensão do novo destino

O QUADRO DE REFERÊNCIA discutido no capítulo 3 torna possível compreender, de melhor modo, as transformações fundamentais em ação na economia global. Este capítulo apresenta os resultados de anos de análise empreendidos com a ajuda de meus colegas da Harvard Management Company e da PIMCO. Os achados indicam um choque entre o mundo de ontem e as realidades emergentes do amanhã.

Esses mundos vão diferir de três importantes maneiras:

- Primeiro, para os que procuram entender os desdobramentos da economia e das finanças globais, não será mais suficiente considerar só Estados Unidos, Europa e Japão. Devemos também incluir as economias dos mercados emergentes. Isso implica uma compreensão de sua economia, condições financeiras e comportamentos, todos em rápida transformação.
- Segundo, os investidores e mentores políticos (os participantes de mercado) terão de entender melhor o papel cada vez mais influente desempenhado pelos novos conglomerados de capital, muitos dos quais concentrados nas mãos de agências de investimento estatais (como os SWFs). As ponderações sobre o valor dos ativos deverá incluir uma avaliação do que os novos investidores estão propensos a comprar, a vender e por quê.
- Terceiro, não será mais suficiente fazer projeções futuras com base apenas nos

fundamentos econômicos e financeiros. Ao contrário, cada vez com maior freqüência, será também necessário compreender a extensão em que as dimensões técnicas dos mercados que são movidos pela inovação financeira podem e vão influenciar os fundamentos em interações que ocorrem cada vez mais nos dois sentidos. Além disso, os investidores devem reconhecer inteiramente a natureza cambiante da infra-estrutura financeira e da linha de produtos.

Economias emergentes têm, e continuarão a ter, uma crescente influência na taxa de crescimento da economia global, no âmbito e na orientação do comércio, no processo de formação de preços e na estabilidade do fluxo externo de capitais. Na realidade, elas já são a contribuição mais importante para o crescimento global (Figura 4.1), e têm abocanhado uma grande e crescente fatia do comércio mundial. Ao fornecerem mão-de-obra de baixo custo para a rede global de produção, ajudaram a conter a inflação (não obstante a elevação dos preços das mercadorias, ou *commodities*). E a maneira pela qual alocaram seus ganhos em reservas internacionais impactou as taxas de juros, embora tudo esteja, de maneira inevitável, mudando de feição e tendo impacto geral.

Figura 4.1 Caminho ascendente das economias emergentes ao se tornarem grandes motores do crescimento global (mudança percentual anual*)

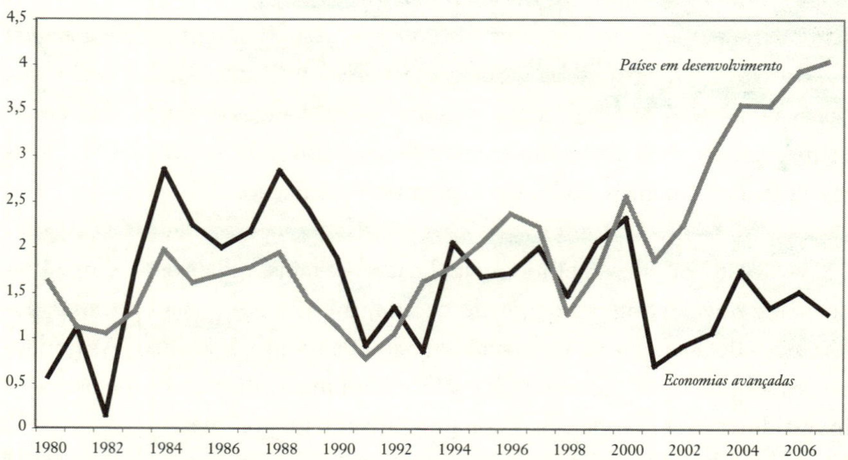

* Com base na importância do PIB em paridade de poder de compra (*purchasing power parity*, ou PPP).
Fonte: Fundo Monetário Internacional (FMI).

Essas tendências já provaram ter grandes conseqüências. Elas são parte importante da explicação para as inconsistências e aberrações históricas, e mesmo assim ainda não atraíram suficientes análises nas comunidades econômica e profissional até agora. Em decorrência, muitos investidores ainda não têm uma compreensão abrangente das implicações para as suas estratégias de investimento, retornos esperados e riscos de portfólio.

De modo similar, foi só há pouco tempo que o pensamento acadêmico conceituado se dedicou ao impacto do imenso choque tecnológico nas finanças internacionais, causado pela proliferação de produtos derivados. Esse fenômeno tem reduzido significativamente as barreiras de entrada num grande número de mercados, entre eles, o de habitação e de muitas áreas de crédito. O resultado foi uma drástica mudança na produção e consumo de produtos complexos, não obstante a existência de algumas questões básicas a respeito de compatibilidade e sustentabilidade. Tudo isso tem impactado as relações econômicas e financeiras, além de complicar a elaboração de políticas. As seções a seguir examinam com algum detalhamento tais fenômenos e definem o cenário para uma discussão sobre as maneiras como os investidores podem explorar os benefícios e desviar-se das armadilhas.

Novo motor global de crescimento

Pelo fato de a economia dos Estados Unidos ter enfrentado nos últimos anos perspectivas de fraco crescimento, à medida que se depuram os excessos, há um crescente interesse em saber se a coletividade de economias emergentes poderá se tornar um motor sustentável da expansão global. A resposta a essa questão se complica pela incerteza quanto às recentes tendências ascendentes de crescimento da Europa e do Japão, pois há a expectativa de saber se constituem fenômenos de longo prazo (se são mais do que apenas reações cíclicas).

A questão é crítica para a formulação das estratégias de investimento daqui em diante. Ela se reduz a uma questão, que é a fonte de toda discussão significativa sobre o mercado: em que medida as economias emergentes podem se distanciar da economia norte-americana, em desaceleração? (Os especialistas se referem a isso como a "questão do desacoplamento".) A resposta depende de como analisamos a dinâmica de crescimento das economias – e, em particular, de economias sistematicamente importantes como as do Brasil, China, Índia, México, Rússia e África do Sul.

Formulação de políticas pragmáticas

Acho que o melhor *insight* a respeito desse tópico vem da obra de Michael Spence, o vencedor do prêmio Nobel de Economia de 2001. Chefiando o trabalho da influente e independente Comissão sobre Crescimento e Desenvolvimento (também conhecida como Comissão de Crescimento), fundada em 2006, Spence estudou em detalhe o que torna o crescimento sustentável. De início, ele se concentrou adequadamente nas experiências da China e, em menor extensão, nas da Índia – foco amplamente compartilhado devido aos impactos sistêmicos da China e da Índia e aos "efeitos de demonstração" –, mas ele também passou tempo considerável estudando e visitando outros países.

O trabalho da Comissão descobriu uma série de fatores que vinham à superfície ao tentar explicar por que muitas economias emergentes não foram capazes de sustentar alto crescimento no passado[1]:

- Primeiro, e mais importante, é um desafio muito grande para os dirigentes de um país projetar e executar políticas orientadas para o crescimento no contexto de significativas incertezas a respeito dos vínculos sociopolíticos e econômicos subjacentes. Essas incertezas assumem maior importância se as estruturas institucionais são frágeis e o contexto global, fluido.
- Segundo, não existe um modo fácil de traduzir as experiências de economias de mercado maduras para as dos países emergentes. Ao contrário, os países emergentes têm de desenvolver suficiente autoconfiança e convicção para traçar o próprio caminho, que inclui obstáculos. Ao fazerem-no, eles combinam microprevisões mais prováveis com macrorresultados incertos. E terão de continuar a fazer isso.
- Terceiro, o sucesso em gerar crescimento alto *e* inclusivo implica um conjunto adicional de desafios políticos. Conforme observação feita a mim por um mentor político em meados da década de 1990, no contexto dos mercados emergentes, "administrar o sucesso pode ser mais difícil do que administrar uma crise"[2].

A leitura atenta que Spence fez das experiências reais dos países e de sua capacidade de se basear em trabalhos feitos em outras áreas resultou num achado importante: políticas de crescimento bem-sucedidas não predeterminam todos os passos necessários para atingir a sustentabilidade; ao contrário, trata-se de uma "longa jornada de uma década", que requer inevitavelmente adaptações de linhas de ação no decorrer do caminho e ter de lidar com realidades de instituições e infra-estruturas de mercado que ainda estão amadurecendo.

Esse *insight* fica claro na análise do surto de crescimento muito bem-sucedido da China que Spence e eu realizamos:

> No início havia provavelmente concordância em poucos pontos, exceto que era necessária uma reestruturação fundamental e uma reforma da economia [...] A China evitou um erro que poderia facilmente ter sido cometido, e com resultados drásticos. O de simplesmente pegar seu conhecimento recém-adquirido de economias de mercado maduras do resto do mundo e aplicar essa teoria à sua própria economia, sem ajustes[3].

Em vez disso, o que a China fez – e o que tem sido feito cada vez mais por outros países em desenvolvimento – foi combinar a teoria com as lições extraídas de estudos de caso internacionais, o que incluiu dedicar considerável atenção ao micropapel dos preços e incentivos de mercado, mas também manter-se aberta a correções no meio do caminho, tanto no âmbito micro como no macro. Em vez de resultar em uma implementação lenta, a abordagem pragmática enfatizou a aprendizagem e a experimentação, e permitiu ajustes oportunos que acabaram acelerando o ritmo da reforma.

A abordagem da Índia foi igualmente adaptativa. As autoridades sublinharam a importância de "respeitar a necessidade de incluir grande número de pessoas no sistema democrático" e, com isso, "evitar uma abordagem baseada em um modelo estático e constante, [optando], ao contrário, por uma abordagem dinâmica e interativa"[4].

Dani Rodrik, professor da Universidade Harvard, chegou a uma conclusão similar. Em um estudo de diversas economias emergentes bem-sucedidas da África, Ásia e América Latina, Rodrik descobriu que o sucesso dessas economias estava relacionado ao grau com que os mentores políticos seguiam abordagens ecléticas[5]. Os países bem-sucedidos ajustavam suas políticas às circunstâncias do presente.

A disposição mental pragmática e seu sucesso ficam cada vez mais evidentes nos países em desenvolvimento pelos quais viajei. Na realidade, o sucesso desse pragmatismo, como ficou enfatizado no alto desempenho e no rápido avanço da China e da Índia – em particular na velocidade e extensão em que o sucesso ajudou os dois países em seus esforços para reduzir a pobreza –, criou em contrapartida certa pressão sobre outras economias em desenvolvimento. É claro, isso não quer dizer que todos os países em desenvolvimento também vão ter sucesso em obter surtos de crescimento. Eles não vão. Há muitos desafios a serem superados, entre eles, administrar o sucesso internamente e conseguir que o sistema internacional assimile o sucesso de modo ordenado. Mas vários deles vão conseguir, e a cada sucesso haverá reforço das mudanças fundamentais em andamento na dinâmica do crescimento global.

Deslocamentos no crescimento global

O deslocamento global já se reflete em indicadores importantes da economia. Na análise semestral de economia internacional feita pelo Fundo Monetário Internacional, em outubro de 2007, os economistas observaram que pela primeira vez a China deu a mais importante contribuição para o crescimento global ao longo do ano, numa medição em termos de preços de mercado[6]. No processo, a China superou os Estados Unidos, a União Européia e o Japão. *The Economist* descreveu a situação do seguinte modo:

> O poder desse novo motor é impressionante. Por vários anos, economias emergentes da Ásia responderam por uma parcela maior do crescimento do PIB global do que os Estados Unidos. Este ano, a China sozinha vai pela primeira vez conseguir o mesmo feito por seu próprio mérito (a taxas de câmbio de mercado), mesmo que o crescimento dos Estados Unidos se sustente[7].

Para os que acham que o crescimento da Ásia depende em excesso das exportações, *The Economist* observa que "na primeira metade de 2007 o aumento nos gastos do consumidor (em termos reais de dólar) na China e na Índia, juntas, contribuiu mais para o crescimento do PIB global do que o aumento registrado nos Estados Unidos". Além disso, o pico de crescimento na Ásia foi bem maior do que os picos de investimento, sugerindo que a eficiência no investimento está aumentando.

As mudanças são ainda mais drásticas quando examinamos a contribuição para o crescimento global em termos de paridade de poder de compra (*purchasing power parity*, PPP), unidade de medida que evita usar a taxa de câmbio do mercado em favor de uma conversão baseada no que é necessário para comprar a mesma quantidade de bens e serviços em cada país. Quando se faz a medição usando paridade de poder de compra, China e Índia – cada uma – contribuem mais para o crescimento global de 2007 do que os Estados Unidos, a União Européia e o Japão. E a contribuição da China é três vezes maior que a dos Estados Unidos. Na realidade, quando combinado com Índia e China, o grupo de economias emergentes responde por mais da metade do resultado global.

Assim sendo, e em comparação com episódios passados de desaceleração da economia dos Estados Unidos, as economias emergentes têm duas diferentes forças históricas a seu favor, e elas devem se provar suficientes para compensar em parte o que se espera ser um período relativamente prolongado de baixa demanda de importações por parte dos Estados Unidos. Primeiro, os componentes internos de demanda agregada estão chegando alinhados, de maneira gradual e forte, compensando com isso a perspectiva de exportações reduzidas para os Estados Unidos. Segundo, essas economias – em particular as exportadoras de mercadorias – estão num período de valores unitários de exportação relativamente altos.

Existe ainda um terceiro fator, de natureza mais cíclica. A maior parte das economias emergentes está em posição de se tornar "keynesiana", caso pretendam compensar o impacto do baixo crescimento dos Estados Unidos. O que eu quero dizer com isso? A natureza sólida dos balanços de pagamentos de muitos desses países – historicamente incomum – dá a eles a capacidade de estimular o consumo e o investimento internos. De fato, essas economias têm hoje a *capacidade*, mas não têm mostrado muita *disposição* de serem voltadas para o povo – e de fazerem-no do modo que Paul McCulley chamaria de "maneira baseada em princípios financeiros". Compare esse quadro com a imagem tradicional das economias emergentes, que as caracterizava como dispostas a serem voltadas para o povo (e não raro de maneira financeiramente irresponsável), porém sem ter capacidade para tal.

Como observei no capítulo 1, outra impressionante mudança na atual fase de crescimento dos mercados emergentes é que ela tem sido acompanhada por persistentes e substanciais superávits no comércio e nas contas-correntes do balanço de pagamentos, assim como por significativos picos em reservas internacionais. Essa é uma boa mudança em relação aos padrões passados, quando os surtos de crescimento eram normalmente associados à deterioração nas contas externas. Antes, as limitações do balanço de pagamentos – vistas no esgotamento das reservas internacionais e nas crescentes dificuldades para assegurar empréstimos externos – com freqüência forçavam os mentores políticos a refrear o crescimento por meio de cortes drásticos nos gastos fiscais, elevação de impostos e política monetária mais restritiva. Na realidade, a certa altura, alguns economistas falavam até de uma inevitável e rígida oposição entre crescimento e balanço de pagamentos.

De modo interessante, o deslocamento do crescimento global dos países industrializados para os países em desenvolvimento será acompanhado por um conjunto de outros deslocamentos *dentro* das economias em desenvolvimento. Mais importante ainda é que a China vai cada vez mais descobrir que seu crescimento é comandado principalmente pela demanda interna em detrimento dos mercados externos. Nesse processo, a política vai mudar, apoiando mais o consumidor em detrimento do produtor. Se for manejada de modo adequado, a mudança vai também auxiliar a aliviar as medidas protecionistas que vêm de fora – em especial dos Estados Unidos, onde alguns rotulam a China de manipuladora da moeda.

Vários outros países em desenvolvimento vão experimentar similares deslocamentos, incluindo produtores de mercadorias, como os países do Oriente Médio, Rússia e América Latina. Nestes, também é provável que presenciemos maior ênfase nos componentes internos de demanda agregada, e as resultantes lacunas na cadeia global de produção serão assumidas por outros países em desenvolvimento. Como exemplo, veja em que extensão o impacto global do Vietnã começa a se parecer com o da China há alguns anos, embora em escala menor.

REGIONALISMO VOLTADO PARA O EXTERIOR

Até aqui, nos preocupamos com a mudança no papel geral das economias emergentes no mundo todo, devido ao que acontece em termos de país. Mas o destino histórico, é provável, envolverá ainda importantes mudanças no conjunto de interações dentro do grupo das economias emergentes. Esse é o caso particular do Leste Asiático, onde os governos são agora mais rigorosos em apoiar a integração interfronteiras das atividades do setor privado[8].

O setor privado asiático foi particularmente ativo em explorar sinergias de produção. Isso fica claro na maneira pela qual países mais avançados, como o Japão, transferiram segmentos de produção para regiões em que os salários são mais baixos. Em termos gerais, isso fica evidente na medida em que a produção se integra verticalmente na região.

O que há de novo é a extensão em que os governos se interessam em participar desse processo, comandado pelo setor privado. A ênfase se dá em atividades de apoio, em oposição às que visam dirigir o setor privado (como foi feito enganosamente em outras regiões, com poucos efeitos benéficos). Iniciativas com muita exposição na mídia, implementadas nos últimos cinco anos incluem as voltadas para o aprofundamento do sistema financeiro (entre elas, os Asian Bond Funds I e II) e o compartilhamento da liquidez oficial em caso de dificuldades financeiras individuais (a Iniciativa Chiang Mai). Menos visíveis, mas igualmente importantes, são os programas para harmonizar padrões e códigos, incentivar a coordenação de políticas e disseminar as melhores práticas em governança corporativa e nas atividades regulatórias.

Essas iniciativas têm potencial para aumentar a produtividade, promover sinergias eficientes além-fronteiras e criar novas oportunidades regionais. No processo, vão reforçar a influência global da região, desde que o regionalismo continue orientado para o exterior. Até aqui as evidências sugerem que será esse o caso.

O ponto que estou tentando destacar é que há boas razões para acreditar que irá ocorrer o seguinte:

- Países em desenvolvimento vão cada vez mais se destacar como fontes de crescimento global significativo e sustentável.
- O resultante deslocamento de crescimento econômico no longo prazo irá reduzir de maneira gradual a sensibilidade mundial às variações no desempenho, em termos de crescimento, dos Estados Unidos.
- Provavelmente isso vai ocorrer junto com um realinhamento da classificação das economias emergentes, que vai resultar em maior ênfase nos componentes internos da demanda.
- Em decorrência, veremos um grau maior de interações de economias emergentes, em especial na Ásia.

A imagem neste caso é simples. Por vários anos, a economia global se pareceu com um avião voando com um só motor, alimentado pela vibrante atividade dos consumidores dos Estados Unidos, vistos por alguns como consumidores mundiais de primeira e última instância. Bem, o motor agora está engasgando. Mas o avião será capaz de manter altitude porque um bom número de motores menores estão entrando em ação, e o fazem de maneira mais coordenada e sustentável. A transição envolve solavancos, mas, apesar disso, tem potencial para evitar uma aterrissagem complicada para a economia global.

Se essa dinâmica de alto crescimento econômico com raízes históricas continuar a se materializar pelos próximos anos – e acredito firmemente que sim –, veremos também mudança adicional no impacto global de países em desenvolvimento proveniente dos outros três canais de transmissão: comércio, formação de preços e fluxo de capital.

A dinâmica mutante do comércio mundial

As estratégias de crescimento adotadas por várias economias emergentes resultaram num rápido aumento em sua participação no comércio mundial (Figura 4.2). Cada vez mais o aumento tem sido acompanhado pela realização de maior valor agregado.

O processo foi muito facilitado por três fatores distintos, mas inter-relacionados:

- A disposição dos Estados Unidos de sustentar a demanda do consumidor além do crescimento da renda.
- A capacidade de os mercados financeiros transformarem em valores monetários ativos em posse de consumidores norte-americanos, entre eles, ações do mercado de habitação (o que às vezes é conhecido como "usar a casa como caixa automático").
- A disposição de economias emergentes de reciclar seu superávit comercial de volta para os Estados Unidos por meio de compras substanciais de instrumentos do Tesouro norte-americano, hipotecas e ações corporativas.

Juntos, esses três fatores resultaram no que Larry Summers caracterizou como relacionamento financeiro de venda global maciça[9], com os Estados Unidos ocupando um dos lados e a Ásia e os exportadores de petróleo, o outro (Figura 4.3). Pense no que acontece todos os dias nos Estados Unidos quando um comprador entra numa revenda Ford/GM, compra um carro e faz financiamento com um empréstimo da Ford Motor Credit/GMAC, com recursos advindos da emissão de títulos. Isso é muito similar ao que vem acontecendo no âmbito global entre Estados Unidos, Ásia e produtores de petróleo.

Em termos mais simples: considere os seguintes vínculos que predominaram no relacionamento financeiro de venda global maciça.

Figura 4.2 Progresso constante da conquista de maior participação de mercado global pelas economias emergentes (em porcentagem)

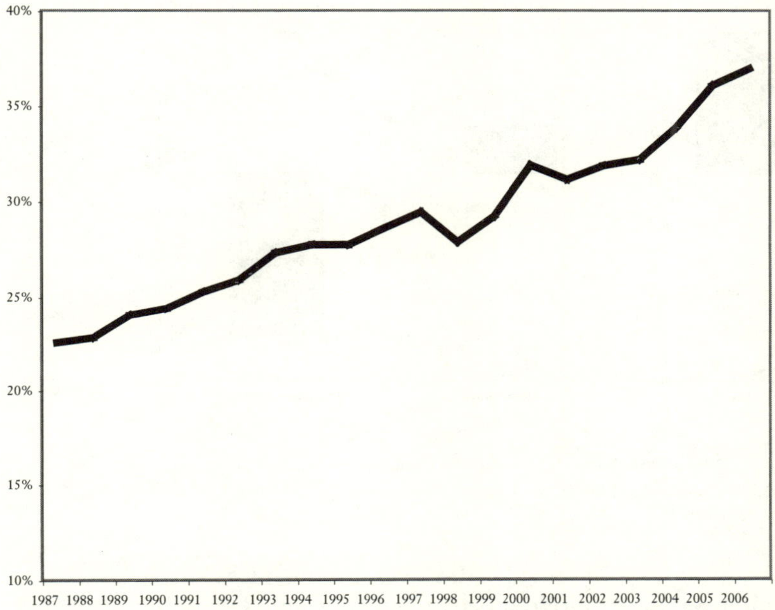

Fonte: United Nations Conference on Trade and Development (UNCTAD).

- Consumidores dos Estados Unidos (os "compradores de automóveis") compram bens e serviços da Ásia e produtos de energia dos países exportadores de petróleo ("Ford/GM").
- Conforme as compras excedem a renda dos compradores de automóveis, os consumidores norte-americanos financiam parte de suas compras assumindo dívidas que eles, inicialmente ou mais tarde, refinanciam por meio de papéis do mercado imobiliário ou de hipotecas (os "auto-empréstimos").
- As crescentes dívidas com hipotecas são reformatadas por Wall Street e vendidas a países asiáticos ou exportadores de petróleo, que ficam felizes em comprar as dívidas de hipotecas porque significa que eles podem aplicar seus ganhos no mercado financeiro mais sofisticado e de maior liquidez de todos: o norte-americano.

Figura 4.3 Relacionamento financeiro de venda global (contas atuais em bilhões de dólares)

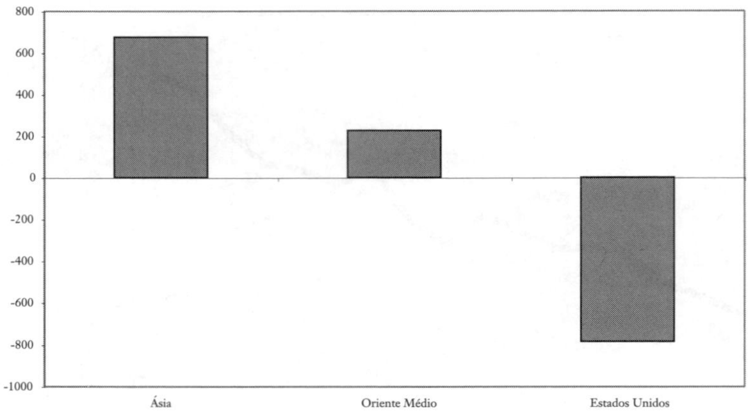

Note que Ásia inclui a Ásia em desenvolvimento, economias recém-industrializadas e Japão.
Fonte: Fundo Monetário Internacional (FMI).

Essa dinâmica tem permitido a persistência dos grandes equilíbrios globais discutidos no capítulo 1. A questão da sustentabilidade já consumiu muita tinta, além de ter sido tema de acaloradas discussões. Uma das facções defende que esses equilíbrios podem durar um longo tempo, pois refletem questões estruturais profundas. Talvez as análises mais inovadoras nesse aspecto venham do trabalho de Michael Dooley, Peter Garber e David Folkerts-Landau, da Universidade de Santa Clara, na Califórnia, e do Deutsche Bank[10]. A outra facção, que inclui análises de Nouriel Roubini e Brad Setser, da Universidade de Nova York[11], junto com a do meu colega da PIMCO, Chris Dialynas[12], defende que os equilíbrios são claramente insustentáveis.

Ambas as facções concordam que a dinâmica atual subjacente, na qual grandes déficits de comércio dos Estados Unidos são compensados por superávits igualmente grandes da Ásia e de exportadores de petróleo, terá de evoluir. Mas diferem quanto ao tempo oportuno, à velocidade e à natureza ordenada de sua evolução. Uma das facções prevê um ajuste lento que será empreendido de modo ordenado. A outra prevê uma crise com distúrbios econômicos e turbulência financeira.

Só o tempo poderá dizer com certeza qual das duas facções está certa. E pode muito bem acontecer que a solução proposta pelo líder dê lugar a outros resultados temporários sujeitos a múltiplas interações. Fica claro que há uma fragilidade inerente à economia global. Mais ainda, não importa a especificação exata da jornada que temos pela frente, o processo de crescimento das economias emergentes, como discuti aqui, resultará em dinâmicas globais muito diferentes no futuro.

Mudanças nos balanços comerciais

À medida que as economias gradualmente mudam seu foco primário do produtor para o consumidor, a taxa de crescimento das importações nos respectivos países vai aumentar e superar as exportações. E, no contexto desse aumento, a composição da demanda de consumo irá mudar para incluir uma parcela maior de artigos de luxo e o que está relacionado a eles.

Essa mudança está acontecendo lentamente. As classes mais altas em expansão da China e da Índia têm estimulado o crescimento na demanda de importações. Note também como esses dois países respondem por uma parcela cada vez maior do consumo global de energia, materiais básicos, automóveis, carne, e assim por diante. Por exemplo, cerca de dois terços da crescente demanda de energia dos últimos cinco anos deveu-se a um consumo mais alto e a aumento de estoques das economias asiáticas (excluindo o Japão).

Estou certo de que na próxima década a caracterização de muitas economias emergentes vai transformá-las de máquinas exportadoras em consumidoras, e isso vai contribuir para equilibrar seu impacto no comércio mundial. E, em algum estágio do caminho, elas se tornarão as importadoras da vez. Mudanças de política vão acelerar o processo e reverter a tendência atual de favorecer os produtores desses países em detrimento dos consumidores. Tais mudanças de política resultarão em estímulo dos componentes internos da demanda agregada, além de incentivo ao abandono de taxas de câmbio subestimadas. Especificamente as taxas de câmbio vão atingir os níveis de mercado conforme as estruturas dessas economias evoluírem. Em particular, a absorção do excedente de trabalho dos setores tradicionais vai tirar o foco do incremento na criação de empregos para a acumulação de capital humano e para atividades baseadas no conhecimento.

Vários fatores apontam para essa mudança, em especial o fortalecimento de apoios institucionais que favoreçam mudanças de política responsáveis, assim como o gradual desenvolvimento de pesos e contrapesos internos. Vínculos econômicos e financeiros internacionais mais profundos também desempenharão seu papel, particularmente em países com base econômica diversificada. E não podemos esquecer o papel dos "vigilantes de mercado", cuja influência está crescendo no contexto da liberalização e integração dos mercados financeiros internos.

Parte dessa mudança vai se refletir numa alteração gradual da importância relativa dos parceiros comerciais, a ponto de fazer com que o aumento de comércio com os países industrializados seja acompanhado por uma taxa de crescimento ainda maior no comércio entre economias emergentes. O padrão já é evidente nas conclusões relatadas pelo FMI: a parcela do total das exportações das economias emergentes que vai para outras economias emergentes cresceu de cerca de 10% no início desta década para 17% em 2006.

De modo crucial, as mudanças são também consistentes com as considerações socioeconômicas relativas às economias emergentes. Sendo assim, os governos serão capazes de atender de melhor maneira às legítimas aspirações de seus povos. Como vou discutir adiante, as mudanças em andamento podem ajudar a tratar melhor as questões de desigualdade, que se tornam mais evidentes nas economias em desenvolvimento. Podem também reduzir o risco de protecionismo e colocar a economia global numa base mais segura.

Todas essas são boas notícias para os países industrializados do ponto de vista da *renda*. Os Estados Unidos em especial serão capazes de, gradual e parcialmente, substituir sua dependência de uma base por demais estendida de consumidores por uma nova base para atender aos crescentes impulsos de demanda provenientes do resto do mundo. Mas essa transição tem de ser bem administrada, principalmente porque envolve efeitos negativos de *preço*.

De um vento favorável de desinflação para um vento contrário de inflação

A força de trabalho global

O livro de 2007 de Alan Greenspan – uma elegante mistura de memórias e estudos de caso – destaca um ponto importante: ao implementar seus bem-sucedidos esforços para conter a inflação nos Estados Unidos, o Federal Reserve (e outros bancos centrais ao redor do mundo) se beneficiaram de forças externas desinflacionárias geradas por ganhos de produtividade tanto internos como globais. Esses ganhos ajudaram a conter os preços de bens e serviços ao redor do mundo, seja diretamente, seja colocando uma intensa pressão competitiva sobre fabricantes e provedores de serviços em outras partes.

Essas forças oferecerão menos apoio daqui por diante[13]. Na realidade, seu impacto desinflacionário já está se dissipando lentamente. Algumas (mas com certeza não todas)[14] das principais economias emergentes exibem agora um aumento gradual nos salários e parcial exaustão do trabalho de baixo custo e alta produtividade. Como Greenspan observa em seu livro, o mundo se beneficiou quando

> bem mais de um bilhão de trabalhadores, muitos com boa formação, todos mal pagos, [gravitaram] para o mercado competitivo mundial vindo de economias quase totalmente, ou em parte, derivadas de planejamento centralizado e isoladas da competição global. [...] Esse movimento de trabalhadores para o mercado reduziu os salários mundiais, a inflação, as expectativas de inflação e as taxas de juros[15].

O principal desafio neste caso é determinar o ritmo da mudança.

Os preços das mercadorias

A questão não é apenas o enfraquecimento do vento favorável, decorrente do efeito geral das economias emergentes. É também que o vento favorável pode se transformar em vento contrário devido ao impacto continuado das economias emergentes sobre os preços dos recursos naturais.

Os preços das *commodities* aumentaram de maneira significativa nos últimos anos. Como mostram as figuras 4.4 e 4.5, tal fenômeno tem sido percebido devido à magnitude dos aumentos de preços e ao amplo espectro de *commodities* afetadas (energia, metais básicos, cereais, entre outros).

Aceita-se agora amplamente que as economias emergentes se tornaram um fator importante na origem do aumento dos preços das *commodities*. Sua influência se espalhou através de dois canais distintos, e alimentou um terceiro. Gosto de pensar nisso em termos do que aprendi na escola sobre a demanda de dinheiro. Segundo os manuais básicos de economia, existem três componentes diferentes na função de demanda de dinheiro. O primeiro, a "demanda transacional", reflete nosso uso do dinheiro como meio de troca para compras do dia-a-dia. O segundo, a "demanda preventiva", é movido por nosso desejo de ter um pouco de dinheiro disponível para algum imprevisto. (Quando adolescente, meu pai insistia para que eu levasse algum dinheiro no bolso caso precisasse tomar um táxi.) O terceiro, "a demanda especulativa", serve para atender a uma oportunidade de criar riqueza.

Figura 4.4 Sensível aumento no preço das mercadorias... (baseado no Goldman Sachs Commodity Index [GSCI])

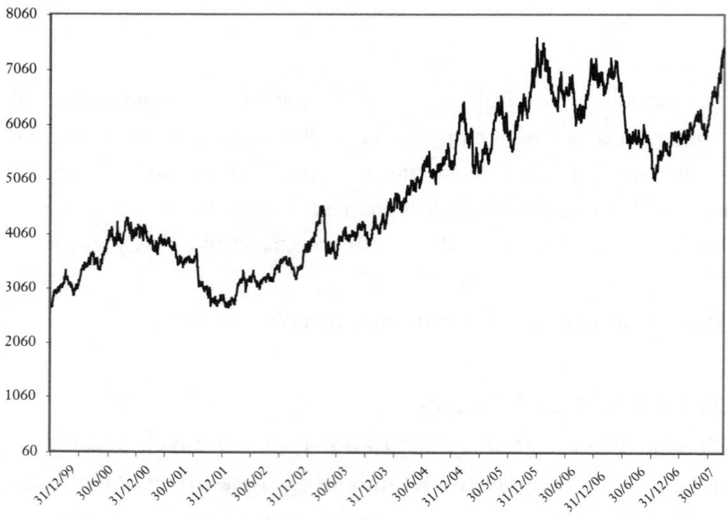

Fonte: Bloomberg.

Esses três componentes têm se mostrado atuantes no setor de *commodities*. O auge da fase de crescimento das economias emergentes fez delas um consumidor diário maior de mercadorias (figuras 4.6 e 4.7). Considere o caso específico do petróleo, uma *commodity* que atrai significativa atenção tendo em vista a freqüência com que aparece em diferentes cadeias de produção e consumo. Dados recentes publicados pela International Energy Agency (IEA) mostram que o consumo de petróleo da China cresceu de 1,9 milhão de barris por dia (mbd) em 1980 para 4,7 mbd em 2000, e 7,1 mbd em 2006[16]. Como resultado, sua participação na demanda mundial de petróleo aumentou de 2,9%

em 1980 para 8,4%. A Índia também experimentou rápido crescimento, e sua participação na demanda mundial de petróleo subiu de 1,1% em 1980 para 3,1% em 2006. A IEA espera que o crescimento rápido continue. A agência prevê que, por volta de 2030, a demanda da China chegará a 16,5 mbd (14,2%), e a da Índia, a 6,5 mbd (5,6%). Devido a esses aumentos, o consumo total de petróleo pelas economias em desenvolvimento está projetado para superar o dos países industrializados pela primeira vez. Como base de comparação, em 1980, a demanda dos países em desenvolvimento era de apenas um quarto em relação à das economias industriais.

Figura 4.5 ... e os muitos setores que foram afetados (dezembro de 1999 = 100)

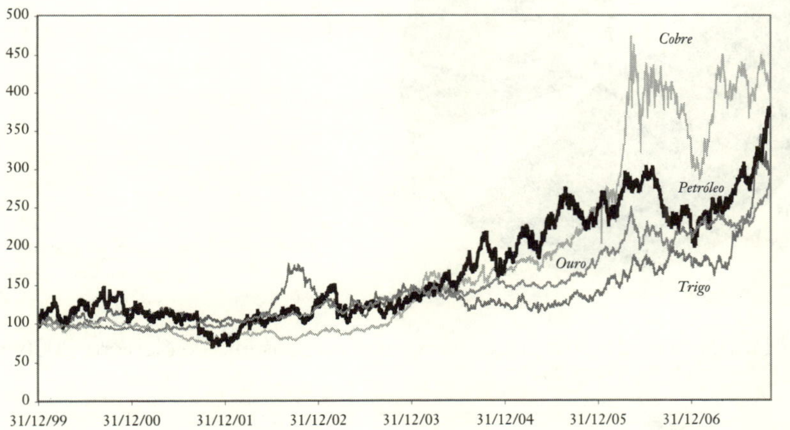

Fonte: Bloomberg/GSCI.

As *commodities* agrícolas também estão sentindo o impacto da maior demanda por parte das economias emergentes. Na realidade, no que constitui uma situação histórica incomum, grandes aumentos de preços estão coincidindo (em vez de serem negativamente correlacionados) com grandes colheitas de cereais. A crescente riqueza de várias economias emergentes está levando a um maior consumo de carne. Os fornecedores reagem aumentando a produção de carne, o que pressiona o consumo de grãos para alimentar os animais. Tudo isso coincide também com uma preferência pelo etanol, que acentua a pressão dos preços dos grãos. E não se trata apenas de demandas para consumo imediato. Agora que os países em desenvolvimento estão também mais ricos, eles podem se dar ao luxo (e têm feito isso) de formar estoques para aumentar sua segurança em *commodities*. Por exemplo, considerações desse tipo levaram a China a se envolver e a investir mais na África e na América Latina a fim de assegurar maior acesso aos recursos naturais.

Figura 4.6 Participação dos mercados emergentes no consumo de cobre, 2007

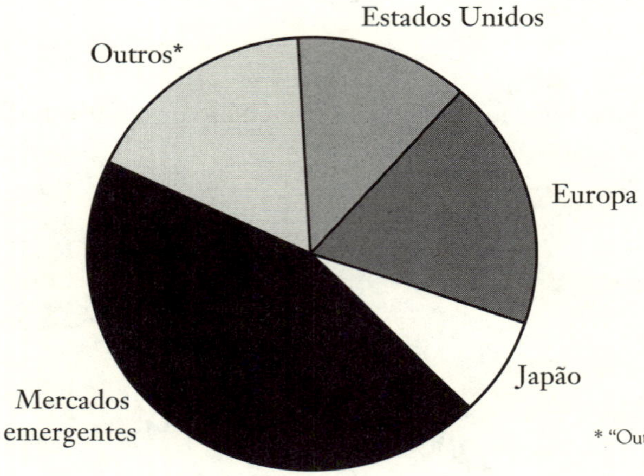

* "Outros" pode incluir mercados emergentes.

Fonte: Morgan Stanley.

Figura 4.7 Participação dos mercados emergentes no consumo de óleo cru, 2006

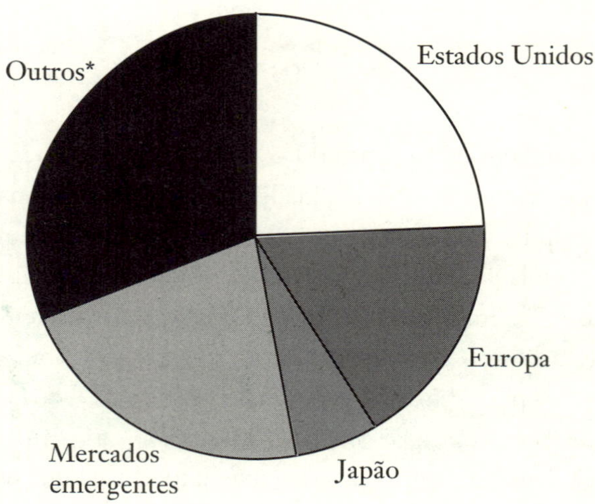

Fonte: International Energy Agency.

Com os mercados emergentes provendo um "piso de demanda", os investidores financeiros se apressaram em fazer dinheiro à custa do que parecem ser fundamentos confiáveis. Como veremos no capítulo 6, esse fenômeno foi facilitado pelo surgimento de novos produtos que expõem os investidores a cestas de mercadorias sem toda a dor de cabeça de armazenagem e de selecionar fornecedores. O resultado é maior demanda financeira para o investidor, ocasionada por questões estratégicas, estruturais e táticas.

Desse modo, em relação a períodos anteriores, os preços das *commodities* têm se mostrado não só altos (devido aos dois primeiros componentes da demanda) como voláteis (devido em parte ao terceiro, assim como ao impacto de fatores geopolíticos e a problemas imprevistos de fornecimento e distribuição). É provável que tal padrão se mantenha no curto prazo, em particular devido a um conjunto de condições de fornecimento e demanda que, em curto prazo, são bem pouco elásticas em termos de preço.

Conforme as economias emergentes mantiverem suas altas taxas de crescimento, se tornarão consumidores maiores de recursos naturais. O impacto dessa demanda adicional não será totalmente compensado pela possibilidade de uma redução no consumo por parte dos países industrializados, mesmo com os Estados Unidos entrando numa fase de declínio de crescimento. Por quê? Porque as economias emergentes são usuárias menos eficientes de recursos naturais, e continuarão assim por algum tempo.

Eu chegaria a afirmar que, apesar dos crescentes esforços conservacionistas, tanto nos países industriais como nos emergentes, a economia global irá experimentar a mesma coisa que a pessoa que vai até o posto de gasolina depois de trocar um carro econômico por um modelo maior. Ela vai precisar de mais combustível para viajar a mesma distância. Além disso, o carro agora pode percorrer com mais facilidade distâncias maiores, do mesmo modo que as economias emergentes estão crescendo a um ritmo consideravelmente mais rápido que os países industrializados.

Essa compreensão começa a ganhar corpo em importantes discussões sobre mudanças climáticas. As soluções têm um fator complicador, pois, do ponto de vista histórico, os países industrializados têm sido os maiores poluidores – em termos absolutos e em relação às economias em desenvolvimento.

Há ainda quem acredite que as próprias questões geopolíticas vão atuar como impulso sustentável para o preço das mercadorias. Tal visão advém do potencial de instabilidade política interna de alguns exportadores de *commodities*. Também tem a ver com os esforços para isolar países que, inadvertidamente ou não, são vistos como passíveis de oferecer condições propícias ao terrorismo.

Na seqüência, parte do impacto sobre os preços será compensada pelo surgimento de novas fontes de recursos naturais, entre elas, combustíveis alternativos e melhor tecnologia. Mas esses desdobramentos não serão nem imediatos nem baratos. E, em alguns casos, como no do petróleo, as fontes alternativas estão em regiões sujeitas a alto grau de volatilidade social e política. Com isso, não há uma solução fácil no curto prazo, em termos de fornecimento, para os desafios da demanda. Dependendo da eventual introdução de novos fornecedores, a demanda física por *commodities* continuará a ser suplementada por uma demanda financeira. Esta última será comandada por uma expansão adicional de instrumentos financeiros que permitam aos investidores negociar grupos de mercadorias, assim como negociar mercadorias individuais – assunto ao qual retornarei no capítulo 6.

Os efeitos combinados serão mais evidentes nos resultados financeiros dos exportadores de petróleo. Considere o Oriente Médio. Segundo dados recentes do FMI, os ganhos com a exportação de produtos de energia subiram para uma média anual de cerca de 700 bilhões de dólares – cresceram quatro vezes se comparados aos ganhos do início da década[17]. Como resultado, os ganhos cumulativos de exportação entre 2004 e 2008 chegarão perto dos 2 trilhões de dólares, um número verdadeiramente impressionante. Como a maior parte do complexo de energia é de propriedade dos governos da região, tais ganhos de exportação vão diretamente para as finanças públicas. Especificamente, o FMI prevê receita orçamentária cumulativa do petróleo e gás de cerca de 1,5 trilhão de dólares no período de 2004 a 2008. Desse valor, cerca de 45% é poupança (comparado com menos de 15% do início da década) e, portanto, vem se somar ao montante já grande de reservas internacionais.

Como os altos preços do petróleo se mantêm, os governos estão implantando planos de despesas, com ênfase particular na infra-estrutura. Supondo que se garanta reserva em algum dos vôos superlotados para a região, o fato poderá ser visto de imediato por quem visitar qualquer uma das seis economias do Conselho de Cooperação do Golfo (Bahrein, Kuwait, Omã, Qatar, Arábia Saudita e os Emirados Árabes Unidos). Gruas de construção dominam a paisagem; canteiros de obras enfeitam estradas que foram inauguradas há poucos anos e que agora já estão sendo ampliadas; e trabalhadores migram no país a fim de se juntar aos trabalhadores locais. No entanto, apesar desse aumento, o FMI estima que os governos vão poupar cerca de 40% dos ganhos provenientes das exportações de petróleo e gás, que ainda permanecerão significativamente altos.

Sobe a curva de alocação de ativos

Depois de examinar o que os economistas chamam de lado real do novo destino histórico e seu impacto nos preços e rendimentos das *commodities*, vejamos agora o lado financeiro. Podemos esperar também uma significativa mudança na maneira pela qual as economias emergentes vão administrar suas grandes e crescentes reservas. Na realidade, a mudança já começou, e tem importantes implicações para os investidores.

Como vimos no capítulo 1, várias economias emergentes experimentaram uma mudança bastante repentina na situação de seu balanço de pagamentos e na dinâmica de suas reservas internacionais. Como essa mudança persistiu, elas deixaram de operar em regime de *devedor* para operar em regime de *credor*. De modo similar a alguém que de repente recebe uma herança ou ganha na loteria, muitas economias emergentes não têm infra-estrutura para lidar com suas crescentes reservas internacionais. Assim, de modo compreensível, adotaram uma abordagem muito conservadora (leia-se *prudente*) para administrar a riqueza. Basicamente, colocaram os fundos em papéis de renda fixa dos Estados Unidos, com forte ênfase nas obrigações e nos títulos do Tesouro norte-americano.

Esse comportamento foi um fator importante subentendido no enigma da taxa de juros: ao investirem seus crescentes ganhos de modo predominante em papéis do governo norte-americano, as economias emergentes colocaram pressões de baixa nas taxas de juros dos Estados Unidos. E as pressões foram significativas, uma vez que os investimentos foram muito além do que poderia ser garantido por praticamente qualquer estratégia de investimento. Não admira que os fluxos fossem rotulados de "não comerciais" e "não econômicos". Pesquisas conduzidas pelo JPMorgan Chase mostraram que esses investimentos em geral não eram sensíveis às mudanças significativas que alteraram a taxa de retorno esperada dos papéis do Tesouro norte-americano.

UM PROCESSO EM QUATRO ETAPAS

Não surpreende que as economias emergentes não tenham adotado de imediato abordagens sofisticadas para investir suas reservas internacionais, repentinamente maiores e crescentes. Na realidade, ao testemunharmos a mudança, sentados à mesa de negociação de títulos de mercados emergentes da PIMCO – afinal, era um desdobramento crítico que influenciava o valor do investimento em papéis de mercados emergentes –, apresentamos um processo simples de quatro etapas, detalhando o que os países tiveram de atravessar em sua transição do regime de devedores para o regime de credores[18]. Para simplificar a discussão aqui, vou descrever as quatro etapas como distintas. Na prática, porém, elas podem se sobrepor; as transições não são automáticas e os países podem temporariamente ficar fora do processo.

Etapa 1. Negligenciar o que é benigno

A primeira fase é a de "negligenciar o benigno". Por estar acostumada a operar em regime de devedor, a maioria dos países demora a reconhecer a extensão da mudança que está ocorrendo em suas contas externas, e os que reconhecem não sabem ao certo como reagir. A tendência é ignorar a mudança, supondo que pode se revelar temporária e reversível.

A fase de negligenciar o que é benigno foi amplificada no fim da década de 1990 e no início da de 2000 por algumas considerações específicas de ordem prática. No caso de muitas economias emergentes, por exemplo, as reservas crescentes forneceram um importante reforço de autoconfiança após um período bastante traumático, no qual os governos enfrentaram significativos problemas de financiamento. No caso da Ásia (e da China, em particular), o acúmulo de reservas era parte de uma estratégia mais ampla, voltada para a geração de emprego produtivo para trabalhadores que vinham do campo e também de empresas estatais. E, para os exportadores de mercadorias, substituiu o potencial de um jorro de ganhos financeiros pela extração de capital físico do próprio território.

Conforme a acumulação de reservas persistiu, negligenciar o benigno deu lugar a uma segunda etapa, caracterizada por uma reação política tradicional por parte das economias emergentes. O fator que catalisou a mudança foi o reconhecimento de que a nova situação das contas externas, marcada por grandes entradas de capital, contribui para exercer maior pressão inflacionária e/ou para o que é visto como uma ameaça de excessiva valorização da taxa de câmbio. O primeiro fator é corretamente encarado como algo prejudicial ao bem-estar da economia nacional, com impacto particularmente adverso nos segmentos mais pobres da população; o último, encarado como algo que pode minar o desempenho futuro das exportações, a criação de empregos e o crescimento.

Etapa 2. Esterilização

Em decorrência, as autoridades procuram maneiras de "esterilizar" as grandes entradas de capital. Na maioria dos casos, usam instrumentos baseados no mercado. Estes exigem uma "limpeza" da liquidez induzida externamente por meio da emissão de dívidas internas. Em alguns casos, as autoridades (incluindo as do Chile na década de 1990 e as da Colômbia mais recentemente) recorreram a controles nos fluxos de entrada – abordagem às vezes chamada de "areia na engrenagem". No entanto, tais abordagens foram na maioria dos casos abandonadas com rapidez, pois implicam distorções significativas e são difíceis de implementar de maneira sustentável.

Os fluxos de entrada esterilizados dessa forma são acrescentados aos valores em reservas internacionais do país. De modo correto, são investidos nos instrumentos de alta liquidez de maior qualidade (ou seja, mais isentos de risco) – tanto de maneira direta, comprando papéis do governo dos Estados Unidos, como indireta, terceirizando a administração para o banco dos bancos centrais: o Bank for International Settlements (BIS).

Embora o setor público seja o principal propulsor nesse caso, o impacto inicial é amplificado pelo comportamento do setor privado. A inclinação natural dos segmentos ricos do setor privado, e de outros com acesso relativamente fácil ao mundo exterior, é usar o sistema bancário estrangeiro para colocar divisas fora do país. Desse contexto refletem-se fatores de atração e repulsão. A poupança é *atraída* por economias emergentes, que têm sistemas financeiros com longo histórico de respeito aos direitos de propriedade e de garantir liquidez em praticamente qualquer circunstância mundial. E é *repelida* pelos ainda recentes, embora cada vez menos relevantes, históricos locais de crises financeiras, mudanças nas condições de conversibilidade e depreciações radicais nas taxas de câmbio.

A segunda fase em geral é bem-sucedida em aliviar um pouco do impacto econômico potencialmente adverso do surto da entrada de capital. Mas a "limpeza" da liquidez está longe de ser perfeita, em particular no contexto de vínculos incompletos entre diferentes segmentos do mercado financeiro interno. Além disso, ela tem um custo bastante alto em alguns países. Devido às diferenças nas classificações de risco, o pagamento de juros sobre a dívida emitida para esterilizar as entradas de capital excede em muito aquilo que se ganha em reservas – o que os investidores chamam de "carga negativa".

Alguém tem de arcar com o custo negativo na economia emergente. Ele em geral tem impacto no orçamento, seja diretamente, como item de custo, seja indiretamente, por meio de receitas mais baixas, resultantes de transferências menores de lucros do banco central. E, uma vez que o orçamento é impactado, quem paga impostos é quem arca com o problema, ou, no caso de um número excessivo de economias emergentes, aqueles que em outras circunstâncias seriam os recipientes apropriados para fundos estatais, ou seja, setores cronicamente em déficit, como a saúde, a educação e a infra-estrutura.

Esse custo crescente serve como catalisador para que os países passem para a etapa 3. Nessa etapa, o ponto norteador é o desejo de minimizar a carga negativa. Um passo óbvio para conseguir isso é sair a campo para comprar de volta a dívida externa emitida em anos anteriores.

Etapa 3. Exigibilidade e administração de ativos

Esse tipo de "administração da dívida" tem duas vantagens distintas. Primeiro, as operações extinguem o débito em moeda estrangeira, que é negociado com rendimento mais alto do que o ganho no investimento em reservas, reduzindo assim a carga negativa como um todo. Segundo, ajudam o país a lidar com o que foi rotulado na bibliografia como "o problema do pecado original". Cunhada por Barry Eichengreen, da Universidade da Califórnia, Berkeley, e por Ricardo Hausmann, da Universidade Harvard[19], essa expressão se refere à instabilidade financeira inerente às economias emergentes, gerada pela disparidade de moeda com freqüência associada (embora menos hoje em dia) com a composição da emissão do débito, que favoreceu instrumentos fixados em moeda estrangeira.

A tendência para emitir obrigações em moeda estrangeira reflete não apenas considerações de custo, mas também a realidade básica do desenvolvimento: os fatores iniciais de risco são percebidos como tão elevados em alguns países em desenvolvimento que há poucos compradores lá dispostos a assumir a combinação de riscos que vem embutida nos instrumentos em moeda local, incluindo crédito, liquidez e componentes de moeda. Assim sendo, os países enfrentam restrições tanto de preço como de quantidade. Portanto, são levados a emitir dívida em moeda "forte" (especificamente em dólares, euros, ienes e libras esterlinas).

A emissão de obrigações em moeda estrangeira proporciona acesso a um conjunto maior de potenciais investidores. Também faz com que a maioria dos papéis seja negociada nas jurisdições legais do Reino Unido ou de Nova York, vistas como mais previsíveis do que as locais – embora a experiência de dezembro de 2001 com o calote da Argentina dê o que pensar[20].

Conforme os países começam a saldar a dívida para comprar de novo, também se concentram na "administração de ativos". O objetivo é aumentar diretamente o retorno do investimento das reservas, com isso reduzindo novamente a carga negativa. Esse passo é usualmente associado a uma mudança de postura mental: conforme os investimentos da reserva aumentam além do que se considera necessário para efeitos de precaução com relação ao balanço de pagamentos, o incremento é visto como se constituísse de fato "riqueza financeira nacional".

Essa fase costuma vir associada a mudanças institucionais. Deve-se destacar o fato de que alguns países começaram montando fundos estatais de investimentos. O capital inicial para os SWFs vem de parte das reservas do banco central, consideradas como excessos do que se julga necessário para uma posição prudente em relação ao balanço de pagamentos. Conforme os SWFs vão se firmando, tanto a mídia como os políticos entendem bem suas atividades.

Como ilustração, considere a recente atenção dada aos SWFs. Você poderia achar que o fenômeno é totalmente novo – mas não é. E poderia achar que as magnitudes já são gigantescas – mas não são (atualmente correspondem a cerca de 2% dos ativos financeiros globais sob administração). No entanto, a atenção que recebem é tal que os SWFs foram incluídos no grupo das "novas potências financeiras" (*power brokers*), expressão cunhada pela McKinsey & Company num relatório de outubro de 2007 sobre a crescente influência de "petrodólares, bancos centrais asiáticos, fundos *hedge* e ações privadas"[21].

É interessante destacar que o foco das novas economias ricas vai além dos ativos das economias avançadas. Existe também considerável interesse em investir em outras economias emergentes. Por exemplo, os SWFs dos produtores de petróleo andaram explorando oportunidades no Oriente Médio e no norte da África, na Índia, Paquistão e Extremo Oriente. Como observado anteriormente, as instituições chinesas também foram atrás de investimentos na África e na América Latina, o que inclui o anúncio, feito em outubro de 2007, de um investimento de 5 bilhões de dólares do Banco Industrial e Comercial da China (Industrial and Commercial Bank of China – ICBC) para adquirir 20% das ações do Standard Bank, da África do Sul.

Essas três fases se aproximam de uma situação do tipo ganha-ganha para os investidores em ativos de mercados emergentes. Praticamente qualquer exposição nesses mercados se beneficia de uma redução no risco do país (associada com níveis mais altos de reservas internacionais), da queda nas taxas de juros nominal e interna real (auxiliadas pela maior disponibilidade de capital) e da possível valorização da taxa de câmbio. Além disso, o processo abre as portas de segmentos de investimento antes inacessíveis, dando aos investidores condições de obterem retornos ainda mais elevados por meio de vantagens oferecidas aos pioneiros. Por fim, os investidores são capazes de ganhar os prêmios de investimento associados ao aprimoramento dos mercados e à aplicação de técnicas modernas de gestão de portfólio. Tais considerações serão retomadas no capítulo 6, no qual discuto de que modo os investidores podem se beneficiar desta era de mudança econômica e financeira.

Os investidores nos países industrializados também se beneficiam. O posicionamento de ativos SWF no exterior dá ensejo a valorizações em muitos segmentos de mercado. E a disposição, na verdade a necessidade, de os fundos SWF operarem no contexto de um horizonte de investimento no longo prazo lhes dá uma orientação de valor quando eles investem nos segmentos mais arriscados do sistema financeiro. Isso ficou muito bem exemplificado na segunda metade de 2007, quando vários SWFs entraram em cena para fornecer capital a bancos e corretoras em dificuldades de países industrializados – um fenômeno que atraiu significativa atenção e controvérsia, e do qual vou tratar mais adiante.

Etapa 4. Acolher a mudança

A quarta fase é aquela na qual os mercados emergentes talvez tenham maior dificuldade de embarcar; também é a mais ardilosa para os investidores. Ela envolve um reconhecimento básico de que a mudança no regime de pagamentos externos (a passagem do *status* de devedor para o de credor) veio para ficar. Portanto, é certeza de mudanças básicas nas políticas macroeconômicas. E em geral as mudanças devem ser encaradas em tempos de grande pressão externa, o que complica a capacidade de os governos venderem bem as mudanças aos seus cidadãos.

A adaptação à mudança do *status* de devedor para o de credor se reduz a tomar medidas para estimular os componentes internos da demanda tanto paralelamente como em substituição aos componentes externos da demanda. Isso é muito bem ilustrado no debate internacional a respeito de se a China deveria "deixar sua moeda livre", ou seja, passar de um sistema no qual a taxa de câmbio é determinada por uma política que a submete a margens de variação relativamente estreitas para outra em que a taxa fosse resultante das forças de mercado. Também fica evidente em declarações de alguns setores (incluindo o FMI), que convocam os exportadores de petróleo a tomar medidas adicionais para promover a demanda interna.

Há alguns anos, a maioria dos mercados emergentes aspirava à etapa 1! Na realidade, eles viam essa fase como algo bem-vindo, que substituiria as preocupações constantes sobre como financiar o balanço de pagamentos e as considerações convergentes a respeito da vulnerabilidade a qualquer choque externo. Mas, nos últimos anos, muitas economias sistemicamente importantes passaram rápido pelas etapas 1 e 2, e estão agora atravessando a etapa 3. Algumas – como China, Índia e vários exportadores de petróleo – estão bem perto da etapa 4.

As etapas 3 e 4 vistas de perto

Existem muitas razões para se acreditar que, para os mercados emergentes como um todo, esse processo de quatro etapas vai ter maior consolidação nos próximos anos, embora com duas importantes ressalvas. Primeiro, o que é verdade para o grupo em seu conjunto não precisa ser verdadeiro para cada país; e, segundo, o processo não tem necessariamente de ser ordenado (um assunto do qual tratarei no próximo capítulo).

Assim, os investidores que desejarem prosperar nos próximos anos – tanto gerando retornos superiores como evitando perdas – precisam entender a natureza e as implicações das etapas 3 e 4. Portanto, é necessária uma análise adicional, que reforce também outras considerações feitas anteriormente neste capítulo.

Confiar, mas verificar

A quarta etapa requer menos espaço, em vista da discussão precedente. Basta dizer que a fase é totalmente consistente com a antes citada evolução secular na dinâmica que rege o crescimento, o comércio e a formação de preços. Na realidade, é do interesse do país passar para a etapa 4 assim que ele se sentir à vontade com a infra-estrutura instalada. A infra-estrutura deve ser capaz de suportar uma migração – de se afastar dos controles diretos (por exemplo, uma taxa de câmbio fixa de fato para a China) e encaminhar-se para o uso de instrumentos indiretos de mercado (por exemplo, um sistema de taxa de câmbio flexível, baseado, entre outras coisas, numa operação fluente de um mercado interbancário relativamente profundo).

Penso nessa mudança como algo que envolva uma transição que muitos de nós somos obrigados a encarar como pais e também como gerentes em nosso trabalho. Ela implica uma disposição de "abrir mão do controle", e passar a ter confiança em nossa capacidade de – usando a expressão do falecido presidente Ronald Reagan – "confiar, mas verificar".

Desse modo, a infra-estrutura exigida tem a ver com a capacidade e a disposição de confiar e verificar dos diferentes setores. Do setor público, exige-se um sólido regime de fiscalização e regulamentação, a capacidade de compilar os dados necessários para as atividades relevantes e um conjunto de instrumentos para limitar o impacto adverso das falhas de mercado. Para o setor privado, a ênfase é nos arranjos organizacionais corretos, no grau adequado de auto-regulação e protocolos, e no poder dos incentivos e relatórios de lucros e perdas, para diferenciar os bons dos ruins de modo oportuno e transparente.

Com certeza, isso não acontece da noite para o dia. É um processo que depende muito daquilo que os especialistas em desenvolvimento chamam de "reformas estruturais de segunda geração". É particularmente crucial para países com sistemas financeiros mais abertos e maior número de vínculos estabelecidos com o resto do mundo; e é algo que está sendo levado mais a sério num número crescente de países, a ponto de haver um debate legítimo a respeito de se a pressão internacional para que seja feito é positiva ou contraproducente para os esforços locais.

Compreensão da mudança de postura mental

Voltando à etapa 3, um desafio-chave para os investidores é entender o que as economias emergentes, como grandes acumuladoras de reservas internacionais, vão implementar em termos de estratégias mais sofisticadas de administração de ativos. Os investidores precisam ter uma visão daquilo que, mais adiante, será comprado em grande quantidade; do que será vendido, e quando. Os mentores políticos ao redor do mundo também precisam estar atentos a isso, já que a mudança terá efeitos nos preços de uma série de ativos, muitos dos quais podem impactar a economia real.

Para as economias emergentes, a mudança na postura mental vê os bons ventos não como parte de investimentos prudentes, mas como um estoque de riqueza que precisa ser adequadamente administrado, preservado e melhorado para as futuras gerações. A mudança é mais óbvia em países cujo principal captador de divisas – a atividade de exportação – está associado à exaustão dos recursos naturais não renováveis, como o petróleo. Nesse caso, a riqueza nacional mantida debaixo do solo na forma de um ativo físico é transformada em ativo financeiro.

Devido a isso, os exportadores de petróleo foram pioneiros na adoção da hoje denominada "abordagem dos fundos estatais de investimento". Ela envolve a criação de instituições distintas dos bancos centrais, encarregadas de administrar fundos de uma forma que leva em conta o interesse das futuras gerações. Líderes históricos nesse campo incluem o Abu Dhabi (o maior dos Emirados Árabes Unidos), o Kuwait e a Noruega. Eles são seguidos por Dubai (o segundo maior emirado), Omã, Qatar e Arábia Saudita.

Uma visita ao site do Norges Bank Investment Management (NBIM)[22], da Noruega, permite ter interessantes vislumbres sobre as considerações que sustentam essa abordagem. Como os estudos analíticos ilustram, não é só uma questão de assegurar retornos superiores e mais duráveis para as futuras gerações de noruegueses. A transformação de parte da riqueza nacional de um investimento físico para um investimento financeiro também reduz a volatilidade do valor. Como resultado, a população experimenta um aumento tanto nas expectativas de retornos absolutos como nos retornos ajustados ao risco previstos.

Cingapura, embora não tenha os recursos naturais dos exportadores de petróleo, tem sido criativa ao administrar os recursos humanos e financeiros. Refletindo uma liderança governamental altamente eficaz e responsável, no poder há vários anos, Cingapura gerou grandes superávits orçamentários e nas contas externas.

Para ajudar a administrar os superávits, o visionário fundador do país, Lee Kuan Yew, criou em 1981 a Government Investment Corporation (GIC). Essa instituição se tornou lendária por sua habilidade em investir em muitas classes de ativos e pela maneira altamente eficaz com que administrou a riqueza do país. Como Lee Kuan Yew observou em seu livro sobre a criação e o sucesso de Cingapura, a necessidade era investir "no longo prazo para obter melhores resultados". E como "investir é um negócio arriscado", "meu objetivo principal era [...] proteger o valor de nossa poupança e conseguir um bom retorno de capital"[23].

Suspeito que a disseminação do fenômeno dos SWFs será considerada um "sucesso" tanto no nível nacional como no internacional, se estiver apoiada em estruturas de direção e de organização que produzam altos retornos de investimentos ajustados ao risco. No nível nacional, isso ajudaria a preservar e aumentar a riqueza para as gerações presente e futura. No nível internacional, seria uma resposta decisiva às preocupações de que os SWFs pudessem minar o funcionamento do capitalismo global por meio de investimentos politicamente induzidos e atividades comercialmente questionáveis. Vou retomar essas duas questões no próximo capítulo.

Uma ampliação bem-sucedida do fenômeno dos SWFs teria importantes implicações para o esvaziamento do que o presidente do Federal Reserve, Ben Bernanke, chamou de "fartura de poupança" (*savings glut*). Lembre-se de que não será mais apenas um problema dos novos fluxos; afinal, o destino secular será acompanhado por uma provável queda nos atuais superávits de contas das economias emergentes. Em vez disso, a questão também afeta os títulos acumulados por conta dos superávits passados.

Os mercados de títulos em geral, e os títulos do governo dos Estados Unidos em particular, encaram a perspectiva de uma alocação mais baixa dos investimentos estatais. Esse declínio na participação vai refletir uma diversificação natural na alocação de ativos dos SWFs. A diversificação será implementada diretamente e por meio do uso de administradores de fundos externos terceirizados.

Em comparação, os mercados de ações (por meio de veículos públicos e privados), o setor imobiliário e outros "ativos reais"[24] vão provavelmente se beneficiar de maiores alocações. A extensão dependerá não apenas da disposição dos SWFs de se diversificarem, mas também de sua capacidade para tanto. Na realidade, como veremos no próximo capítulo, essa evolução natural já enfrenta resistências em alguns países industrializados – algumas por conta de noções (em geral mal definidas) de segurança nacional e outras devido a uma caracterização demonizada das motivações, ligando-as a possíveis considerações políticas, militares e mercantilistas.

Vale a pena registrar as idéias de um agudo observador das finanças internacionais, que vê os SWFs envolvidos numa futura colisão entre os participantes de mercado. Num artigo de setembro de 2007, Simon Johnson, conselheiro econômico do FMI, traçou um interessante cenário do desenvolvimento dos SWFs. Vendo-os como "grandes protagonistas estatais do século XXI", ele tentou imaginar o que aconteceria quando encontrassem "o setor privado do século XIX". Estes últimos constituem os fundos *hedge*, que Johnson descreve da seguinte maneira, num contexto histórico:

> Os fundos *hedge*, embora mais proeminentes neste século, são em certo sentido uma volta ao final do século XIX, quando grandes grupos de capital privado se moviam pelo mundo com a facilidade da ausência de regulamentação — e, em geral, contribuíam para um longo surto global, com rápido crescimento da produtividade em todo o mundo e um bom número de crises[25].

A visão de Johnson é outro exemplo do tema subjacente deste livro: o de uma colisão entre o mundo de ontem e o de amanhã. Para Johnson, isso implica maior competição entre o que McKinsey chamou de "novas potências nas finanças internacionais". Seja como for, é uma confirmação da crescente influência sistêmica dos SWFs no mundo de hoje e no de amanhã.

Mercados financeiros internos

Essa transformação na administração de ativos e dívidas dentro das economias emergentes chega em uma época de rápida mudança nos mercados financeiros internos. De fato, como veremos no capítulo 6, essa mudança oferecerá aos investidores, no futuro, uma escolha mais ampla de oportunidades potencialmente lucrativas.

A história sugere que a combinação das economias emergentes, que une estabilidade macroeconômica interna a altas proteções financeiras, age como um forte catalisador para o desenvolvimento dos mercados financeiros internos. O resultado é um aprofundamento e uma ampliação dos mercados. Os segmentos existentes ganham liquidez e solidez, desenvolvendo assim um cardápio mais extenso de instrumentos; e surgem novos segmentos que envolvem a integração de atividades até então desvinculadas bem como a aplicação de técnicas financeiras a novas áreas.

A velocidade com que isso pode acontecer é realmente impressionante. Considere o caso da China, que experimentou uma explosão na provisão de serviços financeiros à população. Para ilustrar o tema, gostaria de usar o caso de uma empresa de administração de ativos – a China Universal Asset Management Company –, criada em janeiro de 2005 por um chinês recém-graduado pela Harvard Business School[26].

A base de clientes da empresa consistia em chineses que moravam na China. No final de 2006, a empresa já administrava 10,4 bilhões de RMB (a moeda local, renmimbi ou iuane) em ativos de clientes. Esse valor triplicou nos seis meses seguintes para 30,7 bilhões de RMB. E mais do que duplicou nos quatro meses seguintes para 81,6 RMB, no fim de outubro de 2007.

Como muitos outros números no mundo emergente, o crescimento dos ativos sob administração é espantoso. No entanto, mostra-se discreto em comparação com o que dá sustento aos ativos. No final de 2006, a empresa tinha por volta de 190 mil clientes. No final de outubro de 2007, eram quase 2,5 milhões! Desse total, 1,8 milhão consistia em investidores com menos de 200 mil RMB em ativos na empresa.

Tais números impressionantes são apenas uma das indicações do processo de aprofundamento financeiro que ocorre em muitas economias emergentes. E explicam por que as grandes instituições bancárias e de corretagem do Ocidente estão tão ansiosas para se expandir na região. Também são uma indicação do motivo de empresas de ações privadas estarem se preparando para um provável processo avançado de transformação em corporações, conforme as empresas saiam da sonolenta esfera das participações familiares e estatais.

O panorama técnico em mudança

A recente proliferação de produtos derivativos propiciou notável redução nas barreiras de entrada a muitos mercados. Com isso, novos participantes se lançaram a atividades até então inacessíveis. Os derivativos também permitiram um grau bem maior de integração entre os mercados do que em qualquer outra época.

Sendo assim, alguns vêem os derivativos como um importante avanço no desenvolvimento dos mercados financeiros. Mas para outros eles são as sementes de grandes calamidades para o mercado. De qualquer modo, todos concordam que sua influência se dá no sentido de remover significativamente barreiras para a entrada em vários mercados, permitindo que novos participantes se lancem em atividades até então inacessíveis e que, em alguns casos, são agora compreendidas de maneira inadequada e muito mal embasadas.

O crescimento dos derivativos foi espetacular até o verão de 2007. Como exemplo, considere os dados cuidadosamente compilados pelo BIS sobre moedas, mercadorias, crédito, ações e taxas de juros, e mercados de empréstimos. Ao final de junho de 2007, o mercado para derivativos era de 516 trilhões de dólares[27]. É mais que o dobro do seu tamanho apenas três anos antes (fim de junho de 2004) e cerca de dez vezes seu tamanho em 1995. Os instrumentos que permitem a compra e venda de proteções de crédito para exposições sujeitas ao risco (*credit default swaps*, ou CDSs) foram os que mostraram a maior taxa de crescimento.

Muitos investidores agora gastam mais tempo negociando produtos derivativos do que negociando os produtos tradicionais que dão sustento aos derivativos. Para o homem comum, a ilustração mais visível da revolução nos derivativos foi a explosão de produtos de hipotecas. De fato, num determinado estágio, os tomadores de empréstimos foram estimulados a tornar sob medida para o cliente praticamente todos os elementos de suas hipotecas – desde o perfil de pagamento de juros e do principal até a quantidade que podiam tomar emprestado, não só para pagar pela casa, mas para cobrir todo tipo de custos. Alguns de vocês com certeza se lembram de todas as "hipotecas exóticas" lançadas no mercado nos Estados Unidos por rádio, tevê, mala direta e canais da internet. Elas incluíam as hipotecas só dos juros (*interest-only*, ou IOs) e as *negative amortization mortgages* (ou NegAms).

A proliferação de derivativos fez mais do que apenas reduzir radicalmente as barreiras para entrada numa série de mercados; também contribuiu para mudança na maneira como certos tipos de transações eram conduzidas. Isso foi mais visível na explosão da "securitização". Depois do *boom* em Wall Street, a securitização atraiu maior atenção quando as coisas saíram do controle e começaram a dar errado – primeiro no setor de hipotecas de risco e depois espalhando-se para vários segmentos dos mercados financeiros. De fato, de muitas maneiras o desastre dessas hipotecas (e a turbulência correspondente) constituiu o primeiro (mas não o último) episódio moderno de uma crise global de securitização.

O lado bom, o lado mau e o que é feio na securitização

O modo mais fácil de pensar em como a securitização funciona é focalizar duas etapas principais: a primeira, a reunião de vários empréstimos individuais num *reference pool* (Figura 4.8a); e, segundo, a posterior reunião desse *pool* em diferentes "fatias de risco" (Figura 4.8b).

Esses dois passos básicos da securitização podem e têm sido suplementados por estruturações adicionais. Por exemplo, as novas fatias de risco podem, elas também, ser reunidas e fatiadas de novo, e assim sucessivamente. Na verdade, o número de permutações e combinações é muito grande, o que permite a quem faz as emissões explorar uma base bastante abrangente de investidores.

Figura 4.8 Dinâmica da securitização

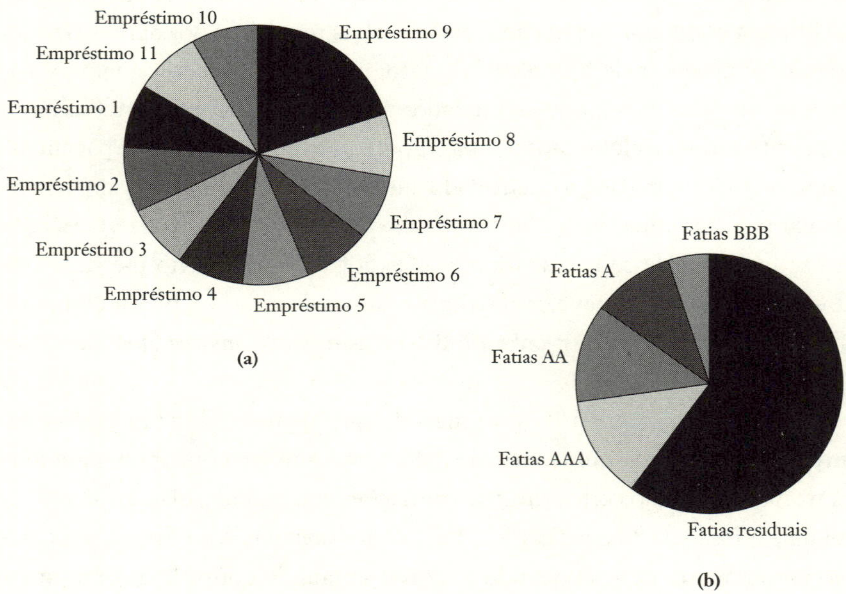

Em tese, não existe limite para produtos sob medida. Isso foi visto na proliferação de produtos estruturados, batizados com siglas-fantasia como ABCP, CDOs, CDOs ao quadrado, CLOs e CPDOs – só para citar alguns. E, conforme essa proliferação foi se tornando mais complexa, os produtos tiveram uma erosão de sua liquidez de mercado, um crescimento em sua complexidade técnica e um distanciamento maior de seus componentes sujeitos ao risco básico (em oposição ao risco estruturado). Eles também representaram importantes desafios para administradores e reguladores de risco, e, ao mesmo tempo, fizeram pressão sobre os operadores, a tecnologia e os sistemas de liquidação. Visto de outro modo, a fim de se sustentar de maneira ordenada, a proliferação de produtos estruturados requer uma nova formatação das ferramentas e o aperfeiçoamento de praticamente todos os níveis do sistema financeiro, incluindo uma renovação dos canais por onde fluem essas transações. O processo, sem dúvida, leva tempo e requer foco administrativo.

A despeito dessas observações, o sistema não teve tempo suficiente para se adaptar. Para entender por que, você deve lembrar que o tipo de securitização que ocorre hoje em Wall Street demanda muitos intermediários. Alguns prestam assistência na parte de projeto; outros, na origem, securitização e armazenagem do colateral; e outros, ainda, no marketing e na colocação. Há também a gestão dos investimentos. E não podemos esquecer das agências classificatórias, que de fato decidem, em nome de um número excessivo de pessoas, o grau de risco e adequação de cada fatia.

Em cada estágio, é cobrada uma taxa. Portanto, para grande parte do sistema, a securitização é percebida como algo que tem alto rendimento potencial. Não é apenas uma função do número de intermediários e do conhecimento específico (real ou percebido) com que cada um contribui; também é algo com freqüência associado ao porte da transação. Na realidade, é o alinhamento perfeito de incentivos para todos os intermediários. Cada instituição nessa rede de *atividades* fica, assim, inclinada a excessos. Portanto, não surpreende que tantas pessoas, entre elas os dirigentes, terminassem 2007 com uma exposição de risco excessiva, enfrentando preço equivocado, com prazos equivocados e na hora errada.

Mudanças nos modelos de negócios decorrentes da securitização

Não é de admirar que o fenômeno tenha também alterado as abordagens de negócios da Wall Street. Isso ficou muito visível na passagem dos bancos para o "modelo de originar e distribuir". Como observa o professor Darrell Duffie, da Universidade Stanford, em seu estudo sobre o fenômeno: "O quadro fica claro:

os bancos com freqüência vendem empréstimos que são projetados especificamente para um lucro de intermediação, e não para um lucro de investimento em longo prazo"[28].

Essa mudança faz parte de um desgaste generalizado no zelo com que os investidores, como grupo, deveriam tratar suas atividades, tanto diretamente como por meio do uso de terceiros. Também diluiu a atenção que os investidores, como grupo, em geral dão aos problemas de liquidez e, portanto, a uma adequada avaliação do risco.

Com tantas pessoas fazendo intermediações, poucas deram a suficiente atenção a quem ainda "arriscava a própria pele" (quem tinha feito um investimento significativo). Os que tinham muitos tijolos nessa construção – os investidores finais – estavam, como nunca antes, espalhados pelo mundo. E um número excessivo deles confiou em agências classificatórias que introduziram parâmetros otimistas demais em modelos que tinham por base cenários ainda não testados e/ou dados do mundo de ontem. Este e outros elementos da infra-estrutura do sistema financeiro foram testados de modo inadequado para suportar a explosão na securitização em curso. Eles são um ótimo exemplo de um dos temas gerais deste livro: as atividades permitidas excedem com muita freqüência a capacidade do sistema para lhes dar sustentação.

Como resultado, o primeiro solavanco – ocasionado pelas dificuldades que alguns detentores de hipotecas de risco enfrentaram em cumprir suas obrigações contratuais em 2007 – resultou em transtornos que foram muito além da capacidade dos intermediários para absorvê-los[29]. Visualize uma fileira de dominós caindo, um por um. Coerentemente com nossa discussão sobre múltiplos equilíbrios, essa derrubada ganhou força e causou grande transtorno financeiro, com impacto num amplo conjunto de produtos estruturados e com um efeito sistêmico em economias e sistemas financeiros ao redor do mundo. O problema de Wall Street virou um problema geral.

O impacto foi muito além da primeira onda de perdas de investimentos. Incluiu perdas generalizadas em grandes portfólios, demissões de CEOs e falências de fundos *hedge*. Ameaçou a integridade do segmento do mercado financeiro e causou contração no mercado de papéis comerciais (*commercial papers*, ou CPs). No processo, as impressões negativas passaram de Wall Street para os negócios em geral. Cresceu o número de execuções de hipotecas, as facilidades dos cartões de crédito sofreram declínio e fecharam-se postos de trabalho.

Os sinais de alarme que por fim começaram a ser ouvidos no verão de 2007 sacudiram os bancos centrais e os governos, fazendo-os tomar medidas de emergência, e também mostraram como muitos investidores, instituições e balanços estavam fundamentalmente mal equipados para lidar com o grande salto na produção e consumo de produtos estruturados.

A securitização veio para ficar

Aqui temos uma guinada interessante: apesar do desastre ocorrido no verão de 2007, a securitização tem futuro. Na realidade, como eu disse em resposta a uma questão que me foi colocada depois de uma apresentação que fiz a um dos clubes de estudantes de Harvard: "O que você aconselharia sua filha a fazer hoje se ela lhe perguntasse sobre as áreas e/ou atividades mais promissoras da área financeira?", "finanças estruturadas", é o que responderia.

Para alguns, isso pode parecer estranho. Afinal, as finanças estruturadas vão arcar com a maior parte dos cortes em Wall Street depois do desastre das hipotecas de risco em 2007; e com boa razão. Elas também vão atrair a atenção dos reguladores e dos políticos. Mas esse revés, no final das contas, se revelará cíclico. Os propulsores históricos do fenômeno têm força, se forem adequadamente implementados e apoiados.

A securitização oferece muitas vantagens com alta valorização no mercado, e que não vão desaparecer no curto prazo. Na realidade, a questão básica é se as poderosas técnicas de securitização serão usadas de modo responsável e, portanto, sustentável. Fundamentalmente, tais técnicas oferecem um grau maior de potencial diversificação e customização. Como resultado, ampliam o conjunto de compradores e vendedores potenciais, o que aumenta a liquidez e as atividades de *hedging* (ou as medidas de precaução contra os prejuízos), reduzem o custo das transações e transpõem barreiras geográficas e de produtos.

As vantagens da securitização podem ser interpretadas como o material de mercado típico da globalização financeira. Afinal, essa combinação – maior liquidez, diversificação, produtos sob medida, e assim por diante – ilustra bem o processo mais geral de integração dos mercados financeiros. E, como outros componentes desse processo, está sujeita a excessos, entre eles, superprodução e superconsumo; mas isso não precisa necessariamente sabotar o fenômeno em médio prazo. De fato, pode até torná-lo mais sustentável no longo prazo.

O PONTO PRINCIPAL

Então, aonde tudo isso nos leva? A análise sugere que os mercados estão rumando para um destino histórico que implica mudanças para os investidores:

- Primeiro, o motor do crescimento econômico mundial não será tão dependente dos Estados Unidos; ao contrário, os mercados emergentes vão constituir, cada vez mais, um impulso importante e independente para o crescimento.
- Segundo, a natureza desse novo impulso de crescimento vai evoluir a uma relativa distância da alta dependência das exportações e em direção a componentes internos da demanda (a saber, o consumo interno).
- Terceiro, a evolução tem o potencial de facilitar um ajuste, muito necessário e há muito protelado, na economia dos Estados Unidos, que tem dependido demais do consumo financiado pelo débito. No processo, a economia global irá recuperar o equilíbrio e reduzir sua vulnerabilidade financiada, causada por uma distribuição excessivamente tendenciosa dos equilíbrios globais de comércio.
- Quarto, a inflação global tenderá a ser impactada de modo negativo por pressões contínuas sobre os recursos naturais. Além disso, sofrerá influência da gradual dissipação do impacto desinflacionário, previamente associado a grandes bolsões de trabalho eficiente e de baixo custo que entram na economia global. Tal fato vai complicar o desafio político enfrentado pelos bancos centrais, que já operam num mundo dotado de incomum fluidez.
- Quinto, a alocação global de capital e as oscilações nos preços dos ativos vão cada vez mais sofrer influência das atividades dos SWFs. Os SWFs provavelmente se afastarão dos investimentos de renda fixa aos poucos e partirão em direção aos instrumentos de maior risco, mas que ofereçam maior proteção contra a inflação.
- Por fim, as mudanças econômicas e financeiras serão acompanhadas por desenvolvimentos técnicos adicionais, centrados no caminho altamente não-linear das finanças estruturadas e de outras atividades, que dependem da proliferação contínua de produtos derivativos.

Para os investidores, essas mudanças alteram a configuração de riscos e retornos. Elas pedem mudanças nas abordagens institucional e estratégica, e realinham os padrões de vantagens comparadas. Também modificam a eficácia das medidas políticas nacionais e multilaterais.

Devido à natureza e profundidade das mudanças estruturais, os participantes do mercado precisam se ajustar, caso queiram continuar a ser bem-sucedidos nesta nova era. Especificamente, eles têm de desenvolver um plano de ação adequado, em sintonia com as características do novo destino histórico – daí o foco do capítulo 6. Mas essa é apenas uma *condição necessária*; não é *suficiente* para garantir o sucesso. Os participantes do mercado também precisam ser capazes de percorrer a jornada – um tópico do qual vou tratar no próximo capítulo.

Capítulo 5

Perspectivas da jornada

De modo curioso e contrário à intuição, estou muito mais seguro a respeito de qual será a aparência do novo destino econômico do que em relação à natureza da jornada que irá nos levar até ele. Soa estranho? Não se você considerar como a infra-estrutura do sistema financeiro internacional estava despreparada (e, em certo grau, ainda está) para as transformações que sofreremos e vamos sofrer no futuro próximo.

Como é típico das inovações perturbadoras, as transformações estruturais têm permitido – e vão continuar a fazê-lo – novas atividades que, por enquanto, não podem ser adequadamente sustentadas. Como resultado, é inevitável que ocorra uma série de colisões entre o mundo de ontem e o de amanhã.

O mundo de amanhã assistirá à proliferação de novas atividades e instrumentos nas finanças, assim como à crescente influência de novos protagonistas no cenário global. Enquanto isso, o mundo de ontem ainda está encaixado na infra-estrutura e nos sistemas de comunicação que buscam dar apoio às novas atividades, e já vimos que eles têm sucesso limitado e cada vez menor em proporcionar o suporte necessário. As estruturas e instituições de apoio de ontem também se refletem na crescente pressão sofrida pelos até aqui protagonistas dominantes em nível nacional e internacional, assim como no declínio da participação de mercado dos instrumentos e produtos tradicionais.

As colisões entre os dois mundos inevitavelmente causam atritos. Se ocorrerem em seqüência, ou forem tratadas com interruptores como os *circuit breakers*, teremos apenas fases isoladas de turbulência de mercado. Se, no entanto, ocorrerem de maneira simultânea, os investidores enfrentarão a perspectiva real de ter de lidar com uma grande e prolongada desaceleração no crescimento econômico mundial, a falta de pagamento, a intensificação de guerras comerciais e maiores restrições ao livre fluxo de capitais financeiros entre fronteiras nacionais.

Este capítulo vai detalhar questões específicas relacionadas com transições das quais os investidores devem estar conscientes ao percorrerem a jornada que temos pela frente. O foco está nas causas potenciais de *erros políticos* e de *acidentes de mercado* que confrontam os investidores com a possibilidade de repentinas interrupções de liquidez, episódios de má definição de balanços patrimoniais, acidentes institucionais e políticas de emergência.

Ajustes à mudança

No passado recente, o mundo assistiu aos efeitos que resultaram irremediavelmente da passagem do antigo para o novo. Por isso sabemos que precisamos prever que partes do sistema terão dificuldades para se ajustar com rapidez às novas realidades. Essas dificuldades serão sentidas tanto no âmbito das empresas individualmente quanto no de alguns países, e ainda no intercâmbio multilateral. Superar as dificuldades vai exigir mudanças fundamentais na filosofia da empresa e na infra-estrutura.

Os fãs de futebol americano estão familiarizados com a dinâmica. Eles se lembram do que aconteceu quando a "ofensiva West Coast" foi introduzida pela primeira vez no futebol americano (modalidade de ataque que coloca maior ênfase no passe do que na corrida). A nova abordagem de movimentar a bola para a frente contribuiu para um realinhamento de poder dentro da liga. Por quê? Porque as defesas existentes não souberam se ajustar com rapidez suficiente. As falhas das defesas também comprometeram a eficácia dos ataques dessas equipes, que eram mantidas fora do campo e/ou forçadas a jogar para recuperar a bola. Com o tempo, as defesas se ajustaram à ofensiva West Coast. Com isso, ela ficou menos poderosa, e hoje é menos usada no plano de jogo das principais equipes da liga.

Essa situação é a mesma que ocorre atualmente na economia global e que provavelmente vai ocorrer nos próximos anos. Os diferentes grupos variam em sua capacidade para reconhecer e se ajustar às transformações estruturais em andamento; e alguns tropeçam em modelos operacionais que ficam rapidamente antiquados e, em alguns casos, obsoletos. As razões são diversas e se relacionam com o coquetel de considerações econômicas, financeiras e comportamentais discutido no capítulo 3. Combinadas com os mais comuns "problemas no encanamento" – o grau e a velocidade com que a infra-estrutura institucional pode acomodar o surgimento de novas estratégias e comportamentos –, as batalhas contra as transformações vão periodicamente resultar em entupimentos incômodos, que exigirão operações de limpeza e grandes esforços para conceber novas ferramentas.

Esses pontos podem ser mais bem exemplificados ao voltarmos a atenção para as experiências e os desafios enfrentados pelas organizações do setor privado, governos nacionais e instituições multilaterais. Para os propósitos dessa discussão, vou descrever cada um isoladamente. Na prática, porém, eles continuam interagindo sempre.

De fato, os investidores só conseguirão enfrentar bem os desafios se compreenderem também as dificuldades que vêm pela frente para os mentores políticos nacionais e multilaterais. Afinal, as três facções estão envolvidas no equivalente a um complicado jogo de xadrez multidimensional. O jogo envolve, de maneira inevitável, a interdependência de jogadores com objetivos diversos, e com ferramentas e restrições diferentes.

Setor privado: mais ágil, porém distante de ser uniforme ou estável

Como você poderia esperar, pelo maior grau de liberdade (assim como pela disciplina imposta por freqüentes e crescentes medidas públicas sobre lucros e perdas), os participantes do setor privado foram os que sentiram com mais rapidez a necessidade de se ajustar às transformações em andamento. O fato é visível em várias medições efetuadas no mundo financeiro e corporativo. Basta olhar para a crescente importância dos ganhos e lucros que vêm das corporações dos Estados Unidos no exterior. Os ganhos com vendas no exterior hoje correspondem a um quinto de todos os ganhos dos Estados Unidos, e quase duplicam o nível de apenas dez anos atrás. No caso das empresas do S&P 500, a contribuição das operações estrangeiras para o crescimento dos ganhos foi de 6% em 2007.

No contexto de uma multiplicação de ganhos relativamente consistente, isso, *por si só*, se traduz em aumento de cerca de 6% no valor do mercado de ações dos Estados Unidos. Um bom resultado para uma economia que vem sendo tradicionalmente encarada como "fechada".

Como observei no capítulo anterior, o setor privado foi muito rápido ao abraçar a produção de produtos estruturados e criar sistemas de distribuição. A maneira como isso foi feito levou à superprodução e ao superconsumo de produtos estruturados, consistente com o que temos visto ao longo da história das grandes inovações tecnológicas. Como exemplo, considere a seguinte observação do *The Economist* num artigo sobre a última rodada de mudanças no setor de telecomunicações: "O padrão é sempre o mesmo: a nova tecnologia entra em cena, e ninguém sabe ao certo como será empregada nem as normas de comportamento adequadas para o seu uso. Por isso os usuários têm de elaborar as regras no meio do jogo"[1].

Ao dependerem cada vez mais dos ganhos nas atividades internacionais, as companhias exploram o deslocamento da contribuição para o crescimento, dos países industrializados (e dos Estados Unidos em particular) para os países em desenvolvimento. Não passa um dia sem que haja notícias de uma expansão internacional das empresas norte-americanas. Esse processo de internacionalização corporativa está se revelando uma via de mão dupla. Os anos mais recentes testemunharam uma significativa expansão no conceito de "multinacional de país em desenvolvimento". A expansão é detalhada com elegância no livro de Antoine van Agtmael, *The Emerging Markets Century*[2]. Pioneiro no campo, atribui-se a Van Agtmael a cunhagem do termo "mercados emergentes". Sua mais recente pesquisa mostra que as companhias nas regiões dos mercados emergentes começam a abrir suas asas. Elas capturam uma parte crescente dos mercados mundiais, melhoram com rapidez sua eficiência operacional e elevam de forma consistente sua curva de valor agregado.

Conforme o fenômeno ganha força, os mercados emergentes começam a desenvolver marcas que atraem crescente reconhecimento. Solidifica-se ainda mais, em conseqüência, o processo pelo qual os países desenvolvem raízes históricas que podem ajudar a suportar volatilidades cíclicas. Como exemplo, algumas companhias na China estão nesse limiar; outras da Índia já estão no processo; e companhias da Coréia do Sul fizeram progressos significativos.

Não surpreende, portanto, que essas empresas estejam expandindo suas aspirações globais. Os dois últimos anos testemunharam uma evolução nas atividades de fusões e aquisições além-fronteiras que teria sido impensável antes: há um crescente número de aquisições de alto padrão em que empresas de economias emergentes adquirem outras em países industrializados. Isso ocorre em vários setores, incluindo cimento, finanças, alimentos, recursos naturais, telecomunicações, têxteis e turismo.

Ao fazerem isso, as companhias também elevaram o patamar de crescimento bem-sucedido dentro do mundo emergente. Como exemplo, temos o caso do Oriente Médio: uma companhia de telecomunicações egípcia (a Oroscom) é agora um nome conhecido na região, assim como a brasileira Sadia, de alimentos congelados. A empresa de finanças egípcia EFG-Hermes continua a expandir lucrativamente sua base regional e está atraindo o interesse de instituições estrangeiras. Enquanto isso, companhias mexicanas como a Cemex e a America-Movil tornaram-se grandes protagonistas nas Américas e em outras regiões. As empresas chinesas estão cada vez mais presentes na África e na América Latina, investindo e operando em empreendimentos de recursos naturais.

Essa combinação de se expandir tanto para países industrializados como para países em desenvolvimento é poderosa. Ela facilita a integração tanto horizontal como vertical (incluindo a transferência integral de operações de produção), além de permitir a essas empresas tornarem-se presenças mais comuns em diversos levantamentos globais de influência e força corporativa.

Na linha de frente dos investimentos, as fundações foram pioneiras em termos de internacionalização. Como exemplo, considere a histórica alocação de capital feita pela HMC em mercados públicos não norte-americanos[3]. Em 1980, as ações norte-americanas representavam 100% da alocação de ações preferenciais. A cota caiu para 69% em 1981 e para 48% em 2000. Em 2008, a cota é de 35%. Como proporção dos investimentos *totais* da dotação da Harvard, a importância das ações preferenciais norte-americanas caiu de 65% em 1980 para 12% em 2008.

Como veremos adiante, um padrão similar ocorre com outras classes de ativos, entre eles, recursos naturais, ações privadas e imóveis[4]. Cada vez mais os administradores do portfólio da HMC buscam, além-fronteiras, oportunidades atraentes de investimento. Isso vale não apenas para setores "comerciáveis" como madeira e outros recursos naturais; também é o caso de imóveis comerciais e residenciais. Além disso, as ações privadas estão ampliando sua base no exterior, num contexto de maior estabilidade macroeconômica, aprofundamento dos mercados e ambientes legais e de negócios menos incertos.

O surto de criação e uso de produtos estruturados é ainda mais notável do que a mudança no cenário corporativo global. De fato, o crescimento foi tão pronunciado que eclipsou totalmente o volume dos produtos de sustentação. No processo, alterou-se a dinâmica de liquidez dos mercados.

Numa coluna de março de 2007 para o *Financial Times*, associei esse processo ao surgimento de novas "fábricas de liquidez" em Wall Street[5]. Como resultado, "os propulsores de mercado da liquidez atualmente superam a influência dos instrumentos tradicionais de política monetária", tanto na fase de expansão como na fase de contração. Como a alavancagem do sistema é puxada primariamente por um multiplicador *endógeno* (ou interno) ao mercado, as autoridades monetárias enfrentam um cenário político muito difícil e complexo quando se trata de influenciar os multiplicadores de liquidez interna e o correspondente fluxo transnacional de capital – questão que retomarei em seguida.

Se visto como um amálgama, o setor privado *como um todo* parece ter tomado um caminho que vai lhe permitir explorar de melhor maneira o novo destino. No entanto, como muitas coisas na vida, o que é verdadeiro em nível geral tende a esconder importantes diferenças em sua constituição. Na realidade, há notáveis diferenças dentro do setor privado em relação à propensão e velocidade dos ajustes. No mínimo, essa multiplicidade coloca interessantes desafios à administração interna das corporações e oferece perspectivas de grandes realinhamentos institucionais dentro dos segmentos de mercados e entre eles, incluindo a alta probabilidade de falências. Também pode evoluir para algo maior, conforme a multiplicidade plante as sementes de potenciais perturbações e acidentes de mercado que atinjam o sistema como um todo.

Disposição *versus* capacidade

Talvez a maior tensão no setor privado seja a provocada pelo desejo das companhias de participarem das novas atividades proporcionadas pelas transformações históricas e sua capacidade de fazê-lo. A tensão está relacionada em particular com as dificuldades inerentes a dar nova formatação às funções de apoio, cruciais para se manter o foco da companhia, sua disciplina e o controle de riscos.

A melhor ilustração desse fenômeno – e aquela que já produziu significativos solavancos na jornada – vem do sistema financeiro. Em termos simples, a incapacidade das companhias financeiras de conciliar de modo adequado sua disposição com sua capacidade tem levado ao que, em retrospecto, se transformou numa grande dependência de produtos estruturados, que exige um confuso processo de depuração. Em artigo para o *Financial Times*, de 5 de setembro de 2007, Martin Wolf declara: "Foram necessários tomadores de empréstimos tolos, investidores tolos e intermediários espertos, que convenceram os primeiros a pegar emprestado o que não tinham condições de pagar e os últimos, a investir no que não compreendiam"[6].

Note o adequado zelo que foi adotado num setor que exibia visivelmente indicações avançadas de uma bolha – o setor de habitação em mercados aquecidos como Califórnia, Flórida e Nevada. Que eu saiba, muito poucos administradores de investimentos profissionais seguiram a advertência que Bill Gross fez anos atrás à equipe de hipotecas da PIMCO liderada por Scott Simon. Scott e seus colegas examinaram de perto o funcionamento real do mercado de habitação no âmbito microeconômico. Sua pesquisa abrangeu participar de "passeios" com corretores imobiliários e de financiamento de imóveis na região. Suas conclusões, resumidas nos relatórios intitulados Housing Project e postados no site da PIMCO (www.pimco.com), revelam claramente os excessos que vinham ocorrendo. Combinados com a análise em profundidade feita pela empresa, eles mostram três elementos distintos da estratégia de investimento, destacados numa entrevista que Scott concedeu em dezembro de 2006, antes que o setor embarcasse em sua contagiosa derrocada:

- Primeiro, de que forma a dinâmica do setor em geral tinha probabilidade de evoluir, incluindo o relacionamento entre mudanças de preço e estoque:

> Uma das coisas que percebemos com base nesse estudo é que os ganhos reais em preços aumentam consideravelmente o movimento nas vendas. O outro lado da moeda é que, se você cai de uma valorização insanamente alta para o nada, você tem uma queda real e acentuada nos volumes.

- Segundo, em que extensão as indicações de agências classificatórias a respeito da solidez do crédito precisam ser complementadas:

> Num setor apoiado em ativos, mudamos claramente nossa maneira de investir devido à preocupação com o mercado imobiliário. Por exemplo, na amortização negativa de hipotecas de taxa ajustável (*adjustable rate mortgages*, ou ARMs), a S&P e a Moody's exigem 10% de suporte de crédito para estruturas-padrão, com classificação AAA. Nós adotamos 45% de suporte de crédito.

I Terceiro, qual a importância de evitar a complacência que acompanha de modo inerente instrumentos com a classificação máxima AAA:

> Em empréstimos com hipotecas de risco, tendemos a não comprar a parte AAA do empréstimo. Subdividimos a parte AAA e tiramos os primeiros fluxos de caixa da parte AAA, que têm liquidação automática se o negócio tiver desempenho normal por cerca de quatro meses. A maior queixa que você pode fazer em relação à nossa abordagem a esse tipo de empréstimo é a de que temos sido conservadores demais. Mas, do nosso ponto de vista, essa é uma crítica que ficamos felizes em receber.

A PIMCO estava correta ao destacar a percepção de que sua abordagem podia ser "conservadora demais", pois a partir do momento em que os transtornos no financiamento habitacional começaram a ficar sérios, seu impacto foi rapidamente amplificado pelas limitações na infra-estrutura de apoio, alimentando uma série de ciclos adversos de realimentação. O modelo criado pelo setor, de produtos estruturados com base em hipotecas, mostrou-se inadequado e constituiu um fardo a mais na capacidade já sobrecarregada de avaliar uma variedade de complexos instrumentos e seus derivados. Com a matriz de avaliação do setor em desalinho, ficou muito difícil que compradores e vendedores se encontrassem. O resultante transtorno de liquidez contaminou os demais mercados.

Havia simplesmente uma lacuna muito grande entre os padrões com que cada lado do mercado estava disposto a transacionar. Era similar, literalmente, a duas pessoas falando línguas diferentes, nenhuma delas entendendo o que a outra dizia. Com isso, o processo de preço a descoberto fracassou. O fluxo de transações desacelerou até gotejar, e as avaliações dos balanços patrimoniais assumiram um grau excessivo de arbitrariedade e uma preocupante falta de transparência. Esse fracasso agravou outros fatores, e foi por eles agravado. Visibilidade e transparência eram assuntos de muitas conversas de mercado a respeito de perdas em instituições financeiras, perdas que elas deveriam admitir por completo e tornar públicas. Intensificou-se ainda mais a hesitação que orientava o fluxo de capital.

Kevin Warsh, chefe do conselho do Federal Reserve, detalhou muito bem as fases da turbulência de mercado (retração, recuperação da liquidez e reavaliação) em seu discurso para a New York Association of Business Economics no final de 2007:

> Conforme as tensões nos mercados financeiros se intensificaram, muitas das maiores instituições financeiras passaram a proteger de modo possessivo sua liquidez e a capacidade de seu balanço de pagamentos. Em meio ao aumento da volatilidade e à redução do funcionamento de mercado, ficaram mais preocupadas com a exposição ao risco de suas duplicatas e outras obrigações eventuais e potenciais[7].

Incertezas sobre as perdas correlatas que ainda deveriam ser divulgadas fizeram os tradicionais compradores ficar à espera, reforçando tendências do tipo "mercado de limões", discutidas no capítulo 3. Agindo assim, acompanharam os que haviam acumulado recentemente significativa riqueza, mas ainda não participavam de maneira intensa dos mercados, preferindo concentrar-se em áreas a que estavam mais habituados. E, enquanto todos aguardavam que as coisas ficassem mais claras, levantavam-se questões legítimas sobre a adequação dos balanços dos intermediários. Essas questões eram visíveis à medida que instituições financeiras longamente estabelecidas experimentaram margens de crédito sobre o débito emitido. As margens apontavam para a avaliação que o mercado fazia da solidez da solvência das instituições (o grau de risco de inadimplência). Em novembro de 2007, a média para instituições financeiras, conforme compilado por pesquisadores na Merrill Lynch, alcançou um nível recorde de 149 pontos-base acima das obrigações do Tesouro norte-americano[8]. E o fato se deu antes do anúncio, em janeiro de 2008, sobre outra grande rodada de vultosas perdas e depreciações que corroeram muito capital e exigiram que as instituições saíssem a campo para levantar novos financiamentos.

Embora em novembro o *spread* de crédito, ou a diferença entre os preços de oferta e procura, se equiparasse ao alcançado em 2002, em meio ao caos alimentado pelo colapso da Enron e da WorldCom, havia uma diferença importante: o *spread* médio sobre a dívida emitida pelas instituições financeiras era maior (ou seja, indicava maior risco de inadimplência) do que para o setor corporativo, para o qual os bancos emprestam. Especificamente, o *spread* médio para o setor corporativo ficou em 134 pontos-base. Os valores incomuns da estrutura de capital da economia ficaram ainda mais realçados em janeiro de 2008.

Essa comparação mostra-se mais impressionante se observarmos os protagonistas em questão. Em novembro de 2007, a dívida de dez anos emitida pelo gigante financeiro Citigroup apresentava um *spread* de crédito de 190 pontos-base, e a Merryll Lynch, de 224 pontos-base. Enquanto isso, a companhia de eletricidade que atende Boston e arredores – a NSTAR, que foi classificada pela Moody's dois pontos abaixo, sim, *abaixo* do Citigroup, e que faz uso de linhas de crédito bancário – emitiu dívida de dez anos a 140 pontos-base.

Essa dinâmica estava expressa no comunicado muito bem escrito, de agosto de 2007, por Ben Bernanke, presidente do Federal Reserve, para o simpósio econômico de Jackson Hole, no Wyoming, organizado pelo Federal Reserve de Kansas City. O encontro anual oferece um ambiente relativamente íntimo, no qual os bancos centrais podem discutir com outros membros da comunidade financeira e econômica. Em seu discurso para uma platéia de especialistas, Bernanke observou a dimensão do impacto nas atividades de mercado pela crescente incapacidade dos participantes para avaliar produtos "opacos" com "complexos ganhos". Essa incapacidade, junto com o custo mais alto de capital, "parece ter deixado os investidores hesitantes em relação a tirar vantagem de possíveis oportunidades de compra"[9].

Igualmente interessante é como a situação impactou os segmentos do sistema financeiro aos quais não se dá tanta atenção. Por tempo considerável, a perspectiva mais assustadora para os bancos centrais e reguladores era bem evidente: um mercado interbancário anômalo, unido a um mercado de papéis comerciais congelado e a uma crescente perda de confiança no segmento do mercado financeiro. Trata-se de um pesadelo não só para mentores políticos, mas também para veículos alavancados do setor privado (entre eles, fundos *hedge* e empresas de ações privadas) e para qualquer outro que precise de liquidez ou venha atravessando grandes disparidades de vencimento (emprestando no curto prazo para financiar investimentos de vencimento mais longo como os hoje malvistos SIVs). Eles enfrentam repentinas interrupções na disponibilidade de financiamento, que podem muito bem não ter nada a ver com suas próprias circunstâncias.

Cada vez mais, os bancos relutavam em assumir maiores exposições. Estavam inseguros até mesmo a respeito do alcance das reclamações correlatas que já haviam sofrido – gerais, relativas à sua base de capital, e relacionadas a seus limites de risco. A situação teve um complicador adicional pelo fato de alguns dos compromissos correlatos estarem associados a atividades fora do balanço geral, incluindo a montagem de novos canais. E, na maior parte do tempo, os canais ficavam fora do alcance normal dos organismos de fiscalização tradicionais, levantando o questionamento efetivo, com base em uma visão há muito estabelecida, de que os bancos obtêm acesso privilegiado aos canais de financiamento do Fed (e de outras redes oficiais de segurança) em troca de operarem dentro de um ambiente regulatório mais rígido e mais explícito.

Lembre-se de que o sistema bancário é o centro nervoso do sistema econômico e financeiro. Eu o comparo ao óleo do automóvel. A gente não pensa muito nele. Mas qualquer falha nesse aspecto vai fazer o carro parar, mesmo que ele tenha um motor excelente, um interior maravilhoso, uma tecnologia ultramoderna ou equipamento de segurança de primeira linha. O carro simplesmente não vai andar; e será um risco para seus ocupantes e para os demais veículos se ele parar no meio da estrada.

O DESAFIO DA NOVA FORMATAÇÃO

Leva tempo para solucionar esse tipo de problema, pois o desafio não é apenas desentupir alguns canos. É preciso reconstruir o encanamento inteiro desde sua base. Serão necessários novos condutos, a rede precisará ser alterada e a qualidade terá de receber melhorias. Enquanto isso, o incentivo para o reinício prematuro do fluxo será imenso.

Para a maioria das companhias do setor privado, trata-se de um desafio de nova formatação que implica no tripé pessoas, processos e sistemas. Os reparos devem ser feitos durante o percurso e sob o olhar atento de analistas e concorrentes. A administração não tem uma maneira prática de apertar o botão *pause* dos mercados, fazer os reparos e depois apertar de novo o *play*. Na realidade, a administração costuma se ver no incômodo de enfrentar tanto a oposição dos que ainda estão cegamente impressionados pela maneira como os derivativos permitem o fatiamento e o novo enfeixamento dos riscos quanto, por mais ridículo que possa parecer, a oposição dos que sentem plena confiança na administração de risco com uma abordagem *just-in-time*.

À medida que a companhia tenta fazer a nova formatação, logo se dá conta de que a implementação tem um complicador adicional pelo fato de que muitas outras companhias estão tentando fazer a mesma coisa ao mesmo tempo. Como exemplo, observe a escassez de pessoal de apoio especializado em derivativos e o simultâneo aumento no custo gerado para preencher tais postos de trabalho.

Observe ainda o grande aumento nos salários dos funcionários altamente qualificados em avaliação de adequação e risco. Com a administração exercendo pressão e a linha de frente expandindo sua área de cobertura, não será surpresa se muitas companhias acabarem fazendo concessões à qualidade e, desse modo, aumentarem de maneira significativa seus riscos operacionais para o futuro.

As agências classificatórias vivem dilema similar. Na realidade, seus desafios podem ser mais sérios ainda, pois, dada a sua denominação de Nationally Recognized Statistical Ratings Organizations (NRSROs), as principais agências desfrutam do que se tornou essencialmente um "monopólio regulatório". Assim, espera-se delas que fiquem atentas ao bem público ao exercerem suas atividades específicas. As metodologias de classificação, embora talvez defensáveis isoladamente, baseiam-se, em essência, em considerações de ontem. Com isso, passaram a ficar cada vez mais antiquadas. As declarações das agências sobre o "uso adequado" de suas classificações pouco farão para alterar a dinâmica atual. Além disso, estudos recentes mostraram que o conjunto de classificações empreendido nos dois últimos anos está se revelando menos consistente, em especial quando comparado com as classificações anteriores.

Parece que as agências enfrentam uma situação do tipo perde-perde. Sua operação é acompanhada bem de perto devido a seu *status* de monopólio regulatório, e elas não podem interromper sua atividade para dar nova formatação a seus métodos. Ao continuarem com a rotina do dia-a-dia, correm o risco de gerar reclamações ainda maiores em sua trajetória, e provocar uma grande reavaliação de sua influência corporativa e da maneira como lhes é permitido operar – o que terá então impacto em sua lucratividade. Enquanto isso, aumentam as preocupações quanto à independência e à solidez de suas classificações. Todos esses fatores levam os investidores, *como grupo*, a procurar maneiras de reduzir sua dependência das classificações, pelo menos por um certo tempo.

A tensão entre seguir adiante e parar para fazer reparos é inerente à dualidade da globalização financeira e da integração transnacional e de produtos. Como já observamos, esse processo geral tem forças estabilizadoras e desestabilizadoras. O ganho "líquido" é um dos grandes incrementos da estabilidade e do bem-estar – ao longo do tempo e na média. Mas, como qualquer administrador de portfólio poderá confirmar, durante períodos de distúrbios (que inevitavelmente implicam uma base maior de risco), é o "bruto" que pode lhe trazer problemas, e não apenas o "líquido".

O VENTO FAVORÁVEL PARA SAIR DA DESINTERMEDIAÇÃO

O desafio da nova formatação é agravado por uma tendência dos bancos para saírem da intermediação, que estaria acontecendo mesmo que o sistema financeiro não atravessasse as transformações que venho discutindo aqui. Cada vez mais, as atividades estão saindo de sua sede institucional tradicional. De fato, diversos fatores, tanto positivos como negativos, corroem o monopólio de que desfrutam essas instituições de serviços no centro do sistema global (com freqüência chamadas de "o lado das vendas")[10].

Nos velhos tempos, os investidores eram muito dependentes dessas instituições para uma série de atividades terceirizadas. A mais importante era a descoberta de preços. Havia limitações tecnológicas inerentes na disponibilidade de telas eletrônicas em tempo real que detalhassem os preços de compra/venda de uma série de instrumentos em diversos segmentos de mercado. Mesmo quando os preços estavam disponíveis, os investidores tendiam a se apoiar no lado das vendas para análises e avaliações. Os investidores podiam recorrer a analistas dos grandes bancos de investimentos para obter opiniões especializadas sobre questões técnicas e de crédito. O sistema também dependia dos bancos para estabelecer a ligação entre vendedores e compradores, em particular no caso de novas emissões. Com efeito, o lado das vendas detinha um "monopólio natural" similar ao que as empresas de serviço público costumavam desfrutar em diversos países.

O monopólio está agora sujeito a um acelerado processo de erosão no longo prazo. De modo similar ao que acontece em muitas outras áreas, a tecnologia está minando o papel das instituições do lado das vendas como intermediárias na descoberta e na análise dos preços. Instituições emissoras e investidores compreenderam os benefícios dos contatos diretos. As barreiras de entrada às atividades de bancos de investimento ficaram menos rígidas, e a realidade e as perspectivas de novos participantes colocam pressões de baixa nos preços. O impacto histórico desses fatores tem sido ampliado por alguns dos recentes escândalos de Wall Street. O questionamento do papel desempenhado pelo lado das vendas no período prévio ao colapso da Enron e da WorldCom no início desta década serviu para alimentar preocupações duradouras sobre conflitos de interesses e pesquisa tendenciosa. Em parte por isso, um crescente número de investidores desenvolveu uma especialização interna a fim de relegar a segundo plano o papel e o *status* da pesquisa do lado das vendas.

A resultante erosão do poder de monopólio acentuou as forças perturbadoras da tecnologia discutidas antes. Colocando pressão nos rendimentos e nos lucros, ela também estimulou empresas do lado das vendas a estenderem suas atividades para novas áreas. O objetivo é elevar a curva de valor agregado. A realidade é que, ao fazê-lo, muitas empresas precisam abandonar sua zona de conforto – e especialização –, o que significa correr o risco de acabar em áreas nas quais não contam com nenhuma vantagem comparativa nem tradição de excelência; além disso, seu conhecimento sobre estas áreas pode ser menos abrangente.

Aonde tudo isso nos leva? A sugestão é que o potencial de *acidentes de mercado* será um aspecto recorrente conforme seguimos adiante nessa jornada. De modo similar ao que vimos no verão de 2007, isso se traduzirá em episódios de turbulência de mercado, repentinas interrupções de liquidez e acidentes com instituições. *Os investidores precisam reconhecer essa possibilidade e reagir de acordo com ela.*

Existe a questão de se os repetidos episódios de perturbações do mercado serão sentidos como solavancos na estrada ou se vão evoluir para algo mais sinistro. A resposta não está apenas no sucesso do setor privado em empreender nova formatação; depende também de como o setor público poderá facilitar os reparos, tanto no sentido de atuar de modo benéfico como no de evitar ser prejudicial.

Governos nacionais: reações mais lentas e potencialmente perturbadoras

Tal qual o setor privado, os governos enfrentam o desafio de compreender as mudanças estruturais em andamento e reformular um conjunto de instrumentos políticos projetados originalmente para atender ao mundo de ontem e que, por isso, mostram-se agora menos eficientes. A situação é complicada também pelo envolvimento dos políticos. Tais atores são atraídos pela natural resistência dos eleitores a qualquer desgaste nas atribuições históricas e no conforto imediato, assim como pelo repentino aparecimento de desdobramentos questionáveis no setor financeiro que tenham impacto adverso sobre os pequenos negócios em geral – um setor que naturalmente atrai certa atenção (e inveja), em vista dos generosos pacotes de incentivos.

A necessidade de a política acompanhar as realidades do mercado não é impactada apenas por considerações internas. Existe ainda um crescente reconhecimento de que você não pode resolver o problema mesmo com medidas internas eficazes devido à interdependência transnacional.

De maneira isolada, cada um dos fatores discutidos a seguir oferece alguma probabilidade, embora administrável, de um *erro político* nessa jornada. Combinados, podem disparar uma série de eventos capazes de comprometer seriamente a capacidade dos investidores de navegar pelas novas realidades.

LIDAR COM LIQUIDEZ ENDÓGENA

Um dos desafios que o Fed e outros bancos centrais continuam a enfrentar é como lidar com a "liquidez endógena". Especificamente, os bancos centrais perderam significativa parte de sua capacidade de fazer um ajuste fino das condições de liquidez agora que os propulsores da liquidez de mercado extrapolam as influências dos instrumentos tradicionais de política monetária – para cima e para baixo.

O fenômeno foi evidenciado ao longo de 2006 e na primeira metade de 2007, como discutimos muitas vezes nas reuniões do comitê de portfólio da HMC. O Comitê de Mercado Aberto do Federal Reserve (Federal Open Market Committee – FOMC) dos Estados Unidos elevou as taxas de juros para 5,5%; o Banco Central Europeu (European Central Bank – ECB) embarcou numa divulgada política de contenção monetária, reforçada por promessas de firme vigilância contra a inflação; e as economias emergentes estavam também aumentando as taxas de juros. Mas os rumores do mercado eram sempre de uma grande liquidez jorrando por todo o sistema e levantando todos os barcos, entre eles, alguns com fundamentos altamente questionáveis, integridade duvidosa e limitada compreensão e modelagem.

Em avaliação, meus colegas da HMC e eu logo chegamos à conclusão de que a questão não era a postura da política monetária ao redor do mundo; ao contrário, era o papel das novas fábricas de liquidez. E era mais visível no surto de popularização das "alternativas", tanto entre os que as administram como entre os investidores.

Para ilustrar, considere o que aconteceu quando um fundo de pensão decidiu incrementar seus resultados aumentando a alocação de ações privadas em detrimento das ações estatais. Cada dólar que tirou dos mercados públicos ele deu a uma empresa privada. Na maioria dos casos, a empresa aumentou o poder de compra do dólar tomando emprestados de 3 a 5 dólares adicionais no mercado da dívida, e aventurou-se nos mercados públicos procurando alguma empresa para privatizar. Os vendedores da companhia terminaram com uma combinação de fundos próprios e de terceiros.

Era crucial o fato de o processo multiplicador de liquidez ser interno (endógeno) ao mercado. Os balanços gerais se expandiram sem o benefício de uma redução nas taxas de juros; na verdade, a expansão aconteceu *apesar* dos aumentos nas taxas ao redor do mundo. Ou seja, os ajustes de política monetária se mostraram ineficazes em sanear de maneira gradual a liquidez.

Mas lembre-se: a liquidez endógena está além de ser apenas difícil de entender por completo; ela também é irregular. Ela pode – e costuma ser assim – ser revertida de forma abrupta simplesmente devido a uma mudança no apetite do mercado (ou naquilo que John Maynard Keynes chamou de "impulso animal"). Portanto, ela coloca as autoridades monetárias numa posição muito difícil. Na alta, elas são acusadas de darem ensejo a um fenômeno que vai terminar em lágrimas. No entanto, se promovem aumentos agressivos, correm o risco de transformar, de repente, o multiplicador endógeno, fazendo-o passar de excessivamente acomodador a maciçamente restritivo[11].

Esse difícil dilema não termina aqui. Na verdade, se intensifica quando a liquidez endógena passa para o ciclo restritivo – como ocorre irremediavelmente. Quando isso acontece, as autoridades monetárias enfrentam reclamações ruidosas e conflitantes da comunidade profissional: alguns exigem que se cortem as taxas de modo agressivo a fim de proteger a economia real das excentricidades das fábricas de liquidez de Wall Street; outros exigem contenção, argumentando que um corte nas taxas vai salvar apenas os que se excederam, e com isso enfraquecer a disciplina de mercado e aumentar o risco moral. Depois, há a desconfortável realidade de que, seja lá o que elas fizerem, os instrumentos de seu arsenal político são simplesmente obtusos demais, não têm eficácia e envolvem danos colaterais.

Um modo de ilustrar tal fenômeno é considerar as questões de composição implícitas. Quando a liquidez endógena flutua, como ela sempre faz, as autoridades observam a "média", mas acabam caindo como vítimas na ponta da distribuição. Usando de novo uma analogia baseada em líquidos, ao reduzirem a profundidade de um rio de 2,50 metros para 1,80 metro a fim de salvar vidas, não é suficiente que as autoridades saibam que a altura média da população fica acima de 1,80 metro; elas também precisam saber quantas pessoas têm menos de 1,80 metro. *A distribuição conta tanto quanto a média.*

Essa era exatamente a situação em que o Federal Reserve (e outros bancos centrais) se encontrava no verão de 2007; e que foi explorada até a exaustão pelo canal especializado em finanças CNBC. Suspeito de que qualquer investidor que tenha visto Jim Cramer naquela sexta-feira dificilmente vá esquecer sua explosão emocional. Quando Erin Burnett, a âncora da CNBC, tentava comentar com calma a forte tendência de liquidação do mercado, Cramer teve um destempero verbal. Com as mangas da camisa arregaçadas e batendo com as mãos na mesa, Cramer acusou o presidente do Fed, Ben Bernanke, de ser "acadêmico" e de "não entender o que estava acontecendo"[12]. Ele vociferou: "Bernanke precisa se concentrar nisso". E prosseguiu, dizendo que o presidente "não tinha idéia de como as coisas eram terríveis do lado de fora; nenhuma idéia". Burnett, com seu jeito tipicamente calmo e pacificador, tentou moderar a explosão de Cramer. Disse-lhe: "Calma. Eu sei como você é passional, mas...". Bem, calma era o que Cramer menos tinha. Ele sentia a situação de modo particularmente intenso, depois de receber várias ligações de participantes do mercado dizendo que a coisa estava realmente feia. Sua explosão ganhou força e se estendeu a outros funcionários do Fed. Cramer disse aos telespectadores, que o assistiam com uma mistura de interesse e espanto: "Os caras são loucos. Eles não entendem nada. O Fed está dormindo".

A satisfação de Cramer foi grande quando o Federal Reserve surpreendeu os mercados decidindo em favor do que ele havia defendido enfaticamente: facilitar acesso à janela de desconto e cortar também tanto as taxas de desconto como as taxas dos fundos públicos em valores superiores aos esperados. Isso contrastou com a reação de outras pessoas que a CNBC entrevistou depois. Várias delas acharam que o Fed havia "reagido de forma exagerada". Esses especialistas compartilhavam uma preocupação – a de que as ações do Fed pudessem fomentar mais comportamentos irresponsáveis e perigosos. Alguns acharam ainda que o alívio na política monetária poderia acentuar pressões inflacionárias.

O desafio de como lidar com a volátil liquidez endógena e suas conseqüências está relacionado com outra questão política que será discutida em detalhe no capítulo 7: como refinar os instrumentos tradicionais de controle monetário e assegurar mais fiscalização, expressiva e sofisticada, numa série de atividades com alavancagem volátil, que foram propiciadas pelas transformações estruturais em andamento e, no entanto, estão fora de uma fiscalização significativa.

O desafio da estagflação

A perspectiva continuada de amplas flutuações na liquidez endógena não é o único desafio enfrentado pelos principais bancos centrais e, em particular, pelo Federal Reserve dos Estados Unidos. Eles deparam ainda com a probabilidade daquilo a que me referi antes como uma *mudança adversa na dinâmica de preços global* – a substituição de um vento favorável desinflacionário por um vento contrário inflacionário por conta da natural evolução das condições de trabalho e salário nas economias emergentes. Essa mudança adversa ocorre no contexto de tendências menos propícias na produtividade nos Estados Unidos e de tendências no longo prazo no preço das mercadorias, sinalizando uma notável expansão da demanda global. Tais considerações aumentam o risco de estagflação – situação caracterizada por um crescimento econômico decepcionantemente baixo acompanhado por alta inflação.

Esse é um problema bastante complicado para o Federal Reserve. O Fed difere de muitos de seus pares, incluindo o Banco Central Europeu e o Banco da Inglaterra, por ter uma "dupla atribuição". Frederic Mishkin, chefe do conselho do Federal Reserve, lembra que a legislação que rege a instituição convoca-a a "promover os objetivos *equiparados* [grifo meu] de pleno emprego e estabilidade de preços"[13].

Um ambiente global de desinflação oferece excelentes condições para que se cumpra essa dupla atribuição. É como descer a montanha: a gravidade o ajuda a percorrer a distância em menos tempo e com menor esforço. A questão é bem diferente quando você vem correndo por uma planície e de repente tem de subir uma montanha. A mesma quantidade de esforço não levará você tão longe; você precisa de algo mais.

A mudança desfavorável na dinâmica de preços global chega num período em que os Estados Unidos enfrentam também a perspectiva de um crescimento econômico abaixo das expectativas. Como sugeri antes, essa é uma conseqüência inevitável da necessidade que a economia dos Estados Unidos tem de expurgar parte dos excessos do passado recente. Os excessos incluem o grande déficit comercial, as condições de bolha em determinados mercados de ativos (entre eles, segmentos do mercado imobiliário) e consumidores sobrecarregados que não podem mais usar valores de imóveis em alta para refinanciar seu crescente endividamento. Os excessos englobam também as taxas de juros do mercado e a força relativa do dólar, que foram mantidos por um fenômeno temporário: o dos bancos centrais recém-enriquecidos dos mercados emergentes, que investem, por enquanto, a maioria de seus ganhos inesperados em divisas na compra de produtos de renda fixa dos Estados Unidos. De fato, a questão não é se os Estados Unidos vão experimentar um período de crescimento relativamente lento. É, sim, se a evolução subseqüente vai se parecer mais com um V, U, W ou um L.

Devido às mudanças inevitáveis, o Federal Reserve terá de gastar muito mais tempo tentando equilibrar o balanço entre conter as pressões inflacionárias mais pronunciadas e compensar a desaceleração na demanda e no crescimento econômico. O primeiro fator pede uma política monetária mais "enérgica" (tendência para elevar as taxas de juros), enquanto o segundo requer uma política mais "conciliatória" (tendência para reduzir as taxas). Em condições normais, esse equilíbrio complexo aumentaria o risco de um erro político. No ambiente de fluidez econômica e financeira que descrevi neste livro, o risco de um erro desse tipo torna-se significativo e potencialmente oneroso.

Lidando com surtos de fluxo de capital

Os fenômenos globais de fluxos endógenos colocam um desafio específico para várias economias emergentes: como lidar com imensos surtos de entrada de capital. De modo similar ao que o crescimento orgânico pode fazer pelas companhias, as entradas de capital têm o potencial de agilizar um crescimento eficiente e ordenado em uma economia emergente. Elas o fazem aliviando as restrições financeiras, completando mercados e aumentando a integração financeira. Além disso, os fluxos com freqüência são acompanhados por uma transferência de conhecimento, tecnologia e por outros benefícios institucionais.

As entradas de capital também trazem desafios. Por exemplo, podem sobrecarregar o sistema financeiro interno, resultando num superaquecimento macroeconômico, assim como na imprudência dos empréstimos, no âmbito microeconômico. Estudos sobre crises bancárias mostram que muitas delas ocorreram após períodos de alta liquidez. Em termos simples, não obstante a presença de empresas sofisticadas, os sistemas financeiros das economias emergentes também incluem instituições que não são ainda capazes de lidar com grandes aumentos nas entradas de capital. Portanto, algumas delas tomam decisões erradas, muitas vezes com resultados bastante negativos para elas e para o sistema.

Um surto temporário, embora grande, de entrada de capital pode também enfraquecer a competitividade internacional da economia interna ao alimentar a inflação e/ou pressionar a taxa de câmbio para um nível superestimado em relação a uma perspectiva em médio prazo, ou seja, um nível que se mostra inadequado quando as entradas desaceleram ou são revertidas.

Esse risco é rotulado de "doença holandesa", assim chamado devido à desindustrialização que a Holanda sofreu quando foram descobertas imensas reservas de energia (gás) no mar do Norte na década de 1960. O surto de receita em câmbio exterior levou a um aumento da taxa real de câmbio e minou o fôlego e as perspectivas dos demais setores.

A triste ironia é que os países podem terminar na realidade em piores condições depois de um período de repentinas e grandes entradas de capital. De início, isso parece contrariar a lógica. Afinal, as entradas são benéficas. Com certeza, na pior das hipóteses, os países apenas não vão melhorar. Mas como é possível que piorem?

Para ilustrar as questões que podem dar sustentação a tal cenário, vamos considerar mais uma vez o fenômeno dos ganhadores na loteria. Aparentemente, não há como os ganhadores da loteria piorarem, pois têm a alternativa de simplesmente distribuir tudo que ganharam. Mas há muitos casos em que, vários anos depois de ganhar na loteria, alguns dos premiados terminam falidos. A razão é que o fato de vencer muda o comportamento dos indivíduos. E mudanças podem ser construtivas ou destrutivas.

A "psicologia do dinheiro" se apóia no fato de que as pessoas reagem de modo diferente a mudanças repentinas, de grande porte e imprevistas em sua riqueza (esse fenômeno serviu de premissa para o filme de 1983, *Trocando as Bolas*, com Dan Aykroyd e Eddie Murphy, um dos favoritos de muitos investidores que eu conheço). Lembre-se: a semente de muitas crises bancárias passadas, tanto em economias avançadas como em outras em desenvolvimento, foram plantadas durante períodos de grandes entradas de capital e abundante liquidez interna – observação confirmada pelos transtornos financeiros ocorridos nos Estados Unidos no verão de 2007.

Um estudo recente do FMI mostrou que os riscos de os países em desenvolvimento terminarem em pior condição depois de experimentarem grandes e repentinas entradas de capital são mais elevados para países que apresentam grandes déficits de conta-corrente[14]. A razão é que o surto de entrada de capital dá lugar a um conjunto de atividades incompatíveis com os fundamentos do país. Sendo assim, aumenta a vulnerabilidade na sustentação das economias.

Esses riscos são especialmente acentuados para os países cujos sistemas bancários são frágeis e têm inadequada fiscalização e regulamentação.

Interesses dos políticos

Não surpreende que haja um grupo adicional que requer ajustes: o grupo dos políticos no setor público (executivo, legislativo e judiciário, assim como em alguns organismos correlatos de regulamentação e fiscalização). Quase por definição – na verdade, por projeto –, o sistema político amplifica as vozes de segmentos minoritários que enfrentam distúrbios, assegurando assim um processo de pesos e contrapesos nas sociedades.

De modo curioso, e desafiador para alguns investidores de longo prazo, os requisitos do capitalismo nem sempre se alinham com os da democracia, em especial no curto prazo. De fato, a política às vezes amplia os conflitos potenciais que podem surgir quando as âncoras econômicas e institucionais do capitalismo começam a sofrer erosão. Com isso, as intervenções feitas em resposta a questões políticas legítimas resultam às vezes naquilo que economistas e profissionais das finanças poderiam encarar como "erros políticos". Para demonstrar o fator de risco avançando, examine as considerações a seguir relativas às transformações estruturais discutidas no capítulo 4.

Ameaças protecionistas

O deslocamento no crescimento global está alimentando a ameaça de uma legislação comercial protecionista, principalmente nos Estados Unidos, mas também em outros países industrializados. A ameaça é dirigida aos países em desenvolvimento que têm sido bem-sucedidos na obtenção de uma significativa participação no mercado global. É mais pronunciada no caso da China, pois as forças protecionistas encontraram aliados entre alguns economistas que sentem que Beijing deveria ser rotulada como "manipuladora de moeda", devido à sua recusa de fortemente revalorizá-la.

Ao mesmo tempo, políticos de países industrializados são cada vez mais enfáticos ao exigir que as economias emergentes se tornem "mais transparentes" na maneira como investem seus grandes recursos em reservas internacionais. Na realidade, os padrões que eles defendem excedem em muito o que seria considerado habitual para empresas financeiras de países industrializados.

Vejamos o ponto de vista de Ted Truman, ex-funcionário do governo dos Estados Unidos, hoje no Peterson Institute for International Economics (IIE), que recentemente depôs no Congresso sobre a questão dos fundos estatais de investimentos. Num comunicado de outubro de 2007 sobre a administração de reservas internacionais por parte da China, Truman escreveu:

> A China está sendo controlada, será controlada e deve ser controlada dentro do mais elevado padrão de responsabilização e transparência nessa área. As autoridades chinesas podem não gostar do fato, mas, como cidadão e ex-funcionário do país que durante muito tempo foi caracterizado como o elefante do sistema financeiro internacional, meu conselho é que se acostumem com isso[15].

Esse tipo de pressão já fez algumas economias emergentes abandonarem suas ofertas por ativos de países industrializados. Em 2005, a empresa de petróleo chinesa, China National Offshore Oil Company (CNOC), com maioria de capital estatal, fez uma oferta de 18 bilhões de dólares pela Unocal. A oferta causou um protesto político que incluiu a preparação de leis nas duas casas do Congresso norte-americano para impedir a transação. Como resultado, a CNOC retirou sua proposta.

Alguns meses mais tarde, a Dubai World Ports (com maioria acionária do governo de Dubai) fez uma oferta por instalações portuárias norte-americanas localizadas principalmente ao longo da Costa Leste (incluindo Baltimore, Nova Jersey, Nova York e Filadélfia). A oferta foi revista pelo Committee on Foreign Investment in the United States (CFIUS), que reúne várias agências governamentais (12 na última contagem). O Comitê é encarregado de salvaguardar os interesses da segurança nacional. Apesar de obter sinal verde do CFIUS, a transação proposta disparou uma enorme reação, que incluiu uma carta com uma só frase escrita por um membro do Congresso norte-americano ao presidente dos Estados Unidos: "Caro senhor Presidente: Quanto à venda de portos norte-americanos aos Emirados Árabes Unidos, não apenas NÃO; mas: NÃO, DE JEITO NENHUM!"[16].

A oferta do Dubai já passara pelo filtro formal requerido pela lei norte-americana para proteger os interesses da segurança nacional. Assim, a Casa Branca estava pronta para enfrentar as tentativas do Congresso de barrar a aceitação da oferta. Além disso, era consenso que a Dubai World Ports tinha capacidade e experiência para operar portos ao redor do mundo e que se submeteria a um alto padrão securitário e de medidas de segurança. No entanto, as autoridades do Dubai decidiram retirar a oferta, temendo que uma disputa pública tivesse impacto negativo nas futuras atividades.

A reação dos políticos nesses casos foi motivada por uma mistura de preocupações com a segurança nacional, capitalismo de estado e nacionalismo. E, em última instância, suas preocupações foram suficientes para sabotar o fluxo de capital transnacional. Além disso, no caso da Dubai Ports, eles efetivamente refutaram os mecanismos internos específicos disponíveis, para analisar, com a orientação de especialistas, a validade daquelas preocupações.

No entanto, passando das considerações políticas para as econômicas e financeiras, os casos em que se erigem obstáculos ao fluxo de capital entre países acabaram redundando em protecionismo das contas de capital, voltado para impedir a propriedade estrangeira. Esse tipo de atividade constitui um erro de política econômica. Ela causa transtornos a um ajuste fluente da economia global, e também cria o risco de alimentar mais atrasos na liberalização do comércio de bens e serviços. Além disso, em episódios de grande turbulência de mercado, tais obstáculos podem minar a capacidade e a disposição do capital novo detido pelos SWFs – que constitui o capital mais desejável, devido a seu horizonte de investimentos de longo prazo e permanência relativa – de reduzir o risco de um deslocamento técnico passível de contaminar os fundamentos econômicos.

Defendi esse ponto de vista em 19 de outubro de 2007, numa palestra em Washington, D.C., ao participar de um painel sobre a administração de reservas pela China e outras economias emergentes[17]. Mal sabia eu que nos próximos meses iria assistir a um cortejo de executivos da Europa e dos Estados Unidos viajar para a Ásia e para o Oriente Médio com a finalidade de levantar capital para suas companhias em dificuldades. A revista *The Economist* informou que, "em 15 de janeiro, os governos de Cingapura, Kuwait e Coréia do Sul forneceram uma tábua de salvação de 21 bilhões de dólares para o Citigroup e o Merrill Lynch"[18]. Essa operação foi parte de um total estimado de 69 bilhões de dólares fornecidos num curto período por SWFs para tornar a capitalizar "os maiores bancos de investimento dos países ricos", e o valor era quase a metade do pacote de incentivos que, na época, tramitava a duras penas pela administração pública e pelo Congresso. Não surpreende que a revista tenha caracterizado o processo dizendo que "Wall Street, ícone do capitalismo, foi salva por investidores de economias emergentes com endosso estatal".

Outras fontes da mídia também usaram a imagem de Wall Street sendo resgatada pelos SWFs. O telejornal da noite da NBC começou com a notícia de que os bancos norte-americanos haviam "ido ao exterior" atrás de capital. Na manhã seguinte, a manchete da primeira página do *Financial Times* era: "Bancos norte-americanos conseguem auxílio externo de 21 bilhões". Na mesma manhã, o *Wall Street Journal* tinha três de suas cinco colunas da primeira página ocupadas pela manchete: "O mundo corre para salvar Wall Street". No entanto, mesmo encarando como bem-vinda a tão necessária injeção de capital por parte de investidores de longo prazo, ainda restou uma preocupação com o que *The Economist* chamou de "comportamento maligno". E o subtexto era evidente no título que a revista escolheu para a capa ("Invasão dos fundos estatais de investimentos") e na imagem que o acompanhava (helicópteros *militares* entregando barras de ouro).

As preocupações a respeito dos motivos dos SWFs eram evidentes em muitos círculos políticos dos Estados Unidos. Veja a seguinte discussão registrada no debate de janeiro de 2008, em Nevada, que reuniu os presidenciáveis do Partido Democrata. O mediador, Brian Williams, observou que a imagem dos bancos norte-americanos indo ao exterior "passar o chapéu" atrás de financiamento "impactou grande número de norte-americanos como algo francamente errado". Ele então perguntou: "O que pode ser feito? Isso lhe parece também algo fundamentalmente errado, a considerável propriedade estrangeira de marcas que são ícones norte-americanos?". Hillary Clinton respondeu: "Brian, estou muito preocupada com isso... Precisamos ter controle bem maior sobre o que eles [os SWFs] fazem, sobre como agem". Mais tarde no debate, ela ligou a questão dos SWFs ao colapso do mercado das hipotecas de risco, observando que "gostaria de ver os Estados Unidos agindo de modo bem mais agressivo, tanto ao lidar com o problema imediato das hipotecas como ao lidar com os fundos *hedge*"[19].

Esse tipo de reação política não se restringe aos Estados Unidos. Como exemplo, *The Economist* citou o caso do presidente francês Nicolas Sarkozy, que "prometeu proteger os ingênuos administradores franceses dos fundos estatais 'extremamente agressivos' (embora nenhum deles tenha demonstrado muito interesse em seu país)"[20].

A natureza do debate político, incluindo o recente surto de ataques aos SWFs, é particularmente difícil de entender do ponto de vista das economias emergentes. Elas se vêem recebendo lição de moral dos que se excederam no consumo e querem agora ter financiamento barato. Elas vêem as restrições sendo defendidas por aqueles que previamente eram os campeões do fluxo transnacional de bens e capital. E ficam desconcertadas com os obstáculos que estão sendo colocados para desacelerar um processo natural de diversificação de ativos, benéfico para a economia global e que atende às legítimas aspirações de sua população.

Na realidade, a injeção de capital dos SWFs em bancos importantes dos Estados Unidos (entre eles, Citigroup, Morgan Stanley e UBS) ajudou a equilibrar um setor financeiro desestabilizado por grandes perdas em hipotecas de risco. Imagine como a situação seria pior sem essas volumosas injeções de capital puro. Os SWFs também ficaram desconcertados ao ver que os "padrões" e a "transparência" que os outros exigem deles vão muito além de qualquer coisa que tenha sido enfrentada pelos altamente alavancados fundos *hedge* e pelas comunidades de ações privadas nos países industrializados.

Não que os SWFs não devam tomar medidas para melhorar seu controle, os processos de investimento e a administração do risco. Como vou discutir no capítulo 6, as medidas são necessárias se as economias emergentes pretenderem se beneficiar de um destino histórico. De preferência, para que faça sentido, a adoção desses passos deve se basear em avaliações racionais e realistas, e não em pressões externas exageradas, contrárias aos interesses de longo prazo da economia global[21].

Questões de regulamentação e fiscalização

Os políticos também têm questionado por que uma série de complexos produtos financeiros perderam seu adequado nível de regulamentação, fiscalização e taxação. As questões têm se concentrado em três desdobramentos recentes:

- Primeiro, o colapso do setor norte-americano de hipotecas de risco, que inclui as impactantes e tristes imagens de execuções das hipotecas de casas compradas pelos segmentos menos favorecidos da população, assim como a remoção de inquilinos de imóveis que não podiam mais ser mantidos pelos proprietários.
- Segundo, as imensas perdas anunciadas por grandes bancos que, apesar de seu acesso a redes de segurança do governo e de sua reputação de sofisticação e profissionalismo, demonstraram lapsos significativos na administração do risco e no controle.

- Terceiro, a ameaça que isso representou ao levantar questões delicadas, algumas gerais, como as relativas aos investimentos dos fundos do mercado financeiro; outras específicas, como as referentes ao capital de giro de uma escola no Condado de Jefferson, na Flórida[22] – todos ameaçados pelo colapso nos SIVs.

O anúncio dos grandes pacotes de compensação oferecidos a empresas de ações privadas (lideradas pela Blackstone) também feriu interesses políticos. Os anúncios foram muito destacados pela mídia, e ganharam espaço porque as empresas "alternativas" de investimento procuravam levantar capital permanente por meio da emissão de ofertas públicas iniciais (*initial public offerings*, ou IPOs), o que exige a ampla divulgação de informações até então restritas.

Conforme a poeira aos poucos se assentava, ficou mais claro para os políticos que a crise das hipotecas de risco levantara questões difíceis sobre atividades fraudulentas de empréstimo, pouca proteção ao consumidor, administração inadequada do risco, fragilidade na regulamentação e fiscalização, e práticas de empréstimo desleixadas. Tais fatores agravaram a situação de muitas famílias que haviam sido seduzidas por "exóticos" empréstimos baseados em hipotecas (um dos sintomas do fenômeno de produtos estruturados discutido antes), que elas só teriam condições de pagar ao longo do tempo se os preços das casas continuassem a subir, num ritmo que era não apenas historicamente incomum, mas incompatível com os parâmetros básicos de viabilidade financeira.

Com a conseqüente cessão de aluguéis de inquilinos cujos compromissos estavam em dia, devido às execuções de hipotecas de imóveis, os políticos passaram a ouvir queixas de um conjunto de pessoas que ia além das que haviam sido diretamente impactadas por financiamentos inadequados. Na realidade, cresceu a pressão para oferecer aos inquilinos maior proteção nos casos em que eles estivessem em dia com o pagamento de seu aluguel e o senhorio, inadimplente com a hipoteca da propriedade.

Enquanto os políticos faziam pressão para que se ampliassem as investigações no Congresso, como parte de um exaltado jogo de atribuição de culpas, os órgãos reguladores já haviam tomado medidas para dar maior rigor às práticas de empréstimos. As medidas dos órgãos reguladores reforçaram as ações autoreguladoras (embora com atraso) que o mercado havia tomado, e que incluíam a falência de um número de instituições especializadas, como as geradoras de hipotecas, e a restrição das atividades das seguradoras de títulos.

Esse cenário demonstra os componentes essenciais para a viabilidade de sistemas de mercado auto-regulados. No entanto, constituiu um período extremamente delicado para a economia dos Estados Unidos. As ações serviram de modo essencial para dar maior rigor às condições de crédito, numa época em que o mercado imobiliário já estava frágil, outros segmentos de crédito sofriam transtornos e o consumidor enfrentava ventos adversos devido aos altos preços da energia. Portanto, as ações, embora justificadas no nível microeconômico, podiam acabar sendo, devido ao momento de sua implantação, um equívoco político em termos macroeconômicos.

Considerações similares se aplicam ao maior grau de inspeção do setor alternativo da administração de investimentos e das seguradoras de títulos. É compreensível e legítimo que os políticos tenham se perguntado por que partes dessa área altamente remunerada se beneficiaram de um tratamento tributário aparentemente preferencial. Também é legítimo perguntar como as seguradoras de títulos migraram para atividades complexas que acabaram causando perturbações a uma série de mercados (entre eles, as finanças municipais). Mas, de novo, é importante considerar até que ponto a aplicação dessas medidas, no momento em que foi efetuada, poderia ter gerado conseqüências não intencionais.

QUEM CLASSIFICA AS AGÊNCIAS DE CLASSIFICAÇÃO?

Inevitavelmente, o foco de atenção dos políticos se dirigiu para as agências de classificação. Além de se beneficiarem com a operação num regime de monopólio de fato da regulação, as grandes agências atuaram como guardiãs do acesso aos balanços gerais de um grande número de investidores. Entre os investidores estavam os fundos de pensão abertos ao público. Portanto, as agências operam em circunstâncias que envolvem um compromisso contingente com as finanças públicas no caso de uma crise de crédito. Além disso, levantaram-se questões a respeito de um potencial conflito de interesses, que poderia ter surgido da combinação das atividades comerciais e de classificação dessas agências. Afinal, as duas principais agências de classificação (Moody's e Standard & Poor's) auferiram parte crescente de seus ganhos e lucros do negócio de classificação de produtos estruturados.

A principal pergunta que será feita é se podemos confiar nas agências de classificação quando compradores e vendedores não só são incapazes como também não têm disposição de empreender as devidas averiguações em profundidade. As agências devem esperar que suas atividades e sua especialização sejam submetidas a uma considerável investigação política. Dependendo do destino ao qual essa crescente inspeção vá conduzir, existe a possibilidade de que as incertezas decorrentes inibam o fluxo de capital para atividades e portfólios sensíveis às classificações.

INSTITUIÇÕES MULTILATERAIS: MENOR GRAU DE LIBERDADE

A discussão do capítulo 2 destacou uma difícil situação multilateral, ocasionada pelas transformações estruturais em andamento: de um lado, há a necessidade de melhor coordenação no âmbito multilateral para facilitar o realinhamento das economias nacionais e o bom funcionamento do sistema financeiro internacional, incluindo um ordenado ajuste dos balanços de pagamentos. Por outro lado, existe uma clara falta de mecanismos multilaterais eficazes que tragam o conhecimento e a legitimidade imprescindíveis para moldar as necessárias atividades de coordenação.

Interessante é que o problema não é identificar o que os diferentes países do mundo precisam fazer para proporcionar um ajuste fluente, que atenda aos interesses de todos. Na realidade, existe um forte consenso a respeito do que constitui a reação política correta no âmbito dos países e das regiões. O consenso foi reforçado pela análise do FMI no contexto de sua "fiscalização multilateral", pelos comunicados semestrais do G7 e do International Monetary and Finance Committee, e pelo trabalho de numerosos pesquisadores e pensadores. O problema é mais de implementação, ou seja, de como lidar com as mesmas considerações teóricas associadas a qualquer outro problema típico de coordenação.

A solução global pede essencialmente que os países implementem medidas específicas de maneira *coordenada e simultânea* no contexto de uma *responsabilidade compartilhada*. Os passos específicos são os seguintes: os Estados Unidos devem reduzir o consumo para permitir uma parada e uma reversão nos crescentes desequilíbrios internos e externos; Europa e Japão devem implementar reformas estruturais que permitam à sua economia aumentar a capacidade de crescimento e a produtividade; e Ásia e exportadores de petróleo precisam estimular os componentes internos de demanda agregada. O resultado desse coquetel de política deverá ser a manutenção de uma alta taxa de crescimento global, concomitante com uma redução do desequilíbrio global e com menor risco de instabilidade financeira do sistema.

Parece fácil, não é? Pois bem, eis aqui a dificuldade: na falta de mecanismos fortes de coordenação que assegurem uma implementação simultânea de políticas, nenhum país, racionalmente, por livre escolha, está obrigado a levar adiante sua agenda política nacional. É o chamado "dilema do prisioneiro". A fim de agir, cada país precisa de sólidas garantias de que os demais também vão implementar suas agendas políticas. Por quê? Porque qualquer país que siga adiante sozinho acabará em piores condições. Em outras palavras, uma ação política nacional só renderá frutos se for implementada ao mesmo tempo que as outras medidas políticas nacionais definidas para os demais países.

Feitas essas considerações, não surpreende que tenhamos visto tão poucas ações políticas eficazes nas balanças comerciais globais, apesar do acordo a respeito das ações políticas necessárias e do amplo reconhecimento de que 1) os desequilíbrios são insustentáveis e 2) quanto maior a demora em corrigi-los, maior o risco de um desdobramento desordenado e oneroso.

A situação se assemelha a uma orquestra que esteja a postos para executar uma nova obra, mas não disponha de regente. Não existe alternativa razoável: a tentativa dos músicos de seguir adiante e começar a tocar por conta própria com certeza vai resultar numa interpretação falha, e a platéia vai pedir o dinheiro do ingresso de volta; a alternativa de não tocar e ficar esperando um regente que não aparece também provoca impaciência e insatisfação na platéia.

Portanto, por que as instituições multilaterais, que procuram desesperadamente um novo papel na economia global, têm sido incapazes de dar resposta a um problema de coordenação política multilateral bastante reconhecido? A resposta a essa pergunta nos remete à questão mais ampla de seu fracasso em desempenhar outras funções que poderiam ajudar o mundo a acomodar de modo menos problemático as transformações históricas em andamento. No meio-tempo, elas contribuem para aumentar o risco de nos vermos diante de um erro político, que tenha o potencial de complicar, em vez de facilitar, a jornada para o novo destino histórico.

O PESO DO LEGADO

Algumas das qualidades positivas das instituições multilaterais, entre elas, o fato de contarem com ampla participação e de terem uma posição histórica, também limitam sua flexibilidade para se ajustar e reagir de modo oportuno a transformações globais de grande porte e imprevistas. O capítulo 2 identificou algumas dessas importantes fraquezas estruturais. A maioria delas se relaciona às dificuldades em alterar atribuições tradicionais de diversos países em *momentos particulares da sua história*. As atribuições se consubstanciam nas características do poder de voto, na atribuição de posições administrativas importantes e na escolha dos dirigentes. Além disso, infelizmente, a recusa das instituições multilaterais de atualizar essas atribuições envia a pior das mensagens sobre respeito e inclusão para os países que ganharam o direito de ter voz na formulação da política financeira internacional.

Instituições multilaterais costumam reconhecer a necessidade de mudança. Na verdade, esse é o caso do FMI sob a liderança de seu diretor administrativo, Dominique Strauss-Kahn. Mas elas sempre enfrentam grandes dificuldades de pôr em prática as mudanças necessárias.

A principal razão para essa dicotomia é que um multilateralismo eficaz exige delegar a soberania política do âmbito nacional para o internacional. E se isso é difícil de conseguir nas épocas mais propícias, imagine num período de retorno do nacionalismo, como o de hoje. Além do mais, a maioria dos políticos está voltada para os interesses internos e, portanto, pode se ressentir da falta de compreensão mais profunda da arquitetura internacional geral – o que significa que os tecnocratas nos bancos centrais e os ministros das finanças não contam com o tipo de apoio de que precisam para poder lidar de modo eficaz com os problemas.

A transferência de soberania fica ainda mais difícil quando há dúvidas em relação à especialização, legitimidade e objetividade das organizações internacionais. E o desafio é agravado pelo fato de certos membros dos atuais arranjos desfrutarem de consideráveis atribuições tradicionais, de que relutam em abrir mão. O resultado é tanto a inação como, o que talvez seja pior, um meio-termo nebuloso que corrói ainda mais a credibilidade das instituições.

No mundo atual, o fenômeno também está presente em mecanismos que costumavam ser cruciais para a coordenação da política global, como o agrupamento econômico de países industrializados conhecido como "Grupo dos Sete" (G7)[23]. Já se foram os dias em que o G7 podia entrar em acordo a respeito de mecanismos de coordenação política que tivessem impacto significativo no curso da economia global. Em vez disso, seus comunicados cada vez mais pedem que *outros* países (não membros do G7) tomem certas medidas políticas.

A evolução dos comunicados reflete, com certeza, os desdobramentos históricos – um novo conjunto de países tem agora um efeito importante em variáveis fundamentais como crescimento global, comércio, formação de preços e fluxos financeiros. Seria de esperar que um organismo de coordenação global com bom funcionamento desse as boas-vindas aos países que agora têm importante papel sistêmico. Mas o G7 tem se mostrado relutante em fazer isso. Ao contrário, vem se apoiando em simulacros como "convidados especiais", "reuniões no café-da-manhã" e assim por diante. Não admira que países como a China, por exemplo, venham tendo menor interesse em participar de tais eventos.

A história sugere que um bom pânico é a melhor maneira que as instituições têm para superar a resistência dos membros individuais em criar mecanismos multilaterais eficazes. Na realidade, foi necessário o pânico de 1907 para que os Estados Unidos criassem o Federal Reserve System[24]. De maneira similar, as crises dos mercados emergentes das décadas de 1980 e 1990 atuaram como catalisadores para a remodelação de algumas ferramentas de empréstimo do FMI e para aumentar suas cotas. Mas para os investidores que procuram um caminho mais suave nesta jornada, a perspectiva de uma crise catalisadora não traz nenhuma tranqüilidade. Eles vão precisar avaliar se as medidas de reforma que estão, em tese, nas mãos dos dirigentes do FMI como grupo (e que são detalhadas no capítulo 7) têm boa chance de serem implementadas. Caso contrário, o risco de um erro político aumenta ainda mais.

O resultado final

A análise deste capítulo sugere que a economia internacional embarcou numa grande trajetória de mudança global com uma infra-estrutura desatualizada. Essa consideração aumentou os desafios dos ajustes associados à discussão do capítulo 3 sobre aspectos comportamentais. Além disso, existem diferenças entre os três grupos de participantes de mercado no que se refere à capacidade e à disposição de fazer ajustes.

Existem, portanto, muitas razões para esperar que a jornada seja acidentada. Pode-se captar melhor o risco no conceito de acidentes de mercados e erros políticos com potencial de desdobramentos. Por isso, depois de discutir nos dois capítulos seguintes como tirar proveito do destino histórico, dedicarei algum tempo a falar de como os investidores podem também percorrer sua jornada.

Capítulo

6

Beneficiando-se da mudança econômica e financeira global: um plano de ação para investidores

Há uma velha piada sobre o carro que se aproxima de um homem sentado num cruzamento. O motorista pergunta: "Faz alguma diferença se eu pegar esta rua ou a outra para chegar à cidade?". O homem responde: "Para mim não faz diferença nenhuma!".

Já detalhei as anomalias dos anos recentes – as causas prováveis, e as conseqüências para a jornada e para o destino à frente. Falei também sobre as transformações estruturais em andamento. Ainda me referi aos realinhamentos nos fundamentais da economia, à dinâmica da riqueza e a questões técnicas dos mercados. Tudo isso é muito interessante, mas somente será relevante para os participantes de mercado se eles puderem fazer algo a esse respeito.

Para essa finalidade, a análise deste capítulo trata dos passos que os investidores devem tomar para assegurar benefícios com base nessas mudanças, presentes e futuras.

Como os investidores não operam no vácuo, o próximo capítulo considera também as listas de pontos obrigatórios com as quais deparam os outros que, junto com os investidores, foram, de modo deselegante, reunidos sob o mesmo rótulo de "participantes do mercado" (ou seja, os governos nacionais e as instituições internacionais). Juntos, os capítulos 6 e 7 tratam do que é necessário para assegurar que cada um deles reaja de modo adequado, e o faça de maneira a se fortalecer.

Para os investidores, o desafio básico se resume à capacidade de ter retornos atraentes adequados ao risco; para os mentores políticos do país, é a capacidade de reagir de maneira que o crescimento econômico se sustente e se reduza a probabilidade de desarticulações financeiras periódicas; e, para as instituições multilaterais, é o potencial de contribuir para uma reconciliação eficaz das políticas nacionais em âmbito internacional, assegurando desse modo compatibilidade e reforço mútuo entre as políticas nacionais.

Para os propósitos desta discussão, vou tratar cada plano de ação de maneira isolada. Na prática, porém, as inter-relações dos grupos são de tal ordem que cada um deles precisa saber o que os outros estão fazendo. Isso é crucial em particular para investidores que estão na ponta de recebimento das medidas adotadas (ou não adotadas) pelos mentores políticos. O capítulo 8 trata da melhor maneira de navegar pelos riscos – o que significa minimizar o (hoje mais farto) "lado esquerdo" da distribuição –, que serão especialmente altos à medida que a jornada avançar. Combinados, os três capítulos detalham passos que devem ser dados pelos investidores e outros a fim de incentivar seu bem-estar enquanto os mercados de ontem colidem com os de amanhã.

Nos próximos anos, os investidores farão bem em continuar tendo por base os temas históricos detalhados antes neste livro. Depois de terem especificado sua meta de retorno esperado e sua tolerância de risco, eles devem projetar e executar de modo adequado os três passos básicos da administração de portfólio: escolher a alocação de ativos correta, encontrar os melhores veículos de implementação e conduzir a administração de risco adequada. Especificamente, os investidores precisam projetar e implementar uma abordagem de administração de portfólio que cumpra os seguintes pontos:

1. Ter como alvo um novo destino histórico.
2. Utilizar os instrumentos certos.

E devem fazê-lo de maneira que também favoreça sua capacidade de percorrer uma jornada que promete ser bastante acidentada.

Não são tarefas fáceis, mas podem ser bastante compensadoras.

Por questões de simplicidade, a discussão a seguir examina cada um dos passos e apresenta o processo como estritamente seqüencial. Na prática, os investidores vão descobrir que se exige uma abordagem interativa, que incorpore certo grau de monitoramento de alta freqüência e de reatividade do portfólio.

Alocação de ativos

Pense na questão da alocação de ativos da seguinte forma: de que maneira você poderia alocar melhor seu capital entre diferentes classes de ativos se soubesse que seria forçado a ficar afastado por três anos e, portanto, não tivesse condições de mudar as alocações?

Na prática, é claro, a maioria dos elementos de uma alocação de ativos pode ser mudada nesse meio-tempo, seja por meio de compras e vendas diretas, seja indiretamente, por meio de uma combinação de operações de *hedging* e de aumento de risco. Mesmo assim, é importante começar a análise partindo do pressuposto de que as mudanças não poderão ser feitas, a fim de conseguir uma âncora analítica clara da combinação de ativos neutra que, de modo ideal, se apóia fortemente nos eventos históricos corretos. Essa atitude também proporciona maior clareza e visibilidade quanto ao objetivo de retorno em longo prazo (pelo menos durante um ciclo de mercado) e à quantidade de penalização que você for capaz de suportar no caso extremo de enfrentar grau zero de liberdade operacional ao fazer correções no meio do caminho.

Uma alocação de ativos disciplinada também ajuda os investidores a evitar algumas armadilhas nas quais um número excessivo deles foi pego ao longo dos anos. As armadilhas foram explicadas na revisão multidisciplinar do capítulo 3. Entre elas está a tendência a ver os investimentos individuais de modo isolado (dentro de um "quadro de referência restrito"), mesmo que eles, de modo inevitável, sejam implementados como parte de um portfólio maior (por meio de um "quadro de referência mais amplo"). Também incluem a tendência de alguns investidores de exibir preferências incompatíveis com o momento, de serem seduzidos pela mentalidade de manada e de terem reações exageradas na hora errada e da maneira incorreta.

Muitos investidores sofisticados e bem-sucedidos descobriram que uma abordagem disciplinada à alocação de ativos proporciona uma *estrutura*, que desempenha importante função de ancoragem. Essa ancoragem facilita a obtenção de resultados construtivos *e* diminui a probabilidade de resultados destrutivos. É evidente que a busca de estrutura não é uma atividade livre de riscos; e um excesso de estrutura pode levar ao tipo de rigidez que costuma ser associado a burocracia lenta e ineficiente. Assim, enquanto o exercício tradicional de alocação de ativos exige uma visão de três anos para a maioria dos investidores (e o caso típico adota um período mais prolongado), não fica necessariamente congelado por esse período. Deve ser revisto anualmente, já se sabendo de antemão que uma revisão dessas pode resultar em mudanças ou não. E com certeza merecerá revisões caso haja razões para rever os temas históricos que ancoram a alocação neutra de ativos.

Tendo isso em mente, e com base num conjunto de suposições subjetivas sujeitas a mudanças, a Tabela 6.1 apresenta estimativas que ilustram este ponto para uma alocação de ativos (excluindo dinheiro vivo) para um investidor sediado nos Estados Unidos, com as correspondentes faixas de variação. As suposições implícitas se aplicam a várias classes de ativos e cobrem mais do que os aspectos tradicionais de retorno esperado, volatilidade e correlações; elas também levam em conta o cenário histórico.

Pense na abordagem como uma maneira de responder à pergunta sobre como obter a melhor composição e como combinar os diversos fatores de risco embutidos nas especificações convencionais de alocação de ativos (o que os práticos do mercado chamam de "beta"). Serão necessários esforços complementares visando agregar valor por meio de uma ativa administração do investimento ("alfa").

Com base nas estimativas de ponto médio, o exemplo tem como meta um retorno anual nominal de "estado estável" de 8 a 10%, por um período de três anos e com taxas de câmbio constantes. Apoiado nas análises de transformações estruturais do livro, ele pressupõe a capacidade para sustentar desvios em curto prazo (de um ano) de 8 a 12%, nas duas pontas da meta de retorno médio esperada. Os que têm maior gosto por risco podem ter como alvo retornos acima do esperado, aliados à probabilidade de maior volatilidade no padrão dos retornos.

Quando os temas históricos se manifestam de forma rápida, o potencial de retorno do investimento aumenta; e cai quando o mundo não dá sustento ao ritmo e à distribuição de crescimento econômico e de fluxo de capital esperados. De modo similar, entradas específicas terão impacto, sendo que os investimentos posteriores ao desvio oferecem maior potencial.

As seções a seguir detalham algumas das principais considerações para cada classe de ativos. Também levantam importantes requisitos, particularmente sobre como lidar com posições acionárias "alternativas".

Tabela 6.1 Exemplo de composição de ativo neutro para investidores de longo prazo (porcentagens para 2007)

	Ponto médio	*Faixa de variação*
Ações		
Estados Unidos	15	12–18
Outras economias avançadas	15	12–18
Economias emergentes	12	6–18
Privadas	7	6–8
Títulos		
Estados Unidos	5	4–6
Internacional*	9	6–12
Ativos reais		
Imóveis	6	3–9
Mercadorias	11	7–15
Títulos protegidos contra inflação	5	4–6
Infra-estrutura	5	3–7
Oportunidades especiais	8	2–14
Retorno nominal esperado em longo prazo (linha de base, média anual)	8–10%	
Retorno real esperado em longo prazo (linha de base, média anual)	5–7%	
Desvio-padrão esperado (linha de base)	8–10%	

* Inclui títulos de mercados emergentes emitidos por entidades estatais e corporativas.

Ações

A maioria dos investidores tende a estar bem alocado em ações oferecidas ao público, quando não superalocado. Esse fenômeno decorre da percepção de que, no longo prazo, as ações têm desempenho superior – visão ardorosamente defendida por Jeremy Siegel, da Wharton School of Business da Filadélfia. Numa provocadora introdução ao seu livro *Stocks for the Long Run*, Siegel cita uma proposta feita em 1929 de investir em ações bem no fim do mercado em alta da década de 1920 e pouco antes dos 34 meses seguintes, que assistiram ao mais devastador declínio no valor das ações da história dos Estados Unidos". Ele observa que, por volta de julho de 1932, "quando a carnificina finalmente terminou, [...] o valor de mercado das maiores corporações do mundo havia caído em nada menos que 89%"[1].

Ele então faz ao leitor uma interessante pergunta: O que teria acontecido com seu capital se você tivesse começado a investir uma quantia regular todo mês? E a resposta surpreendente é que você teria ganho mais dinheiro do que investindo em títulos do Tesouro "livres de risco", em menos de quatro anos. E, se tivesse mantido o investimento por 30 anos, seu capital teria crescido a uma média de 13% ao ano.

Siegel está entre os diversos analistas que usaram a história para demonstrar a eficácia, de longo prazo, das posições acionárias. Implícito nessa análise está o ponto de vista de que o mercado oferece um atraente "prêmio por risco de ações", que os investidores de longo prazo podem ganhar – trata-se de retornos consistentemente positivos ao longo do tempo, superiores aos retornos de títulos livres de risco no curto prazo. Em termos simples, o prêmio compensa os investidores por terem em mãos uma classe de ativos potencialmente (e historicamente) voláteis.

Como costuma acontecer, o que parece simples e direto é difícil de se mostrar assim de fato. Já se discutiu muito a respeito de como medir esse prêmio e em que consiste efetivamente. Houve discussões acaloradas a respeito dos períodos de medição e do comportamento correspondente do investidor, em particular, se o investidor "típico" pode manter sua decisão de evitar vender após uma grande e reversível correção de mercado – ou seja, vender na pior época possível. E, quando tudo o mais fracassa em dar uma resposta a questões de análise legítimas, os proponentes apelaram à poderosa noção de que as ações são a melhor aposta no capitalismo, um sistema que produziu ricos por muitas gerações.

Não vou detalhar ou julgar o resultado desse debate. Na verdade, suspeito que prosseguirá por um bom tempo. Em vez disso, postulemos a questão do seguinte modo: se nosso destino histórico de crescimento mais equilibrado se materializar, os investidores vão querer ficar expostos a uma carteira de ações *globalmente diversificada*.

A expressão "globalmente diversificada" é crucial para o contraste entre o que faz sentido no longo prazo e o que a maioria dos investidores faz hoje em dia. Embora isso esteja mudando aos poucos, a maioria dos investidores – indivíduos e, em menor escala, instituições – ainda mostra um grau muito alto de “distorção doméstica” em suas alocações de capital. Tal é particularmente verdadeiro nos Estados Unidos, onde as ações internas dominam as exposições acionárias em geral, como resultado tanto da inércia tradicional como da idéia de que as ações internacionais expõem os investidores a uma série de riscos adicionais (por exemplo, flutuações das taxas de câmbio, diferenças em estruturas de contabilidade e controle, preocupações com o respeito efetivo às leis, conversibilidade e controle dos riscos de capital). Alguns também justificam o fato de se ater a uma posição interna mais forte, movidos pela visão de que as companhias norte-americanas geram uma proporção crescente de seus ganhos e lucros de operações no exterior; portanto, as alocações domésticas já incluiriam exposições internacionais.

A persistência das distorções internas é explicada pelas idéias da obra sobre comportamento financeiro discutida no capítulo 3. Afinal, a distorção interna é compatível com a atração exercida pelo que é familiar, seja isso ditado pela pronta identificação do nome ou por proximidade geográfica.

Embora o investimento internacional envolva de fato um conjunto diferente de riscos, o impacto cumulativo do risco tem declinado nos anos recentes quando comparado em termos relativos com o investimento nacional. Esse é um dos principais resultados do fenômeno de globalização e integração, que tem atuado poderosamente. Em alguns casos, ele foi facilitado pela ação do governo, pelo progresso em direção a padrões e códigos de conduta internacionais e pela gradual harmonização de regimes de regulamentação e fiscalização.

A exposição internacional também se justifica pelo deslocamento histórico do crescimento, que vai resultar em menor dependência da dinâmica da economia dos Estados Unidos e em maior dependência da expansão das atividades econômicas pelo resto do mundo (em particular nas economias emergentes). Pelas razões discutidas antes neste livro, é provável que sejamos testemunhas de um período de crescimento abaixo das expectativas nos Estados Unidos e de uma expansão significativamente mais flutuante em outras partes do mundo. Assim, os benefícios da internacionalização são importantes, mesmo que levarmos em conta a crescente interdependência do sistema financeiro global. Para esse fim, os investidores podem pensar em posições de ações na faixa de 30 a 54% com, no máximo, apenas entre um terço e metade disso nos Estados Unidos.

Considerações sobre moedas

Posicionar-se desse modo oferece aos investidores uma maneira de proteger um pouco a posição em dólares norte-americanos, por possuírem ações dos Estados Unidos. Pelas razões discutidas antes, a moeda norte-americana entrou num caminho de depreciação no longo prazo. Embora isso vá implicar períodos de realinhamento cíclicos, o fato está bem ancorado em uma combinação de fatores que continuarão a pressionar o dólar no futuro, incluindo o grande déficit comercial dos Estados Unidos, a diversificação no portfólio dos investidores em que o dólar começa numa posição de predomínio esmagador (ou seja, tem perspectiva apenas de declínio), e a mudança nas diferenças de crescimento e produtividade, cada vez mais distantes dos Estados Unidos e mais próximas do resto do mundo.

A redefinição do preço do dólar norte-americano será acompanhada por uma curiosa mudança no comportamento de outras moedas. Até agora, a mais importante contrapartida para o enfraquecimento geral do dólar (que os economistas tradicionalmente medem usando uma cesta de moedas avaliadas segundo sua importância no comércio dos Estados Unidos) tem sido a valorização do euro. Na realidade, nos últimos cinco anos, o euro teve valorização em relação ao dólar a uma taxa duas vezes superior à da cesta de moedas como um todo. Essa impressionante divergência no comportamento das moedas em relação ao dólar não é explicada apenas pelos movimentos que as moedas *deveriam ter feito*. Reflete ainda os movimentos que as moedas *tiveram permissão de fazer*[2].

Nos últimos anos, a Europa deixou sua moeda se movimentar com liberdade, enquanto outros países – a China, em particular – relutaram em fazer o mesmo. Como resultado, o euro carregou a maior parte do fardo no processo global de acomodar a depreciação obrigatória do dólar. Mas o padrão tende a mudar. Pelas razões discutidas anteriormente, será cada vez mais do interesse da China (e, em termos mais gerais, da Ásia e de outras economias emergentes) permitir maior flexibilidade na administração de suas taxas de câmbio. Portanto, é provável que outras ocupem o lugar do euro como moedas em rápida valorização. Na realidade, talvez elas superem não apenas o dólar como também o euro. No processo, emergirão gradualmente como poderosa força nas finanças internacionais e ganharão uma parte maior na alocação do capital de investimentos.

Veículos de implementação

Muito se escreveu sobre a melhor maneira de investir em ações. Alguns estão convencidos de que os investidores, de modo individual, devem se limitar aos fundos com base nos índices[3]. Essa abordagem de investimento serve para preservar as remunerações num mundo cujo número excessivo de fundos de alta remuneração ativamente gerenciados tende a ter desempenho inferior ao do mercado. Outros recomendam que os investidores usem várias técnicas e serviços que ajudem a identificar os fundos excepcionais.

Normalmente, os investidores acabam fazendo um pouco de ambos. O padrão mais comum é usar instrumentos passivos para os mercados mais eficientes (por exemplo, exposição a ações dos Estados Unidos) e instrumentos administrados de modo mais ativo para os mercados menos eficientes (por exemplo, exposição a economias emergentes). As escolhas específicas são em geral guiadas por cuidadoso planejamento interno e por vários serviços de consultoria e pesquisa, enquanto investidores no varejo podem também obter indicações de pesquisas realizadas e publicadas por serviços de apoio a investidores, como Lipper e Morningstar. Tal abordagem é com certeza compreensível.

Dito isso, é importante dar atenção a quatro aspectos no projeto e na implementação de uma abordagem como essa:

1. Exposições passivas normalmente seguem indicadores voltados para o passado – que reflitam o mundo de ontem mais que o mundo de amanhã. Além disso, como demonstrado pelo debate acirrado entre profissionais sobre "indicadores de fundamentos" *versus* a abordagem mais tradicional de capitalização, muitos indicadores podem estar sujeitos a distorções de construção, que talvez tenham efeitos de avaliação significativos ao longo do tempo[4].
2. Certos fundos mútuos permitem aos investidores complementar um posicionamento passivo no mercado de ações com estratégias sobrepostas que objetivam retornos adicionais de maneira complementar e com baixa correlação. Daí se reflete uma noção que vou discutir melhor em seguida – a de separar beta de alfa (ou distinguir entre os retornos que vêm de uma exposição aos mercados e os que resultam das habilidades para investir e gerenciar).
3. Os argumentos em favor dos fundos passivos e com ênfase em indicadores não significa que não existam fundos adequados e ativamente gerenciados.

A questão, na verdade, se concentra na identificação, avaliação e monitoração dos gerenciadores.

4. Ao escolher gerenciadores ativos, é melhor pecar por omissão do que por inclusão. Em termos simples, não opte pelo gerenciamento ativo em lugar de uma exposição passiva, a não ser que tenha uma boa razão para fazê-lo. Na realidade, testemunhamos no passado recente um drástico aumento na dispersão do desempenho de gerenciadores ativos praticamente em todas as classes de ativos.

ATIVOS REAIS

A questão não é que o investidor médio não esteja alocando ações internacionais suficientes num portfólio amplamente diversificado; ele está provavelmente com baixa exposição a "ativos reais" (instrumentos que tendam a preservar seu valor durante períodos de inflação mais alta). De forma similar à situação de investidores com insuficiente exposição a ações fora dos Estados Unidos, a baixa exposição a ativos reais pode ser problemática devido às características das novas realidades históricas.

Investidores institucionais cada vez mais sinalizam sua disposição de aumentar os investimentos em ativos reais. Veja o caso do maior fundo estatal de pensões dos Estados Unidos, o Sistema de Aposentadoria do Funcionalismo Público da Califórnia (California Public Employees' Retirement System – CalPERS). Em dezembro de 2007, o conselho diretor aprovou uma proposta de alocar cerca de 28 bilhões de dólares (pouco mais de 10% do fundo) ao que o Tesouro do Estado chamou de "proteção contra a inflação"[5]. A exposição mais genuína nessa área vem sob forma de títulos protegidos contra a inflação, emitidos pelos governos ao redor do mundo. Introduzidos nos Estados Unidos em meados da década de 1990 (onde são conhecidos como "TIPS", ou Treasury Inflation-Protected Securities, os títulos protegidos contra a inflação), o valor desses títulos (isto é, a combinação de distribuições e valor de capital) flutua com a taxa da inflação[6]. Em outras palavras, os investidores têm assegurado um rendimento real (pagamento acima da taxa da inflação) na hora da compra.

Outras classes de ativos que tradicionalmente se encaixam nessa categoria são mercadorias, infra-estrutura e imóveis. Do ponto de vista histórico, seu valor nominal tem se preservado diante da inflação, assim como seu rendimento, em alguns casos. Essas classes de ativos são, como costumam ser caracterizadas pelos corretores, mais beta do que os TIPS, pelo fato de que a proteção contra a inflação não é garantida e o ajuste pode se exceder de modo considerável em qualquer uma das duas direções.

Apesar de ter natureza mais volátil, mercadorias, infra-estrutura e imóveis vêm cada vez mais participando como componentes de portfólios globais mais sofisticados, embora comecem de uma base bastante baixa. Em parte isso é reflexo de seu forte desempenho tradicional, e em parte se deve ao papel que têm na diversificação do portfólio como um todo. Historicamente, os três têm demonstrado correlação relativamente baixa com a composição mais tradicional de ativos (os incorporados no velho padrão de alocação de "60% de ações e 40% de títulos").

Os investidores podem ter acesso a ativos reais de diversas maneiras. Algumas são fáceis, como adquirir TIPS diretamente do Tesouro dos Estados Unidos; outras envolvem cestas de instrumentos, como os consórcios de investimento em imóveis (*real estate investment trusts*, ou REITs) e posições nos índices de *commodities*. Os que têm mais capacidade de empreender o necessário planejamento podem também investir em produtos ativamente gerenciados, oferecidos por uma crescente lista de empresas administradoras de investimentos. Infelizmente, quem chega agora a esse grupo de ativos não vai achar a experiência tão satisfatória como os pioneiros. Isso não quer dizer que os ativos reais não possam constituir parte significativa de um portfólio diversificado; podem sim. Deve-se apenas reconhecer que seu impacto será menos forte, tanto em termos de retorno esperado como dos benefícios da diversificação.

Como muitas outras coisas na vida, as características de determinado fenômeno de investimento que atrai muitas pessoas acabam mudando à medida que ele for adotado em maior escala. Em economia, esse fenômeno é chamado de "lei de Goodhart"[7]. O nome é emprestado do economista norte-americano Charles Goodhart, e a lei reza que qualquer relação estatística identificável vai falhar em vista de uma adaptação comportamental. A lei de Goodhart foi criada no contexto das tentativas dos bancos centrais de seguir regras de política monetária orientadas para um agregado monetário específico. Os pesquisadores descobriram que visar um agregado monetário específico muda o comportamento que leva à escolha do agregado. Há o risco de que as propriedades históricas que tornaram algumas das classes de ativos menos tradicionais tão atraentes em termos de seu retorno adequado ao risco possam se dissipar conforme mais investidores migrem para elas. A Harvard Management Company deparou com tal fenômeno no contexto de seus investimentos pioneiros no setor florestal.

A equipe de investimentos no setor florestal da HMC, liderada por Andy Wiltshire, foi das primeiras no mundo institucional dos investimentos a compreender a atratividade do investimento e ter uma atuação ousada. De meados até o fim da década de 1990, os ativos florestais eram normalmente parte de grandes portfólios de conglomerados industriais e tendiam a ser gerenciados de modo ineficaz, tendo em conta seu potencial. Em parte isso decorria de uma inadequada combinação de especialização em silvicultura e finanças; e em parte se devia a restrições impostas por fatores que dizem respeito a outros ativos nos balanços gerais dos conglomerados.

Amparados por funções de apoio – nas áreas de análise, operações e tecnologia –, Andy e sua equipe partiram para acumular ativos no setor florestal e administrá-los de modo altamente eficaz. A hipótese, que resultou em belos rendimentos para a dotação da universidade ao longo do tempo, era simples: ao combinar profundo conhecimento em silvicultura e técnicas modernas de gerenciamento de portfólio, o valor da atividade foi incrementado de maneira significativa.

Esses investimentos atestam a vantagem estrutural do "capital privilegiado" da HMC. Especificamente, Andy e sua equipe podiam se movimentar com agilidade no sentido de fazer substanciais comprometimentos de capital numa atividade de longo prazo e razoavelmente ilíquida, que ofereceu retornos esperados atraentes e desempenhou um papel de efetivo diversificador para a dotação como um todo. Eles tinham, de saída, condições de comprometer a dotação por um longo período de investimento. E contavam com o suporte de um balanço geral AAA.

O impacto benéfico na dotação da Harvard foi acentuado pelo fato de, posteriormente, outros investidores institucionais migrarem como uma manada para o setor florestal. Na realidade, o forte impacto dessa migração na valorização levou Andy e sua equipe a vender grande parte dos investimentos florestais da HMC nos Estados Unidos e procurar oportunidades em novas locações na África, Europa Central e Leste Europeu, América Latina e Pacífico.

O surto de popularidade do setor florestal norte-americano como classe de ativos mudou as características que o haviam tornado tão atraente para a HMC anos atrás. As avaliações iniciais são agora significativamente mais altas para novos investimentos. A natureza dos novos detentores aumentou a correlação anterior baixa (praticamente zero) entre o setor florestal e outras classes de ativos. E a multiplicação dos investidores tornou mais difícil acumular a proporção ideal de florestas.

É provável que o padrão se repita em outros componentes da cesta de ativos reais, como a infra-estrutura e as "situações especiais" discutidas a seguir. É um resultado praticamente inevitável dentro de um setor financeiro sujeito a um alto grau de comportamento competitivo e imitação. No entanto, embora o resultado seja uma redução da potência das alocações de capital, as reduções não serão tão grandes a ponto de tornar os investimentos sem importância ou indesejáveis.

Títulos nominais

O papel dos títulos "arroz-com-feijão" de baixo risco (títulos do governo e corporativos) declinou nos últimos anos. As mudanças se deveram em parte ao predomínio de condições incomuns do mercado, nas quais praticamente todos os ativos de risco subiram de preço com a abundância de liquidez de mercado até o verão de 2007; e também ao fato de os investidores mais sofisticados adotarem estratégias de administração de risco mais direcionadas.

No cenário de longo prazo descrito no capítulo 4, os títulos enfrentam ventos contrários adicionais para manter sua posição nos portfólios de investimento global. Afinal, como classe de ativos, os títulos terão desempenho inferior, devido aos grandes temas históricos detalhados neste livro: sólido crescimento global no contexto de alternância de países; maiores pressões inflacionárias; ajustes de portfólio entre os SWFs, que servem para reduzir seus investimentos relativos (e, com menor probabilidade, os absolutos) a instrumentos de renda fixa; e o crescimento contínuo dos produtos estruturados.

Embora essa visão seja compreensível, é em essência uma análise parcial demais no contexto da otimização mais ampla da alocação de ativos. Especificamente, está sujeita a três importantes qualificações:

- A primeira é relativa aos propulsores de uma construção de portfólio prudente e eficaz. Partindo de uma perspectiva de baixo para cima, isso significa combinar diferentes classes de ativos que desempenhem funções diversas; e, de uma perspectiva de cima para baixo, aponta uma combinação de classes de ativos que seja compatível com os objetivos de retorno do investidor e com sua tolerância a riscos.
- A segunda qualificação é sobre uma importante distinção que tenho feito entre jornada e destino: o que pode ser adequado ao destino pode não o ser

para os investidores durante a jornada. Mas de pouco serve o destino se não se consegue lidar com a jornada. Esse ponto foi muito bem ilustrado pela maneira como os títulos do governo tiveram forte desempenho durante a turbulência de mercado iniciada no verão de 2007.

- Finalmente, e partindo dos *insights* das finanças comportamentais, uma alocação de títulos oferece elementos bastante necessários (embora parciais) de automatismo e estrutura para as estratégias de redução de risco dos investidores, que de outro modo seriam vítimas de problemas de incompatibilidade de vencimento, desconto inadequado e da boa e velha procrastinação[8].

Essas qualificações mudam o modo como as alocações de títulos (e, na verdade, a maioria das demais alocações de ativos) podem ser mais bem encaradas. Em vez de apenas questionar se os títulos serão uma classe de ativos com alto desempenho (conforme medido pelos retornos totais), os investidores devem considerar se o fato de deter títulos aumenta a expectativa de retorno *adequado ao risco* para o seu portfólio *total*. Além do mais, dadas as inevitáveis incompatibilidades entre o destino e a jornada, os investidores devem confiar na capacidade de sustentar sua posição tanto nos bons como nos maus momentos.

Acho esse quadro de referência muito similar ao que constatei após as repetidas visitas de minha família a um restaurante italiano encantadoramente simples em Cambridge, Massachusetts. No início, minha esposa, minha filha e eu nos concentrávamos no prato que tinha maior apelo para cada um de nós, fazendo pedidos individuais. Depois de umas duas ou três visitas, percebemos que estávamos os três pedindo pizzas individuais bastante similares. Então decidimos passar para uma abordagem que combinasse um pedido de uma pizza maior, mais um prato de massas e uma salada como acompanhamento. A combinação se revelou mais prazerosa do que a abordagem inicial. No processo, substituímos uma abordagem movida *apenas* pelo que cada um de nós considerava a melhor escolha individual por "considerações de portfólio", mais amplas.

Se observados desse âmbito, os títulos acabam tendo papel muito importante para os investidores. Isso se aplica sobretudo no caso dos que não podem, por falta de conhecimento ou de acesso, usar os instrumentos mais sofisticados de *hedging* (como os seguros do tipo *overlay* e *tail*, que serão discutidos no capítulo 8).

Para o investidor de longo prazo em geral, o porte da alocação de títulos ficaria normalmente na faixa entre 10 e 18%, dependendo de sua aversão ao risco e de outros componentes do portfólio. Supondo um determinado conjunto de circunstâncias financeiras, a faixa é sensível a alguns fatores significativos. Para investidores individuais, ela aumenta com o tempo, conforme a preservação do capital assume maior papel no contexto de horizontes de investimento mais próximos; também é sensível a níveis de prosperidade, pois o custo de vida não é necessariamente uma função apenas da riqueza e da renda. Para investidores institucionais, ela sobe junto com o imediatismo e a natureza fixa dos compromissos e liquidações correspondentes. E, para ambos os investidores, também cresce com o grau de aversão ao risco.

Após decidir o tipo de alocação, os investidores devem também assegurar o foco necessário. Para tanto, um fundo gerenciado com prudência, com um bom embasamento em relação aos índices Lehman Aggregate e Lehman Universal – dois indicadores de mercado amplamente usados –, será adequado para a maioria dos investidores. Os investidores com maior flexibilidade e acesso a sistemas de monitoração sofisticados podem ainda procurar uma combinação voltada para uma abordagem passiva na administração da posição implícita em títulos (o componente beta) e um instrumento ativo que ofereça adicionalmente valor agregado (o componente alfa).

Os que me conhecem bem ficarão surpresos por não ter incluído uma categoria especial para títulos de mercados emergentes. Depois de passar tantos anos negociando-os, talvez esperassem que eu fosse destacar seu papel na construção de um portfólio diversificado. Além disso, mercados emergentes vêm sendo bem-sucedidos. E continuam a oferecer perspectivas de retorno relativamente robusto devido ao cenário histórico. O que mudou é a maneira como hoje são vistos os títulos dos mercados emergentes. Nos velhos tempos, títulos de mercados emergentes se encaixavam mal na construção tradicional de um portfólio. Como exemplo disso, comecei um texto, publicado em setembro de 2004, com uma observação de que, para algumas pessoas, a expressão "títulos de mercados emergentes" era uma contradição: enquanto o termo "mercados emergentes" costuma denotar alto risco, "títulos" denota segurança[9].

Naquela época, os títulos de mercados emergentes constituíam o que, de um ângulo analítico, poderia ser visto como uma classe oportunista de ativos. Os investidores acrescentaram esses títulos à sua alocação de ativos a fim de incrementar o rendimento do portfólio e, mais importante ainda, expô-lo ao alcance da valorização de capital conforme os países ascendiam na escala de qualidade de crédito – e eles de fato subiram.

A situação mudou. Refletindo sobre a maturidade da classe de ativos, muitos dos títulos viraram jogos de "taxas", e não de "crédito". Portanto, eles se enquadram confortavelmente como membros permanentes de uma alocação de títulos mais geral (como a discutida previamente), em vez de requerer uma caracterização especial. Também oferecem aos investidores uma maneira de explorar uma série maior de valor relativo e de alfa estrutural – que é função da segmentação do capital de mercado e de distorções de risco e regulamentação[10].

O amadurecimento do crédito da classe de ativos não foi a única coisa que contribuiu para essa mudança. O papel e a posição dos títulos dos mercados emergentes também foram incrementados por dois fatores adicionais. Primeiro, o tamanho da base de investimento "dedicada" (em oposição à "tática") se expandiu de maneira significativa, reduzindo um dos componentes técnicos da volatilidade. Segundo, novos setores foram abertos dentro do segmento, entre os quais se destacam a moeda local e os títulos corporativos. O resultado é um espectro maior de oportunidades de investimento.

Alternativos

Muitos investidores pensam nos alternativos como uma classe de ativos envolta em certa mística. E por boas razões. Trata-se da categoria que cresce mais rápido entre os investidores institucionais, e à qual os investidores de varejo lançam olhares de deslumbramento ao verem de que modo conseguem participar da ação. Inclui fundos *hedge*, ações privadas e situações especiais.

Fundos *hedge*

Quando vistos como uma classe distinta de ativos, os fundos *hedge* têm potencial para oferecer retornos absolutos. Eles atraem maior atenção em certos períodos – como ocorreu em 2000 e 2001 –, quando os mercados de ações perdem dinheiro e os investidores procuram maneiras de obter retornos positivos, ou pelo menos minimizar os negativos.

Os mais visíveis são os conhecidos como fundos "macro" e "multiestratégia". Os primeiros, famosos devido a personagens lendários dos fundos *hedge*, como

Julian Robertson e George Soros, tendem a fazer grandes apostas com base em macropções de compra – sendo a mais famosa delas a incrivelmente bem-sucedida aposta de Soros contra a libra esterlina, a moeda do Reino Unido, em setembro de 1992. Fundos multiestratégia, que incluem as histórias de sucesso de The Baupost Group (criado e dirigido por Seth Klarman) e da Citadel Investment Group (de Ken Griffin), procuram dar aos investidores acesso a várias estratégias com baixas correlações e expectativa de altos retornos.

Além desses dois casos gerais, é difícil justificar que os fundos *hedge* constituam uma classe de ativos significativa; ao contrário, consistem em um conjunto ampliado de ferramentas de investimento, principalmente para permitir aos investidores:

- Alavancagem, ou seja, tomar dinheiro emprestado para investir mais de cem por cento do capital.
- A termo, isto é, pegar emprestado instrumentos que não são parte dos investimentos essenciais, a fim de apostar numa queda do preço.
- Fazer uso liberal dos derivativos, que significa usar instrumentos que sejam diferentes do dinheiro vivo, embora estejam associados a ele. A utilização requer apenas um desembolso parcial.
- Ser inovador na maneira de procurar oportunidades, em particular ultrapassando os limites das classificações tradicionais de ativos.

Devido aos tópicos citados antes, os fundos *hedge* podem ser usados em praticamente qualquer classe de ativos. A operação pode ser feita de modo direto no caso de fundos *hedge* que lidem com componentes tanto beta como alfa, ou indiretamente, sobrepondo as capacidades alfa dos fundos *hedge* a uma alocação beta. Em princípio, o último caso oferece aos investidores maiores oportunidades de otimizar sua estratégia de implementação de investimento, pois os fundos *hedge* que eles levam em consideração podem ser encarados como diferentes de qualquer classe particular de ativos. Eles recebem rótulos como de "valor relativo", "neutros em relação ao mercado" e "longos-curtos". Também permitem aos investidores obter uma posição diante da volatilidade dos mercados. Em tese, tudo isso possibilita aos investidores implementar *overlays* alfa, sobrepostos às exposições beta, o que tem o benefício de potenciais retornos adicionais, de baixa correlação com o posicionamento subjacente da classe de ativos.

Agora, deixem-me revelar um segredo muito mal guardado do setor de fundos *hedge*: as várias estratégias de *overlay* quase nunca são neutras em relação ao mercado (ou seja, desprovidas de classes de ativos de sustentação ou de posições beta). Ao contrário, elas usam algumas posições beta para incrementar o esforço de obter retornos compatíveis com base em um posicionamento alfa. A realidade desse "alfa sujo" foi ilustrada pelo crescimento no setor das cópias de fundos *hedge*, tanto em pesquisa como em novos veículos[11]. Ela coloca os investidores diante de um interessante dilema operacional: ou se acomodar com a possibilidade de que os administradores de fundos *hedge* sejam capazes de "determinar o tempo de mercado" das exposições beta de maneira lucrativa, ou se preocupar com o fato de que é quase impossível saber exatamente qual é a posição implícita ao mercado, já que o beta de um fundo *hedge* típico nesse espaço iria demonstrar certo grau de volatilidade ao longo do tempo.

Fundos de ações privadas

A melhor maneira de se considerar fundos de ações privadas (entre eles, fundos de capital de risco) é como sendo os que implementam um modelo de investimento de quatro passos, que em geral tem validade de alguns anos:

- Os administradores de fundos procuram companhias que não tenham sido muito exploradas, tanto no setor público como no privado.
- Por meio de uma combinação formada por algum dinheiro e por dívida, os fundos assumem controle de companhias para incrementar sua eficiência operacional e lucratividade.
- As companhias, reforçadas, são vendidas – em sua totalidade ou partes delas –, o que permite que a dívida seja paga e os fundos obtenham um significativo retorno.
- Os fundos repassam o dinheiro, agora maior (devido aos pagamentos), aos investidores.

Parece bem simples? Bem, é e não é. Primeiro, se fosse de fato tão simples, as oportunidades potencialmente lucrativas teriam sido arbitradas com rapidez. Segundo, a construção requer credores cooperativos dispostos a esticar a dívida para prazos razoáveis e também a refinanciar a dívida caso a reestruturação da companhia leve tempo. Terceiro, e mais crucial, os fundos de ações privadas devem possuir conhecimento bastante para descobrir valor nas companhias que são compradas.

Nos últimos anos, pesquisas têm lançado luz à experiência real dessa área, considerada bastante misteriosa. Os resultados revelam a importância de uma atuação cuidadosa por parte do investidor. O fator mais notável que repetidamente emerge da pesquisa é a importância da escolha do administrador. Examine as conclusões de Josh Lerner, professor da Harvard Business School. A obra de Lerner ilustra a grande dispersão no desempenho dos fundos de ações privadas, em especial os que estão no quartil superior e no quartil inferior.

Para o período que ele estudou, a diferença média chegou a quase 15 pontos percentuais – o fundo representativo do quartil superior mostrou retorno adicional de 15 pontos percentuais por ano se comparado com o fundo representativo do quartil inferior. Esse é um número absoluto alto; e pode ser comparado com os cerca de 3 pontos percentuais dos fundos mútuos de ações e com 1 ponto percentual dos fundos de títulos. Outros estudos dão suporte a essa conclusão, entre eles, os que cobrem períodos mais atualizados[12]. De fato, a obra mais recente de Kaplan e Schoar indica uma dispersão ainda maior. E os que examinaram o fundo médio com freqüência concluíram que, depois dos pagamentos, ele não foi melhor do que os S&P, apesar da alavancagem adicional (e, portanto, do risco adicional). Um estudo de 2007 realizado para o Parlamento da União Européia, com dados de 6 mil negociações de ações privadas, indica retornos históricos médios que estavam apenas 3% à frente do índice S&P antes dos pagamentos e cerca de 3% atrás por ano, após os pagamentos[13].

O ponto principal é simples: ter uma exposição geral a ações privadas não é condição nem necessária nem suficiente para obter resultados superiores de investimento; você precisa estar nos fundos certos na hora certa. Os estudos também sugerem que é difícil para os novos investidores estarem nos fundos certos. Por quê? Porque as diferenças de desempenho individual entre fundos são bastante complexas.

Análises empíricas indicam uma relação positiva entre o desempenho e o número seqüencial do fundo (quanto mais alto o numeral romano, mais longo é o histórico do administrador do fundo); além disso, fundos de primeira hora *como grupo* tendem a ter desempenho notavelmente baixo[14]. Isso é problemático para os novos investidores, porque em geral eles têm acesso limitado a fundos de sucesso bem estabelecidos.

Os achados quantitativos sobre desempenho administrativo são sustentados por pesquisas que examinam o fenômeno das ações privadas do ponto de vista dos investidores. Nesse caso, mais uma vez, os pesquisadores encontraram uma significativa diferença de desempenho. As fundações, que eram pioneiras nesse espaço, obtiveram, de modo consistente, retornos mais altos da classe de ativos das ações privadas do que outros, recém-chegados. E o quadro é particularmente desfavorável para os intermediários, que tentam colocar as classes de ativos de ações privadas "para as massas". Um estudo relaciona os ganhos anuais auferidos por diferentes tipos de investidores no espaço das ações privadas[15]. As fundações vêm em primeiro lugar, gerando *ganhos* anuais médios de cerca de 20%. Na outra ponta, encontramos consultores e bancos com *perdas* anuais médias de 1 a 3%.

Disparidades desse porte persistem tanto no âmbito dos investidores individuais quanto no dos fundos de ações privadas. Elas confirmam, portanto, os desafios que os novos participantes enfrentam para encontrar os fundos certos que gerem resultados superiores de investimento. É interessante notar que tais conclusões, bastante significativas, não desaceleraram a migração de capital para as ações privadas. E análises recentes sugerem que a migração continua se expandindo.

Em 2007, pesquisadores do Citigroup Global Markets fizeram uma pesquisa com 50 diretores de investimento que supervisionam um total de 1 trilhão em ativos[16]. A pesquisa descobriu que 85% deles tenderam a aumentar suas alocações em alternativos nos últimos três anos, com os fundos de ações privadas captando grande parte dos fluxos. E, embora tanto os fundos *hedge* como os fundos de ações privadas tenham sido projetados para receber considerável capital, a expectativa é de que os primeiros tenham metade da taxa de crescimento dos últimos.

O crescimento projetado vem numa hora em que um crescente número de investidores reconhece o provável declínio dos futuros retornos de investimentos, incluindo os do próprio setor de ações privadas. Podemos encarar os últimos anos como uma era dourada para os gestores de ações privadas: o financiamento da dívida foi abundante e barato; os investidores brigavam para ter acesso aos administradores; e a alquimia financeira foi exuberante. Esse panorama sugere que uma dose maior de realismo está sendo assegurada para investidores que pretendam entrar no segmento pela primeira vez.

Situações especiais

Pense nas situações especiais como oportunidades de investimento que são atraentes, mas não se enquadram com facilidade nas categorias que elenquei até aqui – nem se deve esperar que o façam. Elas em geral se relacionam com dois tipos de atividades: novas atividades de prazo mais longo, que são sustentadas por uma hipótese histórica, mas ainda esperam obter uma aceitação em base mais ampla; e atividades de prazo mais curto, que se materializam devido a desarticulações (em especial as do tipo "mercado de limões") que implicam significativos excessos.

Comecemos pelo primeiro tipo. Alguns investidores institucionais que têm sido tipicamente pioneiros nesse campo estão hoje procurando incrementar sua participação em áreas como água, agricultura e créditos de carbono. Acredita-se que essas são opções de longo prazo que vão evoluir nos próximos anos. São atividades que, aos poucos, passam da total falta de interesse nelas para as luzes dos holofotes.

Se os pioneiros estiverem certos, tais oportunidades se desenvolverão ao longo do tempo e se tornarão categorias de ativos autônomas. Assim, e de modo similar ao que a HMC experimentou com o setor florestal, os retornos de investimento gerados serão turbinados pela crescente participação de outros investidores ao longo do tempo, o que irá incrementar a vantagem dos pioneiros.

O segundo tipo de oportunidade especial envolve atividades fundamentalmente robustas, mas que sofreram uma repentina e aguda perda de confiança e de endosso do investidor. Em 2007 e início de 2008, isso significou a criação de fundos pressionados por dívidas para comprar títulos ou ações que haviam sido excessivamente contagiados pelo desastre do setor de hipotecas de risco. Também abriu campo para a abertura de fundos destinados a comprar hipotecas de alta qualidade (de agências), capital bancário, e empréstimos bancários sofrendo degeneração nos balanços de intermediários financeiros que se endividaram demais nos bons tempos e não tinham capital suficiente para sustentar sua posição.

Qualificações a serem consideradas

Os alternativos têm, e devem ter, um papel a desempenhar nos portfólios. Mas costumam ser mal compreendidos. E com certeza não são simples de administrar, em especial se você não contar com a infra-estrutura, tempo e especialização dos investidores institucionais sofisticados. Portanto, eles precisam ser encarados com cuidado e precaução.

O primeiro aspecto dos alternativos que vale a pena ressaltar de antemão é que nem todos os membros da classe de ativos se encaixam claramente numa categoria nem o fazem de maneira permanente. Esse é o caso da maioria dos fundos *hedge*, que, como já observamos, não constituem do ponto de vista analítico uma classe de ativos – deveriam ser vistos não apenas como veículos incrementados de administração de investimento (dotados de um conjunto maior de ferramentas para posicionar portfólios), mas também como *overlays* (estratégia que complementa uma alocação de dinheiro a uma classe de ativos mais tradicional). Também é o caso de algumas oportunidades especiais que terão apenas uma participação temporária.

O segundo aspecto a ser destacado é que esses instrumentos usualmente requerem um comprometimento de capital em longo prazo (conhecido como "*lock-up*", ou "trancado"). A resultante estabilidade do capital permite aos administradores de investimento visar oportunidades atraentes que se esgotam com o tempo. Na realidade, isso é crucial para as ações privadas, pois o tempo afeta diretamente a abordagem de investimento. Também é o caso de um crescente número de fundos *hedge* que estão agora investindo em ativos ilíquidos por meio do que se conhece como "bolsos laterais".

Em decorrência, os investidores devem acompanhar suas alocações em ilíquidos com um planejamento prudente de administração do dinheiro. O planejamento deve levar em conta como as solicitações de capital e as distribuições aos investidores variam com o estágio do ciclo econômico. Especificamente, as fases ruins da economia tendem a estimular os administradores a acelerar as solicitações de capital (a fim de usar os recursos para comprar os ativos barateados) e a desacelerar a distribuição para os investidores (já que eles odeiam vender os investimentos existentes em ativos a preços em baixa). Essas ações podem pressionar a administração do dinheiro numa época em que provavelmente também há dificuldades para arrumar financiamentos-ponte.

O terceiro aspecto está relacionado ao custo: os alternativos são caros. Eles normalmente adotam a "estrutura 2 e 20" (ou "estrutura 2/20") – os investidores pagam uma taxa de administração de 2% e recebem antes 20% dos retornos que excedem determinado limiar (que, para alguns fundos *hedge*, é definido pelo nível ridiculamente baixo de zero, quando poderia ter, no mínimo, as taxas de retorno dos papéis do Tesouro). Isso é comparável a veículos ativamente gerenciados mais tradicionais que em geral ficam na faixa de 0,5 a 1,5%.

Em seu desenho original, a estrutura 2/20 tinha por objetivo estabelecer um conjunto ideal de incentivos para os fundos *hedge* que ficassem alinhados com os dos investidores. A experiência sugere que esse desenho funciona, mas apenas para o subconjunto de administradores de fundos *hedge* verdadeiramente bem-dotados. Nos demais casos, a estrutura pode expor os investidores a séries de resultados de investimento decepcionantes, reações assimétricas dos administradores e à desvantagem de uma perda total maior.

Com a estrutura 2/20, o investidor começa na categoria de retorno negativo. É obrigado a pagar 2% de taxa administração, não importa se o fundo *hedge* vai bem ou mal. E, se o incentivo da taxa de 20% é sobre zero, o investidor também abre mão de 20% do retorno que poderia ter obtido investindo num instrumento livre de risco como um título do Tesouro. Dependendo do que acontece em caso de perdas, a estrutura pode ainda estimular a excessiva exposição a riscos e a desvio de orientação entre os administradores – o equivalente no setor privado a risco moral e seleção adversa (note que, como reação às grandes perdas sofridas nos anos recentes por grandes bancos de Wall Street e de outras partes, preocupações similares estão agora sendo expressas a respeito dos sistemas de compensação dessas instituições)[17].

O quarto aspecto tem a ver com a estrutura inerentemente frágil dos fundos *hedge* e, em menor grau, dos veículos de ações privadas. Numa coluna da *Newsweek*, comparei a situação a cavalos puro-sangue: mesmo os que se comportaram muito bem no passado podem de repente tropeçar nas imperfeições do terreno com conseqüências desastrosas[18]. Afinal, a maioria desses veículos opera com uma combinação de alavancagem, disparidades de vencimento e risco de base nos *hedges*. E, embora tal combinação funcione bem nas épocas boas, pode-se revelar um imenso fardo quando as coisas ficam mais difíceis.

Quinto, uma razão pela qual os fundos *hedge* e as ações privadas são considerados "alternativos" é que a identidade institucional deles ainda está em evolução. Os administradores obtêm bons resultados porque são bons administradores de portfólio. Conforme sua *expertise* é reconhecida e recompensada, os ativos sob sua administração crescem. Colocam-se então vários desafios para os administradores. Eles têm de investir um *pool* de ativos maior. Têm de ampliar as interações dos clientes e incrementar sua prestação de contas. Precisam gerenciar mais membros de equipe e, portanto, enfrentar um âmbito maior de problemas para administrar esses talentos. Nem todos os grandes investidores têm sido capazes de lidar bem com todos os desafios.

Os que acompanham atentamente os fundos *hedge*, entre eles, antigos investidores, expressam suas preocupações da seguinte maneira: o que torna um fundo *hedge* muito bem-sucedido também faz aumentar em seus administradores a tentação de passar da postura mental de *retorno de investimento* para a de *acumulação de ativos*. Especificamente, os administradores podem ficar seduzidos pela possibilidade de ganhar uma previsível taxa de administração de 2% numa base de ativos maior, esquecendo com isso que o argumento básico para a elevada estrutura de taxa 2/20 é o desempenho.

A tentação é acentuada pelo crescente desejo entre as empresas de fundos *hedge* e de ações privadas de levantar mais capital permanente. Existem várias maneiras de fazê-lo, desde assegurar prazo de financiamento até emitir ofertas públicas iniciais (*initial public offerings*, ou IPOs). Cada vez mais, os alternativos que conseguem estão adotando a última opção, em especial os que enfrentarão uma transição geracional nos próximos anos e já estão desenvolvendo raízes e cultura institucional mais profundas.

Quanto maior o número de empresas que consegue assegurar capital permanente, mais intensa é a pressão para que os outros sigam esse caminho. Afinal, uma IPO faz mais do que apenas levantar capital e permitir aos fundadores e outros altos membros da empresa monetarizarem parte de suas participações acionárias acumuladas. Também lhes proporciona uma valoração métrica baseada no mercado, assim como uma moeda que pode ser usada para incentivar o estafe mais novo. Esses dois fatores são encarados como uma vantagem comparativa num ambiente fortemente competitivo por talento.

O capital permanente tem, de fato, consideráveis atrativos. Na realidade, como argumentamos em outra parte deste livro, essa é uma das razões pelas quais as fundações de universidades têm sido capazes de adotar visões de longo prazo e fazê-lo bem, no sentido de conseguir retornos superiores de seus investimentos. No entanto, o processo está longe de ser isento de riscos quando perseguido por fundos *hedge* e empresas de ações privadas. Ele as sujeita a um conjunto de dispersões. Cria um conflito inerente entre os proprietários das empresas – os parceiros gerais (*general partners*, ou GP) – e os investidores – os parceiros limitados (*limited partners*, ou LP); e requer um nível de administração de negócios e *expertise* que com freqüência não é exigido nos alternativos.

Empresas que estão considerando a possibilidade de emitir uma IPO para levantar capital permanente também ficam mais propensas a cair na armadilha de se transformarem em acumuladoras de ativos em vez de continuarem focadas na administração de investimentos. Em parte, isso se deve à maneira como o mercado de ações valoriza diferentes fluxos de rendimento. Ao analisar a extensão dos múltiplos para uma IPO, é provável que os analistas coloquem menor valor num fluxo de rendimento volátil e possivelmente em declínio (o rendimento associado com os 20% da taxa de desempenho) se comparado com um fluxo mais estável (o rendimento associado aos 2% da taxa de administração).

Sendo assim, pelos próximos dez anos iremos provavelmente experimentar uma rápida falta de definição nos limites entre alternativos e veículos de investimento tradicionais. O processo já começou. Ele é visível no marketing dos "fundos 130/30", que permitem aos investidores tradicionais alavancarem os investimentos longos no portfólio para 130% do capital, e ao mesmo tempo encurta os 30% equivalentes de capital. Também é ilustrado na disponibilidade mais de longo prazo de produtos indexados que vêm com *overlays* ativamente gerenciados. Na realidade, pelo crescente uso de um conjunto mais amplo de ferramentas de administração, o setor financeiro provavelmente estimulará a mudança dos investidores para uma abordagem que diferencie a obtenção de retornos subjacentes (beta) do verdadeiro valor agregado (alfa).

Todas essas considerações acentuam a importância crítica de uma boa escolha do administrador, com isso reforçando os pontos que examinamos antes. Elas sugerem ainda que os investidores fariam bem em voltar a atenção para um conjunto diversificado de administradores em vez de confiarem seu capital a um conjunto muito pequeno deles. Por último, elas esclarecem por que investidores institucionais sofisticados, como a HMC, assumem a dor de cabeça de criar e manter equipes internas de administração de portfólio para complementar o uso seletivo de administradores externos (o chamado modelo híbrido).

Um pouco sobre a HMC

Essa observação final vai focalizar uma questão que associa muito bem os desafios operacionais enfrentados pelos mais novos SWFs, que ocuparam uma parte significativa de meu tempo na Harvard Management Company.

Quando aceitei o emprego na HMC, em outubro de 2005, passamos um bom tempo discutindo a melhor maneira de reconstruir as capacidades de investimento da instituição. Quase um ano antes, um grupo de membros altamente qualificados da HMC (entre ele, o CEO anterior) anunciaram que iriam se desmembrar para formar um novo fundo *hedge*. Aquele constituiu o sexto desmembramento direto de uma equipe interna de administração de portfólio na história da HMC. Quatro dos cinco grupos antecessores deixaram Harvard para criar fundos *hedge* em áreas como *commodities*, crédito e ações; e o quinto se desmembrou para fundar um fundo de ações privadas.

O sexto grupo havia sido particularmente grande. Ele envolveu 30 pessoas, entre elas, o CEO, o diretor-chefe de riscos, o diretor de operações e o diretor de tecnologia. Ele se concentrou em atividades que implicavam um significativo risco de capital e haviam produzido resultados espetaculares para a fundação. O impacto imediato, assim como o efeito cumulativo dos cinco desmembramentos anteriores, deixou em aberto a questão do esboço institucional da HMC para o futuro.

Havia pessoas que achavam que a HMC devia se afastar do modelo híbrido e partir para uma direção que dependeria fortemente, e talvez com exclusividade, de administradores externos. Alguns argumentavam que as repetidas perdas de pessoal da HMC indicavam a fragilidade do modelo híbrido. Outros argumentavam que, embora em relação às realidades do mercado a HMC não remunerasse seus administradores internos de portfólio à altura, as somas envolvidas eram ainda assim problemáticas num contexto acadêmico, não obstante o fato de serem totalmente baseadas em desempenho. Afinal, você precisa explicar a um professor de Harvard, ganhador de um prêmio Nobel, por que ele ganha menos do que um administrador de portfólio da HMC de trinta e poucos anos. E um pequeno grupo defendia que simplesmente era muito difícil convencer administradores de portfólio altamente qualificados a vir para a HMC depois de toda a turbulência e a cobertura da mídia sobre as saídas e as controvérsias sobre remuneração.

A resposta mais fácil teria sido a HMC partir para um modelo de administração externa. Ao terceirizar a administração dos fundos da universidade, seria exigido de nós apenas sentar e ver os administradores externos exibindo toda a sua *expertise* no que os observadores do setor rotularam de "concursos de beleza". Ao abandonarmos o modelo híbrido em favor de uma dependência completa dos administradores externos, teríamos também "resolvido" controvérsias futuras sobre remuneração – não por conseguir baixar o custo da administração da dotação, mas por obscurecê-lo.

Em geral custa pelo menos o dobro administrar um dólar fora da HMC do que fazê-lo internamente, com base na própria *expertise* de administração de portfólio. Mas essa significativa diferença é ofuscada pelas práticas de prestação de contas do setor. No caso de administradores externos, os custos são essencialmente cobertos pelos retornos auferidos pela HMC. No entanto, no caso de plataformas internas de administração, os custos são divulgados como remuneração e, portanto, atraem considerável atenção da mídia.

Quanto mais nos aprofundávamos no assunto, ficava claro que a coisa mais *fácil* de ser feita não era a coisa *certa* a fazer. A questão não era só relativa a custos. Havia outras razões (tanto positivas como negativas) que nos levaram a embarcar num bem-sucedido esforço de 18 meses para estabelecer uma plataforma interna de administração de portfólio formada por cinco equipes em pleno funcionamento, com profissionais altamente qualificados, experientes e com ótimos históricos.

No nível mais básico, compreendemos que passar para uma dependência grande, ainda que não exclusiva, de administradores externos iria negar em parte o forte potencial de retorno associado com as vantagens estruturais de Harvard. As vantagens advinham dos privilegiados atributos de capital – a saber, a permanência dos fundos, a natureza previsível das distribuições anuais para a universidade, o fato de estar predeterminada a orientação de um investimento no longo prazo e o apoio de um balanço geral AAA.

Os atributos de capital da HMC são o equivalente analítico de um *pool* de capital permanente e paciente. Tais atributos não podem ser fácil ou totalmente terceirizados para administradores externos, em especial no mundo de hoje. Considere o dólar de investimento que deixa de ser administrado internamente na HMC e passa a ser gerido por um administrador externo. E suponha, por enquanto, que o nível de *expertise* é o mesmo nos dois casos. O contexto do capital muda de maneira significativa. Poucos administradores externos vão acabar tendo uma orientação de investimento verdadeiramente de longo prazo, e os poucos que o fazem com enorme sucesso estão em geral fechados a novos investidores e a capital novo significativo.

Apesar das declarações de intenção de muitos administradores externos, eles acabam fortemente influenciados por considerações de curto prazo. No nível macro, isso fica enfatizado em repetidas observações de "comportamento de manada". O comportamento fica visível com base em análises de altas correlações periódicas entre exposições a fundo *hedge* beta (sensibilidade a posicionamento) e indicadores-chave do mercado. Também é visível no esforço que está sendo feito para adotar veículos de replicação mais baratos, sejam eles fundos indexados, sejam metodologias de replicação de fundos *hedge*.

Existem muitas razões que contribuem para esse resultado. Algumas envolvem considerações humanas, como as elucidadas há 70 anos por John Maynard Keynes no capítulo 12 de seu *Teoria geral do emprego, do juro e da moeda*. Na realidade, os *insights* de Keynes estimularam vários trabalhos que mostram de que modo o comportamento de manada, que "é ineficaz do ponto de vista social [...] pode ser racional da perspectiva dos administradores que estão preocupados com sua reputação no mercado de trabalho"[19]. Outras razões se relacionam com estratégias de negócios, entre elas, a necessidade de se salvaguardar contra resgates de clientes. E outras ainda são fortemente influenciadas, quando não motivadas, por uma prática comum no setor financeiro e na mídia: a de comparar os retornos dos fundos *hedge* numa base de alta freqüência – mensal ou trimestral.

Há outras considerações. O dólar investido pela Harvard, ao sair pela porta da HMC e se dirigir a um administrador externo no espaço dos fundos *hedge*, deixa de ter o respaldo de um balanço geral AAA para, na maioria das vezes, ir parar num balanço geral BBB. Devido aos custos mais elevados de financiamento de um veículo de investimento BBB, parte do retorno de investimento da Harvard seria consumido por eles; além de também aumentar a probabilidade *e* a gravidade das perdas induzidas por uma repentina parada na liquidez de mercado.

As perdas foram constatadas em julho de 2007, quando uma das subsidiárias da HMC, a Sowood Capital Management, faliu. Isso não reflete de modo inerente maus negócios da parte da Sowood. O que ocorreu foi que o fundo *hedge* era incapaz de assegurar suficiente liquidez para manter os negócios durante a turbulência de mercado e de liquidez daquele verão. Aceita-se amplamente que tais negócios poderiam ter sido sustentados na HMC devido aos privilegiados atributos de capital da instituição.

Existe também a questão da transparência. Alguns administradores externos, principalmente no âmbito dos fundos *hedge*, guardam com bastante zelo a confidencialidade de seu posicionamento. Eles temem que a divulgação possa minar a vantagem competitiva. Embora a atitude seja em geral compreensível, a prática de limitar a divulgação de informação aos investidores tem ido muito além do que seria sensato e defensável. Na verdade, em alguns casos, isso levanta importantes questões para o cumprimento das responsabilidades fiduciárias dos investidores. Também pode comprometer seriamente uma prática eficaz de administração de risco.

Por fim, a plataforma interna de administração de portfólio provê à HMC externalidades positivas significativas. Mais importante: permite à instituição desenhar e implementar com eficácia estratégias sofisticadas de controle do risco que se apóiam numa ampla série de ferramentas e abordagens de mercado. As externalidades positivas ficaram evidentes pela maneira como a HMC atravessou com sucesso fases de turbulência do mercado, usando uma combinação de ajustes na alocação de ativos, estratégias de *overlay* e seguros na ponta da cadeia de operação. Como discutirei no capítulo 8, essa consideração assume importância ainda maior devido à expectativa de uma jornada acidentada em direção ao novo destino secular.

Essas são as razões básicas que levaram a HMC a remontar uma plataforma interna de administração de portfólio. Elas apontam razões positivas para fazê-lo – razões que salvaguardam e exploram os atributos de capital da instituição bem como sua vantagem estrutural. No entanto, embora tais pontos tenham impulsionado o processo, estávamos conscientes também de uma consideração "negativa": devido ao porte da dotação da Harvard (25,9 bilhões em junho de 2005 e 34,9 bilhões em junho de 2007)[20], era improvável que a instituição fosse capaz de encontrar capacidade suficiente entre os mais destacados administradores externos. Na verdade, é um fato bem-aceito que encontrar a capacitação certa entre administradores é algo difícil; quando ainda há uma capacitação significativa em oferta, em geral é porque o administrador não é particularmente talentoso ou não tem um histórico muito interessante.

Ao decidirmos remontar uma plataforma interna de administração de portfólio, enfrentamos o desafio de convencer grandes investidores a vir trabalhar na HMC por menos do que eles iriam receber em outra parte, e de fazer isso sem contar com a possibilidade de um lado positivo significativo associado a um programa de opções de ações. Eles também estariam sujeitos à possibilidade de ficar entre os cinco indivíduos (junto com o CEO) cuja remuneração seria divulgada no contexto de um exercício anual que atrai bastante atenção da mídia[21].

Eu costumava contar àqueles que entrevistava para os empregos de administrador de portfólio que a divulgação pública da remuneração iria possivelmente confrontá-los com uma situação do tipo perde-perde: se eles conseguissem estar na lista dos que ganhavam mais na HMC, as pessoas iriam ler detalhes da sua remuneração na imprensa; e, se não conseguissem entrar na lista, as pessoas ficariam sabendo que eles não estavam entre os que haviam tido melhor desempenho de investimento na HMC!

Apesar de todo o quadro, a HMC teve pouca dificuldade para contratar profissionais talentosos com experiência anterior no setor. Eles vieram para a Harvard por três razões principais. Primeiro, acreditaram na missão da instituição, que é dar apoio à pesquisa, a estudantes e ao ensino numa universidade de alto gabarito, que tem significativo alcance global e promove o bem público. Segundo, foram atraídos pela possibilidade de um emprego em investimento praticamente puro, que não tinha requisitos de marketing, com um só cliente e características de capital privilegiadas. Terceiro, a amplitude da experiência e dos contatos oferecia-lhes importantes opções, que, no passado, haviam sido ilustradas pela capacidade de seis grupos levantarem significativo capital de ampla variedade de investidores[22].

O tempo dirá se a plataforma interna de administração de portfólio vai se provar sustentável. Nesse ínterim, é importante destacar que ter uma forte plataforma interna de administração de portfólio não equivale a fazer todos os investimentos internamente. Existem muitas atividades que ficam fora do conjunto de habilidades de um pequeno grupo de profissionais talentosos que trabalham na HMC. Essas atividades são mais bem atendidas por administradores externos especializados nelas. Na verdade, é essa combinação – *expertise* interna e externa em administração de portfólio – que torna o modelo híbrido tão poderoso.

Nesse contexto, a HMC fez uma importante contratação ao trazer Mark Taborsky no verão de 2006 da fundação da Stanford para a HMC. Em apenas um ano, Mark e sua equipe remodelaram os relacionamentos externos da HMC com administradores, embora com algumas restrições por conta de *lock-ups* existentes. Isso foi feito para garantir que a HMC continuasse investindo com os melhores administradores externos e para alinhar a alocação de capital de risco com os temas de investimento seculares da instituição. Em tal processo, a equipe de Mark trabalhou com colegas em análises e operações para incrementar o monitoramento do grupo de administradores externos.

Um qualificador voltado para o futuro

Até aqui, focalizei as classificações de classes de ativos na construção de um portfólio diversificado que pode capturar o lado positivo do destino secular projetado e ao mesmo tempo levar em conta o que se afigura como uma jornada acidentada. Essa é a abordagem que predomina no setor e, como tal, é a mais fácil de implementar. Mas também é uma abordagem que sofrerá pressões nos próximos anos e que vai requerer algumas mentes brilhantes que a atendam com sugestões de melhorias.

Qualquer um que transite com freqüência por esse universo vai confirmar que a especificação de alocações de ativos adequada envolve uma combinação de ciência e arte. Os que convivem com os detalhes desses exercícios confirmarão que o equilíbrio mudou de modo significativo nos últimos anos, afastando-se da ciência em direção à arte (também chamada de "julgamento", de "deixar-se levar pelo faro" ou, se você quiser ser menos generoso, por uma mescla de "palpite e avaliação"). Isso se deve a vários fatores: os limites tradicionais entre classes de ativos estão menos nítidos; as correlações estão aumentando; e, quando não estão vinculadas por fundamentais, as classes de ativos se conectam por fatores técnicos, incluindo a "propriedade comum" por parte de investidores.

Sendo assim, por que o setor persiste em usar uma abordagem que se tornou menos sólida ao longo do tempo? Ele o faz mais por razões negativas do que positivas. Especificamente, precisamos ainda propor uma alternativa melhor.

O trabalho mais promissor em andamento nessa área instala-se um passo antes na cadeia de geração de retorno. Em vez de examinar as classes de ativos, a abordagem começa com os fatores de risco que dão origem a retornos de investimento ao longo do tempo. Em outras palavras, ela procura saber por que os investidores são pagos para alocar seu capital de determinada maneira.

A situação ideal é tomar como exemplo um pequeno conjunto (de três a cinco) de diferentes (idealmente ortogonais) fatores de risco que constituam um prêmio de risco. O próximo passo é avaliar a estabilidade dos fatores e saber de que modo podem ser mais bem capturados por meio do uso de instrumentos negociáveis. Isso cria um processo de otimização do portfólio, no qual os fatores se combinam de modo diretamente ligado à meta de retorno dos investidores e à tolerância a risco. O produto final é uma combinação de classes de ativos mais robusta e consistente ao longo do tempo, claramente ordenada com os fatores subjacentes.

Depois de estar envolvido em algum trabalho inicial com essa abordagem na HMC, que se apoiou fortemente na *expertise* da universidade (em particular em John Campbell e Jakub Jurek), e em trabalho posterior na PIMCO (liderado por Jamil Baz e Vineer Bhansali), posso dizer que ela é difícil. Conceitualizar a abordagem é uma coisa; trazer respostas é outra completamente diferente! Mas é um esforço que vale a pena; progressos parciais são também valiosos.

O sucesso da empreitada envolve oferecer um novo método que supere muitas das limitações da abordagem tradicional, o que levará o balanço de volta em direção a uma ciência mais sólida e permitirá aos investidores capturar melhor os prêmios por risco de maneira mais eficiente e sustentável. O sucesso parcial está chegando na forma de uma metodologia que permite ao investidor verificar melhor a consistência de sua abordagem atual, inclusive checar se a classe de ativos selecionada oferece um *mix* eficiente de prêmios por risco.

Capítulo
7

Um plano de ação para quem elabora políticas nacionais e para instituições globais

Os tipos de posicionamento de investidor e de execução saudáveis discutidos no capítulo anterior são com certeza *necessários* para assegurar retornos ajustados ao risco também saudáveis, embora não sejam *suficientes*. Os investidores precisam também entender e incorporar o comportamento provável de outros, que influenciam os mercados e os preços de ativos por meio de suas ações, palavras e intenções (e ainda incluir a possibilidade de que outros possam cometer erros). O arranjo se dá dessa maneira particularmente para mentores políticos nacionais e multilaterais, cujo principal desafio é encontrar um modo de acomodar de forma eficiente as transformações estruturais seculares em andamento.

Como discuti antes, as transformações podem enfraquecer a eficácia das abordagens políticas e instrumentos tradicionais e tendem a erodir o conteúdo de informação dos indicadores econômicos e financeiros tradicionais. Além disso, enquanto seu impacto líquido é com certeza favorável para a economia global, nem todos os componentes se beneficiam igualmente. Há ganhadores e perdedores, tanto no sentido absoluto como no relativo – em diversos países e dentro de cada país.

Para ajudar a identificar os componentes de um plano de ação para governos nacionais, as seções a seguir detalham os pontos focais primários. É claro, quaisquer sugestões devem levar em conta as circunstâncias particulares de cada país. Portanto, os detalhes vão variar de país para país. Não obstante, a discussão geral tem a importante função de identificar as áreas que, no mínimo, precisam de deliberações importantes e, sendo assim, requerem monitoramento por parte do investidor.

Existe uma tentação natural de focalizar áreas que constituem potenciais problemas para as economias nacionais ao redor do mundo. Afinal, elas atraem a atenção mais imediata, em geral de forma ruidosa. Mas vale lembrar as sábias palavras de um mentor político em meados da década de 1990, alertando-me que administrar o sucesso pode ser tão difícil quanto administrar uma crise. Isso é particularmente verdadeiro para mercados emergentes que carecem de robustez institucional, de experiência política e de informações relevantes para a política na hora necessária. Assim, este capítulo examinará ambos os tipos de desafios políticos: os enfrentados por segmentos da população potencialmente em piores condições e pelos potencialmente melhores.

Compreender o novo cenário financeiro

Como observou Bill Gross em um de seus *Investment Outlooks*, "O complexo financeiro moderno se transformou em algo irreconhecível para muitos veteranos astutos do mercado e acadêmicos"[1]. Além disso, e enquanto reguladores e políticos correrem atrás, não há razão para esperar uma reversão dessa complexidade nos próximos anos. Portanto, os governos precisarão desenvolver uma compreensão melhor das novas realidades do sistema financeiro e reagir de acordo.

A fim de alcançar esse *insight*, as autoridades financeiras precisam estar mais antenadas nos desdobramentos cotidianos do mercado. O Federal Reserve de Nova York é o líder a esse respeito, mantendo contatos íntimos (formais e informais) com os mercados. A capacidade de outros países fazerem o mesmo – e a de o Reino Unido fazê-lo em particular – tem sido inadvertidamente obstruída pela decisão de separar as atividades de fiscalização bancária das instituições que estão conduzindo política monetária.

A separação foi motivada originalmente por preocupações de que ações de política monetária pudessem ser contaminadas por considerações pertencentes à fiscalização e regulamentação bancárias. No entanto, com o crescimento da "liquidez endógena" e o fenômeno relacionado de um "sistema bancário paralelo", tal separação serve agora para inibir mais do que facilitar a condução de uma boa política monetária. Portanto, suspeito de que a tendência será revertida ao longo do tempo, ou pelo menos será complementada por melhores coordenação e troca de informações entre os que conduzem a política monetária e os que salvaguardam a estabilidade financeira.

As autoridades financeiras também terão de melhorar a capacidade de conduzir uma fiscalização adequada de atividades que migraram para fora de jurisdições sofisticadas. No caso dos organismos nacionais de fiscalização e regulamentação, isso implica ganhar mais controle de atividades que não constam do balanço geral, e de outras formas de alquimia financeira e arbitragem regulatória. Também será preciso reformular as áreas dos organismos de supervisão que assumiram características quase ou totalmente de mercado, embora estejam ainda sujeitas a abordagens antiquadas de regulamentação e fiscalização (por exemplo, as áreas de seguros e hipotecas). Por fim, seja por meio de persuasão moral, seja por métodos mais diretos, os fiduciários de diversos veículos de investimento terão de desenvolver uma *expertise* mais sólida e modalidades de supervisão mais robustas. Esse é, em particular, o caso de veículos que podem envolver algum tipo de débito contingente para as finanças públicas (como os fundos de pensão).

Lidar com entradas de capital

A maneira de reagir a mudanças no regime de pagamentos externos – ou seja, passar de devedor a credor – constitui um dos maiores desafios para o sucesso administrativo. Isso é particularmente verdadeiro quando se trata de administrar surtos de entrada de capital.

Como já discuti, entradas de capital sustentadas podem beneficiar as economias de diversas maneiras. Elas ajudam a canalizar melhor os recursos para atividades com subfinanciamento, facilitando assim o crescimento da produtividade, a expansão da produção e o aumento do emprego. Dito isso, também argumentei que, além de pressionar a estrutura de fiscalização bancária, as entradas apresentam, para os mentores políticos, um novo conjunto de complexas questões econômicas, entre elas, como contrabalançar o impacto negativo na inflação, como assegurar uma evolução ordenada da taxa real de câmbio e como evitar uma onerosa erosão na disciplina do setor financeiro.

Não existem respostas fáceis a respeito da melhor maneira de administrar o novo regime. De fato, repetidas tentativas de usar uma abordagem dirigida – tipicamente algum tipo de controle de capital – demonstraram ter eficácia limitada no longo prazo e deram ensejo a danos colaterais. Ao contrário, a chave está em procurar políticas macroeconômicas adequadas – em especial, uma postura fiscal prudente que seja bem coordenada com a postura das políticas monetária e de taxa de câmbio. Tais macropolíticas podem ser eficazes ao se navegar por surtos de entrada de capital, principalmente se acompanhadas por medidas para assegurar que as instituições públicas e privadas sejam administradas visando o sucesso em longo prazo e lidando bem com os fundos de contrapartida.

Essa conclusão política bastante imperfeita pode desapontar os que estão procurando alguma solução mágica para a administração de grandes entradas de capital. Infelizmente, não tenho conhecimento de nenhuma solução assim. Na realidade, um estudo abrangente, que há pouco tempo analisou mais de cem episódios de surtos de entrada de capital em economias avançadas e emergentes a partir de 1987, foi incapaz de acrescentar muita coisa ao debate[2]. De modo consistente com pesquisas anteriores nessa área, o estudo levantou questões sobre a eficácia dos controles de capital e da sustentabilidade das intervenções no longo prazo. Também reforçou um ponto tedioso, mas importante: a melhor maneira de minimizar o impacto potencialmente perturbador das pesadas entradas de capital é manter o grau certo de responsabilidade fiscal. Isso pode ajudar a conter as pressões excessivas de demanda agregada e limitar a valorização real da moeda, aumentando assim a possibilidade de uma aterrissagem suave.

Esse ponto, bastante entediante, é particularmente importante para investidores que buscam expandir suas atividades em economias emergentes (e consistente com nossos temas seculares). Eles são bem aconselhados a ficar de olho na maneira pela qual a postura fiscal dos países evolui no contexto da grande entrada de capital. Isso inclui não apenas os números fiscais gerais, mas também a composição das despesas (sobretudo o equilíbrio entre consumo e investimento, em especial em infra-estrutura).

As evidências de responsabilidade fiscal sinalizam certa quantidade de sofisticação por parte dos mentores políticos em "administrar o sucesso", assim como capacidade de adaptar à fiscalização e à regulamentação. Em comparação, indicações de orçamentos altamente pró-cíclicos – e, em particular, o grande crescimento na despesa coincidindo com fortes entradas de capital – tenderiam a aumentar a probabilidade de eventual instabilidade do mercado financeiro e de grande flutuação na taxa de câmbio, especialmente se acompanhadas por uma fiscalização precária do sistema financeiro.

Administrar a riqueza nacional

Numa conferência em Washington, D.C., Ted Truman formulou uma questão sobre política da seguinte maneira: "Depois que elas estão lá, o que um país faz com elas?"[3]. Sua observação se referia ao grande acúmulo de reservas internacionais por parte da China e de outras economias emergentes. E se aplica igualmente às grandes dívidas acumuladas nos anos recentes por países como os Estados Unidos – questão da qual tratarei na próxima seção.

No novo destino secular, as economias emergentes devem ser capazes de administrar sua grande e crescente riqueza financeira de maneira comercialmente orientada, consistente com suas aspirações econômicas e sociais no longo prazo. E devem fazê-lo sujeitas a rígidos padrões de controle sobre governança e operação.

Isso não é apenas uma obrigação nacional em relação às gerações atuais e futuras; também é necessário para minimizar o crescente risco de medidas protecionistas que inibem o fluxo de capital através de fronteiras geográficas e de produtos. Na realidade, é a única maneira eficaz de conter um debate sobre os fundos estatais de investimentos, que está sendo fortemente influenciado por análises incompletas, conceitos mal definidos de segurança nacional e reciprocidade, e caracterizações monstruosas a respeito dos motivos por trás de questões políticas, militares e mercantis[4].

O foco do esforço institucional deve ser a governança, o processo de investimento e a administração do risco[5]. A importância de tal foco vai além do benefício de dar melhor feição ao debate público. Com o tempo, os SWFs vão passar de importantes fontes de capital temporário e permanente, à disposição de administradores de fundos alternativos, a competidores mais importantes. Portanto, o exame detalhado dos SWFs provavelmente vai se intensificar e se ampliar.

A *estrutura de governança* deve separar a posse política dos SWFs das questões operacionais e deve submetê-los ao necessário nível de freios e contrapesos. A tarefa envolve claro delineamento da autoridade e autonomia, ênfase na prestação de contas e uma sólida estrutura de controle (que inclua aquiescência interna). Deve partir de uma clareza quanto aos objetivos de investimento (metas de retorno absolutas assim como critérios relativos a espectros institucionais e de outros pares); às modalidades que governam a lista de atividades e investimentos restritos; à especificação dos parâmetros de risco aplicáveis ao *pool* de ativos que está sendo administrado pelos SWFs como um todo; e contar com adequada delegação de gerenciamento cotidiano de investimentos à administração e à equipe da instituição.

Os governos terão objetivos que vão além do retorno de investimento. A esse respeito, eles são similares às universidades que desejam usar parte de sua riqueza para alimentar determinadas atividades internas ou financiar a expansão do *campus*. Na realidade, o ponto não é se tais objetivos devem ou não ser perseguidos, mas sim que é melhor persegui-los fora do alcance dos SWFs e, portanto, com a devida fiscalização e transparência. Na ausência dessa segmentação, existe risco material de que os objetivos possam contaminar operacionalmente (e de outras formas) as atividades, a eficácia e a posição dos SWFs.

Essa consideração é similar a um dos pontos que emergiu da vasta bibliografia sobre a eficácia da ajuda fornecida pelos países industrializados. Uma boa parte da ajuda foi motivada por considerações políticas e militares, mais do que por aspectos sociais. Assim, os mecanismos de implantação para essas considerações sociais, entre eles, direcionamento e monitoração adequados, ficaram severamente comprometidos quando eram também usados para considerações políticas e militares.

O *processo de investimento* deve ser claro no que se refere à maneira de determinar o "*mix* neutro de ativos" e consistente com o objetivo nacional de retorno e a tolerância a risco. O processo deve procurar maximizar o uso das vantagens estruturais dos SWFs (sua "*edge*" ou vantagem competitiva), em particular seu *status* como administradores de "capital paciente e privilegiado" – capital que não está sujeito a resgate no curto prazo, que tem distribuição previsível (quando tem alguma) e é estimulado a perseguir oportunidades no longo prazo. Ao fazer isso, deverá ficar claro como ele escolherá os veículos de investimento adequados, incluindo o *mix* entre o capital gerenciado por administradores internos de portfólio e o alocado a administradores terceirizados (externos).

O *processo de administração do risco* deve ser regido pelos parâmetros de macrorrisco e ancorado por uma clara identificação de instrumentos de redução do risco. Ele envolve a constante atualização de cenários de risco e uma metodologia (que inclui análises de cenários) que lance luz sobre potenciais turbulências de mercado que os investidores no longo prazo possam vir a enfrentar.

Alguns dos SWFs estabelecidos há mais tempo – como os de Abu Dhabi, Kuwait, Noruega e Cingapura – já estão nesse patamar, ou próximos dele. Alguns dos mais novos estão tentando chegar lá, como no caso dos que foram recentemente criados na China, Coréia do Sul e Rússia. No entanto, como discutido antes, há uma falta de compreensão geral em determinados setores dos países industrializados sobre o papel real e sistêmico dos SWFs – uma falta de compreensão que está alimentando o risco de protecionismo. No processo, os países industrializados correm o risco de impor (de fato ou de direito) controles de capital que são não apenas distorcidos, mas também redundantes, dados os mecanismos e agências reguladoras existentes, voltados para salvaguardar os interesses nacionais[6].

O curioso é que a mera ameaça dos países industrializados de introduzir tais controles pode ter um resultado prejudicial aos seus próprios interesses. Afinal, tal ameaça poderia inibir o processo de diversificação de ativos no qual os SWFs estão embarcando, algo que devem continuar a fazer. O resultado disso seria uma probabilidade maior de que os tipos de aberrações dos mercados de capital que foram detalhadas antes neste livro voltem a se manifestar, entre elas, uma nova rodada de precificação errônea do risco relativo nos mercados dos Estados Unidos. Isso estimularia uma série de atividades que poderiam fomentar a probabilidade de subseqüentes episódios de interrupções de liquidez repentinas e turbulências de mercado.

A ameaça poderia também levar os SWFs a uma excessiva dependência de administradores de investimento terceirizados nos países industrializados, alguns deles sujeitos a um grau mais elevado de não-transparência (por exemplo, os fundos *hedge*), que poderiam não ser capazes de lidar de modo eficiente com o porte dos ativos envolvidos. O resultado poderia muito bem ser um risco sistêmico mais alto de perturbações do mercado e de problemas institucionais.

Essas considerações sugerem a necessidade de um grau maior de racionalidade nas discussões sobre os SWFs dentro dos países industrializados em relação ao que ocorre hoje. No entanto, embora tal seja desejável, vai contra algumas considerações políticas domésticas (como o fazem, por exemplo, argumentos bem estabelecidos sobre a liberalização do comércio). De fato, nem que seja só por essa razão, os SWFs devem pensar em divulgar mais informações para o público a respeito de sua filosofia e processo de investimento, assim como sobre sua governança institucional.

Enquanto estive em Harvard, considerações similares – que envolvem a falta de compreensão por parte do público sobre como a HMC gerencia a dotação da universidade e por quê – tiveram um papel significativo em nossa decisão de colocar um site na internet para complementar as informações contidas na publicação anual da John Harvard Letter e no relatório financeiro da universidade. O site tenta alcançar o equilíbrio adequado entre fornecer informações sobre atividades de investimento e preservar a vantagem competitiva da dotação. Assim, o foco é sobre governança, processo de investimento, desempenho do investimento, estrutura institucional e relações com a universidade. Ele não dá detalhes sobre as estratégias individuais de investimento da HMC e sobre o que ela detém. Desse modo, não coloca a HMC em desvantagem competitiva.

Lidar com dívida nacional alta

No novo destino secular, os Estados Unidos vão processar de maneira gradual seus excessos financeiros. O maior déficit em conta-corrente do país será ajustado no contexto dos diferenciais de crescimento doméstico previstos e dos realinhamentos na taxa de câmbio. Isso vai interromper uma agravação no já alto nível de endividamento, mas não constituirá uma solução imediata.

As dívidas se concentram nos setores doméstico e governamental dos Estados Unidos, e a contrapartida são grandes investimentos estrangeiros em ativos norte-americanos (em particular instrumentos de renda fixa). Na realidade, o novo destino secular vai requerer algo que vá bem além da abordagem passada de depender 1) da valorização do preço no setor de habitação para manter o setor doméstico solvente e 2) da profundidade e liquidez dos mercados financeiros dos Estados Unidos, assim como do estado das reservas em moeda do dólar, para manter o interesse de compra do resto do mundo.

Dentro dos Estados Unidos, devemos esperar uma significativa mudança em direção a uma melhor administração da dívida por parte das famílias – diretamente e em nome delas, por entidades que recentemente foram generosas demais com as extensões dos empréstimos. Em relação à primeira alternativa (mais ordenada), serão oferecidos às famílias meios adicionais de administrar suas dívidas por meio de produtos expandidos, entre eles, várias formas de seguros. No caso dessa última opção (menos ordenada), é provável que os padrões de empréstimo sejam ajustados e incluam melhores avaliações das disponibilidades de renda e dos valores colaterais. Ambos carregam o risco de acentuar a provável desaceleração da economia norte-americana em termos absolutos (ou seja, um período de crescimento abaixo da expectativa), e de modo relativo em relação a outros países e às médias globais.

Conforme a situação do balanço de pagamentos nos Estados Unidos melhorar, o governo será confrontado com um conjunto maior de negócios que ofereçam vantagens e desvantagens na administração de seus débitos. As escolhas terão de ser feitas entre os três objetivos básicos da administração da dívida: manter uma política de emissões estável e previsível; assegurar adequada liquidez para emissões de débito individuais; e estabelecer uma curva de rendimentos equilibrada (com emissões adequadas ao longo das principais referências de vencimento).

Desse modo, a política de administração da dívida desempenha uma função para o bem público muito necessária ao fornecer importantes âncoras para os mercados financeiros em geral. O efeito é bem evidente na disponibilidade de referências sólidas contra as quais outros instrumentos possam ser apreçados – por exemplo, para instrumentos que variem relativamente em relação aos papéis do governo norte-americano em termos de riscos de crédito e de liquidez e que desempenhem papel importante em azeitar as engrenagens da indústria e do comércio.

Em episódios passados em que essas escolhas se apresentaram, o governo dos Estados Unidos consultou adequadamente os participantes internos do mercado. Um dos canais para isso é o Treasury Borrowing Advisory Committee – TBAC, do qual tive o privilégio de participar.

O site do Tesouro dos Estados Unidos explica que esse é

> um comitê de aconselhamento regido por estatuto federal, que se reúne trimestralmente com o Departamento do Tesouro. O Borrowing Committee é formado por altos representantes de fundos de investimentos e bancos. O Borrowing Committee apresenta suas observações ao Departamento do Tesouro a respeito da força geral da economia norte-americana, além de dar recomendações sobre uma variedade de questões técnicas sobre administração da dívida[7].

O comitê se reúne de três em três meses, e as minúcias das discussões e o material de apoio são postados no site do Tesouro dos Estados Unidos.

Cada vez mais, tais consultas precisam ir além dos detentores domésticos de dívidas do governo norte-americano. É provável, e desejável, que os credores externos também precisem ser consultados em base regular. Do mesmo modo, devido a potenciais suscetibilidades políticas, no Capitólio e além, é importante que o governo comece e mantenha um processo de informes oficiais à imprensa para explicar por que tais consultas são de interesse nacional.

Condução da política monetária

Um dos elementos mais delicados do plano nacional de ação diz respeito à melhor maneira de conduzir a política monetária num mundo em que a "liquidez endógena" e os preços dos ativos podem (e o fazem) impactar a atividade econômica real. Simplesmente não existe uma resposta fácil. O que fica claro é que a abordagem atual – mais claramente caracterizada pelas ações do Federal Reserve – terá de evoluir nos próximos anos.

Alguns de vocês podem achar que minha visão está sendo influenciada pelo acirrado debate em curso sobre "risco moral". De fato, já se falou e escreveu muito a respeito do dilema que as autoridades monetárias enfrentam quando reagem às turbulências de mercado que podem minar a economia real. Devem elas permitir que a disciplina do mercado castigue os que tomaram más decisões de investimento, não importa a extensão dos danos colaterais? Ou devem salvar esses investidores a fim de proteger o resto do sistema?

Dedicarei mais espaço a esse interessante debate no capítulo 8. Por ora, basta dizer que é improvável que ele se resolva totalmente no curto prazo. Mesmo que você obtenha suficiente acordo nas questões menos controversas – ou seja, que as considerações sobre risco moral não se traduzam em "não-intervenção", mas sim em "intervenção focalizada e altamente restrita" –, é improvável que consiga consenso sobre os instrumentos de política que permitam tal resultado. Especificamente, como um antigo mentor político do G7 observou em recente reunião durante o almoço, o problema básico não é de ordem conceitual; é operacional. Ainda precisamos encontrar instrumentos suficientemente refinados, que permitam aos mentores políticos estabelecer uma distinção adequada entre "os caras bons e os caras maus".

De maneira consistente com essa visão, o cenário para a condução da política monetária não trata, na verdade, de como a questão moral será encaminhada. Ele está mais relacionado a outras considerações, que provavelmente resultarão numa mudança naquilo que se tornou uma excessiva dependência da taxa dos fundos federais como *o* instrumento da política monetária.

O impacto desse instrumento tem sido erodido pelas importantes transformações ocorridas na economia global e nos sistemas financeiros. Portanto, ele não oferece mais o grau de eficácia necessário para moderar fortes expansões e contrações na liquidez endógena. Com os preços dos ativos desempenhando um papel maior no impacto sobre a demanda doméstica (por meio da combinação de securitização, variação de crédito e do efeito riqueza), o impacto de qualquer mudança na taxa dos fundos federais diminui quando se trata de atender ao duplo encargo de estimular o crescimento econômico e de manter baixas taxas de inflação.

Felizmente esse desafio político está chegando em boa hora. O Federal Reserve vem iniciando uma análise abrangente de sua abordagem. O foco atual em relação a esse ponto parece estar no papel potencial das metas de inflação e no nível adequado de transparência e comunicação com o público. É provável que o foco se expanda e inclua uma revisão das ferramentas adequadas de política monetária. Nesse contexto, devemos esperar que o uso continuado da taxa de fundos federais seja acompanhado por uma remodelação da janela de descontos, do uso expandido de operações no mercado aberto (por meio de mudanças nos prazos de vencimento e prazos colaterais), e por melhor coordenação da regulamentação e fiscalização.

O problema com o qual o Federal Reserve depara é ampliado quando olhamos para as economias emergentes. Algumas, como a China, ainda estão no processo de passar de instrumentos diretos de controle monetário para instrumentos indiretos, que operem por meio dos canais do mercado. Nesse processo, elas precisam desenvolver a necessária infra-estrutura e se dispor a abrir mão da noção de controle. Outras, como o Brasil e a Rússia, fizeram mudanças, mas vão precisar continuar a ganhar credibilidade tanto na linha de frente interna como na internacional. No entanto, economias como a do México e da África do Sul estão colhendo os benefícios de um significativo progresso institucional realizado nos últimos anos.

Ao continuar a desenvolver sua estrutura doméstica de política monetária, a maioria dos países, e particularmente os com pequenas economias abertas, também terão de encontrar maneiras de levar em conta o impacto de questões internacionais. A esse respeito, vale lembrar o gráfico da Figura 2.3, que mostra como as taxas de câmbio do dólar da Nova Zelândia se valorizaram fortemente, embora o país atravessasse um grande déficit de conta-corrente e de o ministro das finanças ter questionado a "racionalidade" dos que buscavam ganhar exposição à moeda local! A Islândia experimentou situação similar quando registrou entradas de capital que excederam o PIB do país.

Em tais casos, os fluxos transnacionais estão reagindo não apenas à condução das políticas em cada um desses países. Estão reagindo também a como essas políticas se desenham numa comparação com uma grande série de países. Além disso, qualquer país isolado pode – e muitos o têm feito – experimentar significativas mudanças nas condições financeiras domésticas por conta *somente* de coisas que aconteceram fora de suas fronteiras. Isso acentua a importância de qualquer banco central individual entender como o país se encaixa no sistema financeiro global, que se mostra cada vez mais integrado e interdependente.

Essas observações apontam um fato mais amplo, que ainda precisa ser totalmente internalizado tanto pelas economias industrializadas como pelas emergentes. Conforme sua importância sistêmica for crescendo, vários países emergentes serão forçados a uma transição na qual terão de gastar mais tempo pensando em considerações globais ao definirem sua agenda de política interna. Em algumas ocasiões, talvez precisem abrir mão de interesses domésticos de curto prazo visando ao bem-estar global no longo prazo. Na verdade, não se trata apenas de uma questão de se "o mundo é plano", para usar uma expressão cunhada por Tom Friedman em seu agradável livro que leva o mesmo título; para esses países, o mundo agora parece estar virado do avesso[8].

Assim, e apesar do crescente peso econômico e financeiro, esses países não foram obrigados a se confrontar com tal questão. Isso ocorreu em grande parte devido à recusa dos países industrializados em recebê-los com as boas-vindas de mecanismos implantados de coordenação política multilateral – assunto que vou retomar logo adiante.

Os investidores estão bem advertidos sobre a necessidade de manter esses tópicos bem no centro de seu radar. Eles têm a ver diretamente com a capacidade dos mercados de minimizarem flutuações técnicas muito amplas, ocasionadas pela atual assimetria entre o papel da liquidez endógena e das ações monetárias oficiais, assim como com a relativa abertura das economias a desdobramentos em outras partes do mundo.

Desigualdade de renda e política social

Devido à natureza das transformações estruturais em curso, o novo destino secular vai envolver ganhadores e perdedores ao redor do mundo e dentro de cada país. A maior parte dos perdedores vai sofrer uma perda relativa (ou seja, em relação às suas condições iniciais, não ganharão tanto quanto os outros); mas alguns podem também enfrentar a perspectiva de uma perda absoluta.

De modo mais geral, as mudanças que se aproximam provavelmente reforçarão – e com certeza não vão reverter – o que é um crescente consenso analítico a respeito de como os rendimentos evoluíram nos anos recentes. Três elementos destacam-se com crescente evidência de pesquisas, que aos poucos vêm superando antigas limitações de dados nessa área:

- Primeiro, a maioria dos países ao redor do mundo experimentou significativo crescimento na renda *per capita* nos últimos anos (quando a avaliação é conduzida no nível da população *como um todo*).
- Segundo, o crescimento tem proporcionado uma significativa redução no número de pessoas que vivem abaixo da linha de pobreza, o que é liderado por ganhos impressionantes na China e na Índia.
- Terceiro, quando a análise passou a examinar grupos de renda *dentro dos países*, muitas economias experimentaram um aumento na desigualdade de renda. Parece que esse é o caso dos países de renda alta e média.

Portanto, a maioria das pessoas está em melhores condições no mundo, com a importante qualificação de que, dentro da maior parte dos países, os que já estavam bem estão ganhando a uma taxa melhor do que os pobres. Isso coloca uma questão interessante para os governos: Devem eles se concentrar no absoluto ou no relativo?

Não existe uma resposta fácil se a questão for colocada em termos de uma permuta excludente entre os dois. O crescimento significativo na renda absoluta de um país tem demonstrado oferecer a melhor oportunidade para reduzir decisivamente a incidência da pobreza e para proteger os segmentos mais vulneráveis da população. No entanto, se isso for acompanhado por um notável aumento na desigualdade de renda (porque os ricos estão se beneficiando num ritmo mais acelerado), a sustentabilidade do processo ficará submetida a uma pressão crescente.

As evidências de que isso possa acontecer começam a se multiplicar. Nos países industrializados, assume a forma de uma pressão protecionista cada vez maior e de uma repugnância política seletiva a algumas das fortunas que estão sendo criadas. Nas economias emergentes, toma a forma de protestos isolados de grupos vulneráveis, como os protestos que tiveram lugar recentemente no Brasil, na China, Índia e México. E também alimenta o ressurgimento de movimentos populistas. Toda essa configuração aparece numa época de significativo aumento nos preços de itens básicos do consumo, como pão e arroz.

Pesquisas recentes sugerem que é tanto inútil quanto desnecessário colocar a questão como se envolvesse uma escolha excludente entre prosperidade absoluta e relativa. Ao examinarem o que contribuiu para o recente aumento da desigualdade, os pesquisadores estão também lançando luz sobre ações políticas que podem alinhar melhor considerações absolutas e relativas. E suas conclusões são intuitivamente interessantes.

Já se escreveu muito sobre os propulsores das recentes tendências de renda[9]. Felizmente, essa é uma área na qual a pesquisa tem sido cumulativa, e recebeu esforços convergentes para o fortalecimento dos dados brutos usados nas análises empíricas. Como resultado, os estudos mais recentes foram capazes de fazer esclarecimentos importantes sobre as principais contribuições para a crescente desigualdade no contexto do generalizado aumento global na renda.

Considere o trabalho empreendido pelos economistas do FMI e publicado em outubro de 2007. Usando dados recentemente aprimorados, eles descobriram que a principal contribuição para a desigualdade ao redor do mundo tem sido o progresso tecnológico. De fato, esse fator, sozinho, "explica a maior parte do [...] crescimento [...] a partir do início da década de 1980"[10]. Por quê? Porque a tecnologia "aumenta a recompensa por habilidades e automatiza tarefas que exigem relativamente poucas habilidades"[11], beneficiando desse modo os que já estão melhor e prejudicando os que já estão mal.

O interessante é que se considera que a globalização como um todo tem impacto positivo na compensação da desigualdade. Por um lado, o canal comercial reduz a desigualdade ao aumentar a demanda de trabalho nos países em desenvolvimento e permitir que alguns sejam transferidos de um setor agrícola superlotado. Por outro, o canal financeiro aumenta a desigualdade, uma vez que fala de maneira direta àqueles nos países em desenvolvimento que já começam com suficiente riqueza e renda para poder participar do processo de integração financeira.

Dadas essas conclusões, os governos têm outra razão para aumentar os gastos nos setores sociais, particularmente educação e saúde. Embora os detalhes inevitavelmente mudem de país para país, sem dúvida tal incentivo serve para ampliar os segmentos da população que podem se beneficiar do progresso tecnológico, melhorando a aquisição de habilidades, expandindo o treinamento e dando acesso mais fácil e eficaz à educação e à saúde. O incentivo também permitiria que os benefícios da globalização chegassem a segmentos maiores da população, contrabalançando assim parte da resistência que é sentida hoje num número crescente de países ao redor do mundo. No processo, os governos fariam progressos adicionais em atender a um importante objetivo de bem-estar social, por si só meritório.

Plano de ação para instituições multilaterais

Argumentei no capítulo 5 que as instituições multilaterais enfrentam os mais difíceis desafios para realizar ajustes. Ao contarem com uma afiliação quase universal, sua estrutura, de propriedade de governos, incorpora o mais amplo conjunto de conflitos reais e potenciais num mundo em transformação. Os que ganharam poder por meio das transformações estruturais coexistem com os que têm algo a perder. Além disso, dada a natureza das transformações em andamento, os que enfrentam perdas potenciais começam com um alto nível de atribuições históricas que ficam predeterminadas na estrutura das instituições, expressas em direitos de voto malvistos, representação desequilibrada nos quadros executivos, monopólios sobre posições-chave na administração e nas equipes, e assim por diante. E, embora essas atribuições – ou, como os franceses elegantemente dizem, *les droits de seigneur* (direitos de senhor feudal) – fizessem algum sentido no mundo de ontem, elas entram em conflito franco com as realidades do mundo atual e as perspectivas futuras.

A questão não é *se* e *como* as instituições multilaterais devem se ajustar. Praticamente todos reiteram uma conclusão similar a respeito, incluindo os líderes do FMI e do Banco Mundial (os senhores Dominique Strauss-Kahn e Bob

Zoellick). A questão é: elas têm como fazer isso? A necessidade de ajustes é mais extrema no caso do FMI, uma instituição que deixou de ser encarada como crucial no complexo das instituições multilaterais para ser questionada quase diariamente a respeito de sua relevância, eficácia e posição.

O debate público

A maior parte do debate público sobre o papel do FMI tem sido a respeito daquilo que ele já não faz mais. Lembre-se da referência feita no capítulo 2 às declarações de vários dirigentes do setor público e privado. Já se foram os dias em que o FMI corria para resgatar países, oferecendo assistência emergencial em troca da concordância em fazer ajustes abrangentes e adotar medidas de reforma (o termo técnico era *conditionalities* – condições). Também já se foi o tempo em que os mercados acompanhavam com extremo cuidado cada sinal emitido pelo FMI e posicionavam seus portfólios de acordo.

A principal razão da mudança é que a maioria das economias emergentes não precisa mais do apoio financeiro do FMI. De fato, com reservas internacionais altas e crescentes, elas não só pararam de pegar dinheiro emprestado do Fundo como a maioria também pagou os empréstimos feitos, e antes do vencimento. Na realidade, se não fosse pela Turquia, o FMI estaria essencialmente fora do negócio de emprestar para a maioria das categorias de países em desenvolvimento.

Argumentei antes que essa mudança teve implicações drásticas para a instituição. Ela privou o FMI de sua principal fonte de rendimentos, usados para financiar o orçamento operacional: a diferença entre o custo de seu financiamento e o que a instituição cobra de seus tomadores de empréstimo. Isso reduz a influência do Fundo, uma vez que os países não precisam mais envolvê-lo em delicadas discussões políticas que, no passado, incluíam metas de desempenho trimestrais e outras condições políticas. E torna obsoleta toda uma estrutura institucional que pressupõe que a atividade de empréstimo do FMI continua relevante.

Mas aí está o problema: enquanto o debate a respeito do FMI estiver focado nessas questões herdadas, sem uma atualização de todo o quadro de referência analítico, o resultado será um esvaziamento, brusco e ineficaz, da organização. De fato, na falta de um ressurgimento de crises nos mercados emergentes (que é o cenário básico deste meu livro), seu futuro será dominado por repetidas ações para cortar despesas internas, tentativas de conter a inevitável deterioração do ânimo da equipe interna, e o uso desalentador de um dos mais qualificados (e em rápida erosão) grupos de economistas já reunidos sob a mesma instituição.

Isso não seria um grande problema não fossem os argumentos detalhados neste livro sobre a importância de ter um mecanismo multilateral forte e com credibilidade no centro de um sistema econômico e financeiro internacional. Um mecanismo como esse pode ajudar a encaminhar a lista de desafios transnacionais presentes em fenômenos como os grandes desequilíbrios nos pagamentos globais, transferências variadas dentro dos países, debates inconclusivos sobre desalinhamentos nas taxas de câmbio, caracterizações injustas sobre as motivações dos SWFs e persistentes pressões de protecionismo comercial. Os desafios podem ser encaminhados apenas por meio de uma compreensão comum das questões, certo grau de coordenação política transnacional e um nível mínimo de garantias de que os mentores políticos nacionais vão considerar fatores internacionais ao tomarem determinadas ações políticas.

Argumentei neste livro que existe muita coisa em jogo dentro da economia global. Na realidade, não se trata de saber se o sistema internacional se ajustará, no final das contas, às mudanças estruturais em andamento e às novas realidades seculares. Ele vai conseguir se ajustar. Trata-se de saber se ele o fará de modo consistente com a manutenção de alto crescimento global; se continuará a conter a inflação e se minimizará o risco de turbulências financeiras recorrentes.

Como observei no capítulo 2, instituições como o FMI têm de saída o melhor conjunto de atributos estruturais para desempenhar um papel construtivo, pelo menos em tese. Para que o FMI possa agora ser capaz de fazer frente às circunstâncias, ele deve afastar o foco do debate público daquilo que ele não faz mais e direcioná-lo para as suas três outras importantes funções. Ele pode fazer isso das seguintes maneiras:

- Primeiro, pode recorrer à sua *expertise* interna e à capacidade de examinar a experiência de muitos países. Ao fazê-lo, desempenhará o papel de "conselheiro confiável e com conhecimento" para países que estão enfrentando novos desafios políticos devido a transformações estruturais em andamento.
- Segundo, o FMI pode complementar suas interações políticas com os países oferecendo-lhes assistência técnica focalizada e altamente especializada, que ele extrai dos próprios recursos internos assim como dos de seus países-membros.

- Terceiro, o FMI pode ajudar oferecendo a tão necessária dimensão multilateral para as ações políticas nacionais que só podem ser eficazes se implantadas de maneira internacionalmente consistente.

Para ter alguma chance de convencer um mundo cético, o FMI precisa aumentar a própria *expertise* e as modalidades operacionais. Ele então terá de posicionar e negociar seus serviços como parte de uma resposta às novas realidades seculares. Por fim, precisa fazer isso no contexto de uma forte liderança.

A agenda de reformas

Existe um pouco de discordância quanto ao necessário aprimoramento do FMI. De fato, um conjunto comum de questões emergiu do trabalho realizado pela própria instituição (como ilustrado na *Managing Director's Medium-Term Reform Strategy*)[12], dos relatórios dos comitês (como o dos recentes comitês Crockett e McDonough)[13] e dos pontos de vista de observadores e praticantes (como demonstrado pelo volume preparado no Instituto Peterson para Economia Internacional (Peterson Institute for International Economics – IIE)[14]. Tais questões falam da necessidade de se cumprir os seguintes pontos:

- Remodelar a *expertise* da equipe interna para assegurar que o foco tradicional nas questões econômicas seja adequadamente complementado por uma boa compreensão da maneira como os mercados financeiros cada vez mais complexos se comportam e influenciam a economia real.
- Alterar as modalidades internas de modo que as missões do FMI nos países atendam aos desafios reais enfrentados pelos países-membros, em vez de impor uma agenda de discussões baseada na sede, governada por visões mais estreitas e irremediavelmente dogmáticas.
- Fortalecer a posição analítica da instituição de forma que seja capaz de se envolver com credibilidade em delicadas questões políticas nacionais que exijam uma conciliação no nível global, como a fiscalização das políticas de taxa de câmbio.
- Desenvolver um modelo interno de rendimentos mais sólido, que diversifique as fontes de receita e as associe ao leque de atividades da instituição.
- Orçar e apreçar de maneira adequada os serviços que o FMI está oferecendo, e fazê-lo dentro do contexto de um sistema mais transparente de taxação cruzada e subsídios.

- Remover as práticas feudais que reservam posições-chave administrativas e de equipe apenas a pessoas nascidas em determinados países industrializados.
- Alocar poder de voto e representação no conselho com base em realidades atuais, e não nas passadas.

Essa é uma agenda razoável, em termos tanto do número de itens como da maneira como apontam para a alteração de atribuições históricas. Além disso, certas mudanças exigem emendas a artigos estatutários do FMI, e conseguir as emendas é um processo de vários anos, que envolve aprovação de países-membros individuais em termos de suas instituições políticas nacionais (ou seja, nas esferas executiva e legislativa).

A questão da visão

Compreensivelmente, a tentação é tentar cumprir a agenda de modo seqüencial. Na verdade, essa é a abordagem que vinha sendo adotada em 2007 quando escrevi este livro. Infelizmente, tal abordagem tem pouca probabilidade de resultar num progresso significativo das reformas.

Cada item está inevitavelmente sujeito a negociações e concessões entre os países-membros. A não ser que os negociadores acreditem numa "grande barganha", ou no que chamei em outra ocasião de "massa crítica"[15], eles vão perseguir posições individuais que têm pouca chance de serem bem negociadas no âmbito macroeconômico. De fato, isso já é aparente no modo como evoluíram as discussões a respeito de modificações das cotas, que determinam, entre outras coisas, o poder de voto.

O resultado é uma situação que deixa todos com uma sensação de que não se chegou aonde se poderia; que houve concessões insatisfatórias; e que algumas mudanças adicionais se fazem necessárias. De fato, esse episódio me lembrou de uma observação feita pelo falecido médico Richard P. Feynman na sua incisiva avaliação sobre o que saíra errado no lançamento do ônibus espacial: "A realidade deve ter precedência sobre as relações públicas, pois a Natureza não pode ser ludibriada"[16].

Michael Spence e eu sugerimos um modo de essa grande barganha ser buscada com probabilidade maior de sucesso: fazer isso no contexto de um tema unificador que fale diretamente aos desafios comuns enfrentados pela economia global. Como seria de esperar, dadas as discussões anteriores neste livro, propusemos que o tema fosse definido em termos de "facilitar a fase atual de surto de desenvolvimento das economias emergentes"[17].

Argumentamos que um tema como esse deveria fazer mais do que simplesmente refletir realidades globais; deveria também oferecer vantagens estratégicas para a realização de uma mudança de foco, que abandonasse discussões sobre atribuições bilaterais e se encaminhasse para deliberações multilaterais – entre elas, oferecer maiores garantias a cada país, individualmente, de que suas ações políticas serão acompanhadas por medidas de fortalecimento da parte dos demais. Em comparação, a estratégia mais hesitante e desarticulada que foi perseguida até agora traz o risco de minar o fôlego da economia internacional.

A questão da liderança

Em decorrência, somos levados ao componente final de um plano de ação para o FMI: o de uma liderança forte e com credibilidade. Nesse caso, o desafio vai bem além do enfrentado por um CEO ao dirigir uma companhia e, de certo modo, tem ainda mais nuances do que o enfrentado pelo líder de um país[18].

O chefe de uma instituição internacional costuma ser indicado por seu país de origem. As autoridades do país fazem campanha para ele, com freqüência lançando mão de todo o aparato de política externa e de pressão. A indicação costuma se tornar uma questão de prestígio nacional e, quando é bem-sucedida, é encarada como um feito nacional.

No entanto, depois que o indicado assume a liderança da instituição internacional, "espera-se" dele que coloque a causa multilateral à frente do interesse de seu país de origem. Na realidade, espera-se que o tratamento dado a todos os países seja regido pelo "princípio da uniformidade". Desnecessário dizer que muitos têm questionado se tais expectativas estão de fato se cumprindo no mundo real.

Existe hoje uma sensação de que, mais do que nunca, a comunidade das ações está aberta a uma transição para uma abordagem mais transparente e baseada no mérito na seleção dos líderes das instituições internacionais. De fato, dois recém-nomeados – Strauss-Kahn da França para o FMI e Zoellick dos Estados Unidos para o Banco Mundial, ambos assumindo seus cargos em 2007 após a saída precoce de seus predecessores – falaram em favor desse ponto. Ambos têm se posicionado adequadamente como líderes voltados para reformas, comprometidos em ajudar suas instituições a recuperar legitimidade, respeito e relevância na economia global.

O tempo dirá se os dois líderes terão sucesso em unir um grupo diversificado de "mestres políticos" sob instituições reformuladas e mais eficazes. Felizmente, os itens-chave da agenda de reformas são claros e já estiveram sujeitos a prolongadas discussões. Também está claro que, embora o desafio da implementação seja significativo, o fracasso em progredir resultaria numa situação do tipo perde-perde para a economia global, incluindo países-membros que tolamente se apegam a atribuições que lhes foram garantidas por considerações históricas e são agora incompatíveis com o mundo atual e ainda mais com o mundo do futuro.

Com o tempo, alguns dos países industrializados que têm resistido, e ainda resistem, à erosão induzida por reformas de suas atribuições históricas vão perceber que eles na realidade têm mais a perder quando se opõem à mudança. Na realidade, seria muito bom se eles levassem em conta o que Stanley Fischer, professor do MIT que trabalhou como primeiro diretor administrativo designado do FMI e é hoje chefe do Banco de Israel, disse em recente entrevista ao discutir a reação internacional à crise mexicana de 1994: "Os Estados Unidos tentaram lidar com a crise sozinhos, e então perceberam que não seriam capazes. É mais difícil um país impor condições a outro do que uma organização internacional fazer com que um de seus membros atenda a essas condições"[19]. Embora a noção de os países industrializados imporem condições econômicas a nações emergentes esteja se tornando menos relevante devido a numerosas considerações, os países industrializados perceberão que as instituições multilaterais oferecem o melhor caminho para interagir produtivamente com economias emergentes no sistema econômico global, hoje em rápida mudança.

Onde isso nos deixa?

Este capítulo e o anterior detalharam alguns dos passos que podem ser tomados por diferentes participantes de mercado a fim de se beneficiarem do novo destino secular. No processo, ele também vão reduzir o risco de se verem com estratégias de investimento obsoletas, abordagens de negócios ineficazes, reações políticas ineficientes e arranjos institucionais fracos nos níveis nacional e multilateral.

Vários dos passos propostos envolvem escolhas difíceis, esforços de reformatação complexos e complicadas mudanças na configuração de atribuições e pesos de poder. Assim, não se trata de algo fácil de implementar. No entanto, os custos de não se levar adiante a difícil tarefa são altos e trarão conseqüências.

Em termos de empresas individuais, eles ensejam o risco de perturbações nos negócios e de falências institucionais; em termos de economia nacional, envolvem o risco de crescimento abaixo da expectativa, instabilidade financeira e crescentes desigualdades internas; e de economia global, carregam o risco de choques sistêmicos e forças protecionistas negativos.

Após discutir as necessárias adaptações para o novo destino secular, tratemos agora da melhor maneira de percorrer a acidentada jornada à frente – uma jornada cheia de obstáculos e desvios tentadores, embora onerosos. Lembre-se: um destino só é atraente se você pode chegar a ele inteiro!

CAPÍTULO
8

Melhor administração do risco

A IMPORTÂNCIA DE MELHORAR a administração do risco é inegável, principalmente quando se trata de descobrir a melhor maneira de percorrer a jornada até o novo destino secular. Considere os *insights* das disciplinas e ferramentas que usei antes neste livro para que eu explique a natureza e as conseqüências das transformações estruturais em andamento:

- Os *insights* da economia e das finanças tradicionais sugerem que as transformações estruturais levarão, de modo inevitável, a reações assimétricas e desafiam a solidez de atividades e instituições em declínio. Portanto, as falhas de mercado podem ocorrer, e de fato ocorrem.
- A obra de Nassim Taleb é compatível com a hipótese de que as transformações aumentam a probabilidade de "cisnes negros", os quais os participantes de mercado estão despreparados para enfrentar, em parte porque têm poucas garantias contra eventos do "lado inchado". De fato, a obra de Taleb ilustra a maneira excessiva como a abordagem probabilística tradicional de mapear resultados é ofuscada pelas medianas e, portanto, subestima os lados da distribuição.
- Enquanto isso, pesquisas comportamentais e de neurociência sugerem que as transformações podem acentuar com facilidade desvios existentes, por exemplo, deixar a parte "analítica" do cérebro confusa e permitir que a parte "emocional" assuma a direção das atividades relacionadas ao mercado.

Em última análise, o sucesso na administração do risco se resume em conseguir um objetivo único por meio de um processo que tenha adequado nível de previsibilidade, reatividade e impacto: minimizar o lado esquerdo – ou seja, reduzir a própria vulnerabilidade à ponta da distribuição, o que provoca uma penalização intolerável em cada grupo dos participantes do mercado. No caso de investidores e corporações, a penalização se traduziria em perdas muito grandes; para os mentores políticos nacionais e internacionais, envolveria incapacidade de promover um crescimento econômico sustentado no contexto de baixa inflação e estabilidade financeira.

É curioso notar que na nossa vida diária todos nos envolvemos em tentativas de minimizar o lado esquerdo. A questão que enfrentamos ao fazê-lo costuma se resumir ao seguinte: quanto desta extremidade queremos cortar e a que custo? Passamos por esse exercício sempre que compramos seguros para carros e casas. Temos de decidir o quanto assegurar e que franquia usar. Também passamos pela mesma metodologia como pais, quando decidimos quanta liberdade devemos dar às crianças quando se trata de correr pela vizinhança, ficar até tarde fora de casa ou se envolver em qualquer outra atividade de risco.

Uma história de posturas assimétricas de risco

A história recente aponta algumas assimetrias na maneira como investidores e mentores políticos têm abordado essa questão. Na realidade, existe todo um grupo de pessoas que acredita que a assimetria está inter-relacionada – que a excessiva prontidão do setor oficial em reagir a riscos sistêmicos reduziu a disposição do setor privado de se auto-segurar.

Como detalharemos a seguir, os investidores têm mostrado uma relutância geral em pagar prêmios de seguro que sejam suficientes em relação a um potencial (e agora mais inchado) lado esquerdo. Parte da relutância é reflexo de alguns dos incentivos inerentes na estrutura de taxas cobradas pelos veículos de investimento de crescimento mais rápido (os fundos *hedge* e as ações privadas); parte é reflexo do ambiente de risco excepcionalmente benigno que prevaleceu até o verão de 2007; parte é reflexo da velha punição pelo excesso de confiança; e outra parte é reflexo da complexidade dos riscos, que torna a compreensão e a proteção mais difíceis.

Em comparação, os mentores políticos nacionais têm mostrado pouca hesitação em tentar tomar ações para restabelecer a tranqüilidade do mercado. Isso ficou claro no âmbito da política monetária por meio da qual o Federal Reserve reduziu as taxas de juros e, junto com o Banco Central Europeu (European Central Bank – ECB) e outros bancos centrais, ofereceu ao mercado liquidez, em reação a várias perturbações de liquidez e de mercado. Também ficou ilustrado pela adoção bipartidária, por parte do Congresso norte-americano, de um pacote de estímulo de 170 bilhões de dólares, que ensejou o envio de cheques para uma grande parte da população numa tentativa de conter a despesa.

O comportamento do Federal Reserve foi de tal ordem que o mercado cunhou um termo nos anos recentes para a sua abordagem reativa: "Greenspan Put" ("Arremesso de Greenspan"). Se não me falha a memória, o termo apareceu pela primeira vez em 1998, quando o Federal Reserve empreendeu cortes de emergência nas taxas de juros para deter e reverter uma interrupção da liquidez de mercado ocasionada pelo calote da Rússia e, mais importante, pelo colapso do fundo *hedge* altamente alavancado (*long-term capital management*, ou LTCM). O corte na taxa reforçou a ação que o Fed tomou em 1987 – no início do mandato de Greenspan –, quando reagiu ao colapso do mercado de ações do "Black Monday" (em 19 de outubro de 1987). A noção que o mercado tem agora do "arremesso" foi transferida para o Fed de Bernanke, embora com menor convicção, depois do modo como ele reagiu à turbulência iniciada no verão de 2007.

A idéia do arremesso, que se relaciona à capacidade de um investidor de evitar as implicações onerosas de baixa de mercado vendendo uma posição específica por um preço predeterminado mais alto, captou a percepção de que as autoridades monetárias iriam proteger os maus momentos do investidor. É nesse momento que o pessoal do "risco moral" fica inquieto.

O DEBATE SOBRE O RISCO MORAL

Como mencionei antes, o "risco moral" refere-se à noção de que os arranjos de seguros podem, por si mesmos, mudar o comportamento das pessoas[1]. O exemplo que costuma ser citado é o do motorista que começa a ser menos cuidadoso porque o seu veículo está assegurado. Colocado de outro modo, a disponibilidade de seguro altera os passos de redução do risco que o motorista em outras circunstâncias adotaria. Tais passos poderiam incluir coisas tão simples como não trancar o carro. Assim, quanto maior o nível de seguro, menos ideal o comportamento da entidade que está sendo assegurada.

O risco moral é uma questão difícil de ser postulada na prática. Como Xavier Freixas observou no artigo apresentado na conferência de setembro de 2007 organizada pelo Federal Reserve de Chicago e pelo FMI, o papel do emprestador como última instância é inestimável no âmbito macroeconômico, mas costuma ser problemático no âmbito microeconômico[2]. É uma parte inevitável das reações de emergência a situações nas quais existem assimetria e falhas de informações; porém sua disponibilidade poderia muito bem terminar promovendo os tipos de comportamentos que em último caso disparam um mau funcionamento subseqüente em todo o sistema.

Como exemplo, considere o caso de um carro de bombeiros que atende a um incêndio num prédio. Num mundo perfeito, a brigada de incêndio teria tempo de se informar suficientemente com os ocupantes do prédio antes de apontar as mangueiras para as áreas-chave. Desse modo, os bombeiros poderiam atacar o fogo sem que a água causasse danos excessivos a áreas que não estivessem na linha de frente do fogo. Mas isso quase nunca acontece – não porque os bombeiros não se interessem pela informação ou sejam propensos a cometer excessos; mas porque o custo da espera é alto, em especial se o fogo tem potencial de se espalhar para prédios vizinhos.

Nos círculos financeiros, a preocupação ouvida com maior freqüência é sobre as repetidas tentativas das autoridades de "salvar" os mercados, que comprometem a integridade e a credibilidade dos mecanismos disciplinadores do mercado. Você ouvirá que as tentativas de salvar os investidores de seus investimentos estúpidos apenas os incentivam a assumir ainda mais riscos impensados no futuro; que garantir os depósitos bancários desestimula o depositante a fazê-lo com mais cuidado; e oferecer empréstimos oficiais de emergência para países e empresas vai encorajar outros a assumir um endividamento excessivo, sabendo que poderão ser resgatados de suas decisões estúpidas.

Tais considerações são válidas e, em certo grau, parcialmente inevitáveis num sistema financeiro moderno. De fato, algumas das ações que dão origem à preocupação com o risco moral são motivadas por considerações sistêmicas importantes, por exemplo, minimizar o risco de danos colaterais daqueles que têm se comportado de modo inadequado. É que certos instrumentos de intervenção econômica de uso geral não estão refinados o bastante para distinguir entre bons e maus investidores e emprestadores.

Minha caracterização da jornada sugere que as questões de risco moral continuarão a se fazer presentes. As autoridades enfrentarão escolhas difíceis quando solicitadas a reagir às conseqüências de atividades de mercado recém-habilitadas, que vão além da capacidade do sistema financeiro de acomodá-las e dar-lhes sustento. Esse tipo de desafio, que será crescentemente enfrentado pelos mentores políticos, foi destacado de modo vívido na profunda discussão de Krishna Guha, jornalista do *Financial Times* sediado em Washington, à frente da reunião do Comitê de Mercado Aberto do Federal Reserve (Federal Open Market Committee – FOMC) realizada durante os distúrbios de mercado do verão de 2007.

Guha descreveu a situação do seguinte modo:

> Enquanto todos os mentores políticos estão comprometidos em agir quando "necessário" para evitar que as turbulências de mercado causem danos sérios à economia real, persiste uma considerável dispersão de pontos de vista dentro do Comitê de Mercado Aberto do Federal Reserve. Algumas das autoridades mais influentes do Fed parecem ter cada vez mais certeza de que será necessário cortar taxas a fim de oferecer proteção contra os riscos de cauda de um agudo declínio nos negócios liderado pelo setor de habitação [...] Em comparação, alguns presidentes regionais do Fed parecem incentivados até aqui pela falta de evidência dos efeitos de transbordamento[3].

O dilema político foi ainda mais agudo no Reino Unido. Como observado antes, as autoridades britânicas foram obrigadas a intervir para salvar o banco Northern Rock, não obstante suas declarações públicas iniciais de preocupação com o risco moral. Esse caminho político leva potencialmente a nacionalizações de bancos ainda mais controversas, como ocorreu na Suécia na década de 1990.

Na confrontação com essas e uma série de outras alternativas políticas incertas, é provável que as autoridades continuem a cometer erros por conta de uma reação exagerada. Afinal, as conseqüências nacionais e internacionais de uma reação exagerada costumam aparecer menos do que as das reações tímidas. E isso continuará até que pelo menos uma das três coisas discutidas nos capítulos anteriores se torne evidente: as autoridades desenvolvam ferramentas políticas mais refinadas e direcionadas; o setor privado se reformule suficientemente, de modo a poder sustentar o âmbito e a magnitude de atividades recém-habilitadas; e/ou a influência da liquidez endógena decline.

Por mais desagradável que possa soar, as perspectivas são, portanto, de que se mantenha a disposição do setor oficial de minimizar o custo dos transtornos sistêmicos, embora não signifique que as companhias e os investidores não precisem mais se preocupar com sua capacidade de administrar a configuração mutante do risco gerada pelas transformações estruturais. Pelo contrário. A ação oficial não protege e não protegerá todos os participantes. Além disso, existe o problema real de se a *disposição* do setor oficial será acompanhada por sua *capacidade e eficácia*. Afinal, o setor oficial está sempre operando com instrumentos políticos que foram criados para o mundo de ontem, e não para o mundo futuro.

A questão aqui vai bem além da do dano colateral. De fato, ainda não se decidiu se o setor oficial pode, de maneira sustentável, cortar o lado esquerdo da distribuição para o sistema como um todo, e, nesse contexto, para muitas companhias privadas e investidores. *Os investidores são aconselhados enfaticamente a assumir maior responsabilidade pela administração do risco hoje em dia, onde as condições de ontem estão colidindo com as de amanhã.*

De fato, como concluí num artigo de julho de 2007 para o *Financial Times*, "Os que procederam melhor nos últimos anos foram os que compraram ativos líquidos e os alavancaram. Os próximos anos serão daqueles que administrarem os riscos com prudência"[4].

Superar uma hesitação natural

A inclinação natural dos investidores – em particular os do varejo – é de evitar executar diretamente operações de administração do risco. Ao contrário, a prática comum é terceirizar a função para os administradores profissionais que eles escolheram para administrar seus fundos. Afinal, estes são profissionais bem remunerados, com acesso tanto a ferramentas complexas como a sofisticadas contrapartes em Wall Street.

Embora tal postura seja compreensível, é desaconselhável por inúmeras razões. Mais importante: ela é minada pelo que os economistas chamam de "problemas de agenciamento" – o desalinhamento de incentivos entre os principais e os agentes.

Enquanto estive na Harvard Management Company, devido à "marca Harvard", tive o privilégio de interagir com alguns dos mais famosos administradores de dinheiro do mundo, que gerenciavam fundos *hedge*, fundos mútuos e empresas de ações privadas e imóveis. Esse grupo de administradores constituía "a nata". Tive também a oportunidade de participar de várias reuniões nas quais outros administradores de dinheiro procuravam novos negócios. Alguns deles estão no setor há bastante tempo, e outros apenas começavam, ou tentavam fazê-lo.

Observei repetidamente nas reuniões que, pelo fato de o seguro ser custoso, apenas um punhado de administradores tratava da questão com o mesmo vigor demonstrado na busca de oportunidades para alfa. Pensando bem, não é algo particularmente surpreendente. A única coisa certa ao comprar proteção é que você tem a obrigação contratual de fazer pagamentos pelos prêmios de seguro. A maioria dos administradores odeia o conceito de "encargo negativo" – a certeza de ter de fazer pagamentos persistentes que "sangram" o portfólio. Assim, o desejo deles é minimizar o uso de seguro em muitos, quando não na maioria, dos estados mundiais. A tendência é reforçada por fatores humanos e institucionais. Como explicou John Maynard Keynes, a pior coisa para você como investidor é estar errado sozinho. Devido à maneira como as coisas são julgadas neste mundo, você tem melhor situação quando está errado junto com a maioria.

Os fatores institucionais também atuam às vezes no sentido de se contrapor a níveis ideais de segurança de portfólio. É o caso em particular de veículos de investimento sujeitos a pagamentos por desempenho, com mecanismos fracos de restituição[5]. Essa estrutura coloca um significativo "problema principal-agente": tipicamente, o administrador de investimento detém uma parte importante do ganho em desempenho enquanto o investidor final subscreve a maior parte da perda. Esse é o caso também do administrador que se apega ao índice. Sob todas essas circunstâncias, é possível que os administradores façam continuamente um seguro abaixo da importância de seus portfólios.

O exemplo da Argentina

Meu primeiro contato com esse fenômeno ocorreu cedo na minha carreira de investidor, na mesa de títulos de mercados emergentes da PIMCO. Tendo sido muito influenciado pela análise fundamental que empreendemos durante meus 15 anos no FMI e trabalhando numa empresa que trata com seriedade da administração do risco, havia épocas em que tínhamos uma visão muito sólida das perspectivas absolutas de um país. Um exemplo foi o episódio ocorrido entre 1999 e 2000, quando sentimos que a Argentina não seria capaz de evitar uma crise econômica e financeira, apesar do acentuado apoio que tinha do FMI e do Banco Mundial.

Nossas impressões, documentadas numa publicação regular da PIMCO, a *Emerging Markets Watch*, foram influenciadas por três considerações distintas: primeiro, o sistema econômico vigente na Argentina limitava a capacidade das autoridades de lidar com os crescentes problemas do país; segundo, mesmo que fossem capazes, as autoridades demonstravam pouca disposição de tomar as decisões difíceis que se faziam necessárias; e, terceiro, o ambiente global e regional tornava as coisas ainda mais complicadas para a Argentina[6].

A Argentina representava mais de um quinto do Índice de Obrigações do Mercado Emergente (Emerging Market Bond Index – EMBI), ou seja, o índice pelo qual se mede a maioria das empresas administradoras de fundos do mercado emergente.[7] Cada vez mais, essas administradoras de fundos passavam por um "emagrecimento" na Argentina, à medida que se reduziam as perspectivas econômicas e financeiras do país.

Nosso pensamento na PIMCO ao vendermos toda a nossa exposição à Argentina era simples: o país enfrentava uma notável probabilidade de crise que, considerando os preços de mercado, se traduziria em significativas perdas para os investidores. Portanto, a coisa certa a fazer para nossos clientes era não manter nenhuma exposição de longo prazo nos portfólios da Argentina. E contamos isso aos clientes.

Ao eliminarmos todas as nossas posições de longo prazo na Argentina, também estávamos conscientes da possibilidade, não importa quão pequena fosse, de que a economia se recuperasse (o que chamávamos internamente de "recuperação imaculada", expressão cunhada por Paul McCulley). Para esse fim, usamos as correlações internas dos mercados emergentes – e em particular os instrumentos emitidos por outros países que mostravam fortes co-movimentos *técnicos* de alta com a Argentina – para construir de fato um *overlay* de portfólio que pudesse captar alguns dos aspectos positivos caso a recuperação da Argentina se materializasse.

Na época, a abordagem disparou um alto grau de ceticismo em outros administradores de fundos e em alguns analistas de Wall Street. O pensamento era mais ou menos o seguinte: pelo fato de a Argentina ter um peso tão alto no índice, era "irresponsável" vender toda a exposição. Ao contrário, teria sido suficiente dar um peso nominal menor (alocar entre 15 e 18% do fundo à Argentina, em oposição aos 20% adicionais no índice).

No final do dia, isso se resumiu ao equilíbrio entre a preservação de capital e o que é chamado no setor de *tracking error* (um desvio do índice). Estávamos convictos de que a coisa certa a fazer era evitar o que a nosso ver era uma alta probabilidade de perda, mesmo que isso representasse manter apenas uma aposta parcial na alta da Argentina; outros preferiram tirar o peso nominal, mas manter ainda grandes exposições em termos absolutos devido a considerações relacionadas com o índice.

A Argentina deu o calote em dezembro de 2001. O componente argentino do índice EMBI perdeu 65% de seu valor naquele ano, arrastando o índice inteiro para um desempenho de -1% para aquele ano. A Argentina foi o único país no índice a experimentar um ano negativo (e que ano negativo!). Na realidade, se você tivesse apenas investido o índice menos a Argentina, teria obtido um retorno de cerca de 20% naquele ano.

Além das questões tradicionais principal-agente

Os economistas vão lhe dizer que o tipo de problema principal-agente predomina no que se constituem inevitavelmente contratos de administração de investimento mal definidos. Eles são mal definidos pelo fato de que é praticamente impossível alinhar os incentivos totalmente e por antecipação. Eles, e outros, vão lembrá-lo de que isso tem a ver com os cálculos de custo-benefício que os administradores de investimentos terceirizados (os agentes) fazem na presença de um índice. A fim de maximizar sua chance de ser mantido pelo investidor (o principal), é melhor para o agente posicionar o portfólio para um desempenho neutro ou superior (em relação ao índice), mesmo que isso traga maior probabilidade de realizar perdas absolutas sobre o capital.

Agora, suponha que você é um dos poucos que investem com administradores que se preocupam adequadamente tanto com os ganhos absolutos como com as perdas absolutas de seus clientes. Embora você esteja numa posição boa, não está livre de culpa. Eu aprendi algo mais na HMC: decisões racionais e bem-intencionadas de administradores individuais não acrescentam necessariamente algo adequado ao nível geral do portfólio. De fato, uma das partes mais complicadas da administração de investimentos é a conciliação ao longo do portfólio inteiro – questão à qual já aludi na discussão do capítulo 6 sobre as classes de ativos individuais.

Investidores institucionais são capazes de lidar com esses desafios por meio do uso ativo de *overlays* e pela administração de um programa de seguros do lado inchado. E é importante pensar neles como elementos distintos. Os investidores de varejo têm menos sorte. Em geral, eles dependem do instrumento menos afiado da alocação de ativos. Em particular, como discuti no capítulo 6, eles precisam colocar maior ênfase nos instrumentos de preservação de capital, como títulos do governo e instrumentos equivalentes a dinheiro.

Ao longo do tempo, é provável que o setor financeiro ofereça aos investidores do varejo um conjunto mais amplo de instrumentos. Posso imaginar o dia em que eles se beneficiarão de uma oferta maior de fundos holísticos de alocação de ativos, que refinem o processo de alocação e possam combiná-lo com abordagens mais sofisticadas de gerenciamento do risco. Ambos os passos constituiriam melhora significativa em relação ao que existe disponível hoje.

Posso imaginar também outros investidores se tornando mais capazes de obter um resultado similar por meio de uma abordagem em bloco, que lhes garanta maior controle. A evolução será similar àquela que já resultou da gradual emergência de fundos para encurtar vários segmentos dos mercados globais[8]. Esses investidores serão capazes de combinar ativamente fundos administrados e algumas variedades de fundos indexados administrados de modo passivo, com um conjunto maior de ofertas de administração de risco direcionadas.

Overlays

Os *overlays* objetivam assegurar que o portfólio como um todo continue alinhado com a tolerância de risco da instituição. Em tais situações, o portfólio requer uma monitoração de alta freqüência dos betas – ou seja, a sensibilidade do portfólio a fatores-chave de risco do mercado (por exemplo, ações, duração da taxa de juros, moeda e risco de crédito). Tal monitoração pode ser simples (na essência, exercícios de correlação) ou complexa e sofisticada (por exemplo, a decomposição fatorial do portfólio). Embora a sofisticação seja naturalmente desejável, a realidade é que passamos a viver num mundo de segunda qualidade. Minha recomendação pessoal para investidores institucionais é começar monitorando os betas com técnicas simples, e fazê-lo num nível de alta freqüência.

É importante enfatizar que a idéia *não* é ajustar o *overlay* continuamente. Ao contrário, é desenvolver uma série temporal mental que proporcione um *feeling* a respeito de como o portfólio reage em diferentes estados do mundo. Na realidade, achei útil fazer uma pequena brincadeira comigo mesmo: ver com que precisão eu consigo prever movimentos prováveis no valor geral do portfólio com base em informações relativas ao comportamento dos diversos segmentos do mercado no dia e na semana anteriores.

Para enfatizar o ponto relativo ao "mundo de segunda qualidade", o exercício foi realizado na Harvard na parte da dotação geral investida em mercados líquidos – excluíram-se as ações privadas, o setor florestal e segmentos imobiliários. No entanto, apesar da cobertura parcial ocasionada pela disponibilidade incompleta de dados de alta freqüência, achamos o exercício útil para sinalizar períodos em que grandes ajustes eram exigidos nas estratégias de *overlay*. Dois dos ajustes receberam mais tarde cobertura da mídia, inclusive após a liquidação ocorrida no mercado no final de fevereiro de 2007[9]. Posteriormente, o reposicionamento pareceu a alguns observadores como um "*timing* de mercado" iluminado; na realidade, fazia parte de uma estratégia de redução de risco que procurava manter a dotação dentro de níveis prudentes de tolerância a risco.

É melhor implementar *overlays* com utilização de instrumentos líquidos que falem de modo direto a um dos fatores de risco acima mencionados. Eles normalmente assumem a forma de moderar a exposição do portfólio a uma ou mais das seguintes categorias de risco: ações (que podem ser monitoradas usando índices compostos como o S&P, o EAFE para exposições internacionais, e o EEM para mercados emergentes); duração das taxas de juros (que podem ser monitoradas usando tanto *target bond maturities*, os vencimentos de títulos, como índices de *exchange-traded funds*, ou ETFs, com base em letras de câmbio); moedas (que podem ser acompanhadas focalizando primariamente as paridades G3 entre o euro, o iene e o dólar norte-americano); e crédito (que pode ser acompanhado usando os índices Dow Jones CDX).

Seguro de ponta

Em termos simples, um programa de seguro de ponta visa cortar aquilo que os participantes de mercado chamam de "extrema esquerda extrema da distribuição". O programa, também conhecido pelo nome mais comum de "proteção Armagedom", reconhece que existe uma probabilidade, embora pequena, de que certos elementos da jornada inevitavelmente acidentada dos investidores se tornem algo mais sinistro, que não possa ser manipulado de maneira adequada pelo "auto-seguro". A questão não é que a probabilidade seja pequena; ela é. Mas as conseqüências são de grande porte.

No mercado, essa situação é apelidada de "aposta de Pascal". Ela se refere a um argumento apresentado por Blaise Pascal, médico e matemático francês do século XVII, ao tratar dos custos e benefícios de se acreditar em Deus no contexto de uma inevitável falta de provas de que Deus existe (dado que Deus é "infinitamente incompreensível" para os mortais)[10]. Numa "equilibrada defesa da crença cristã", Pascal assinala que, por causa das conseqüências de estar potencialmente errado, o valor esperado (probabilidade vezes conseqüências) de acreditar em Deus sempre excedeu o de não acreditar.

Em essência, a aposta de Pascal aplica-se a uma situação na qual existe uma pequena probabilidade de um evento que, caso se materialize, poderá ter enormes conseqüências. Pense no risco de terremoto da Califórnia. Se as pessoas acreditassem que a probabilidade de ele acontecer é alta, não morariam na Califórnia. No entanto, como a probabilidade não é nula e as conseqüências seriam bastante graves, faz sentido levar em conta um seguro contra terremotos, principalmente se o mercado o oferece por preço baixo.

Como não há duas crises parecidas, em particular quando são graves, é importante encarar o programa de seguro de ponta sob uma abordagem de cesta na consideração dos riscos. De preferência, em vez de se focalizar apenas em um instrumento, é aconselhável desenhar e implementar uma combinação de instrumentos que abranja as características-chave dos eventos do lado inchado, por exemplo, a eventualidade de que haja um grave período de baixa econômica acompanhado tanto por deflação como por inflação, ou a eventualidade de graves perturbações geopolíticas que comprometam o fornecimento de petróleo.

A disponibilidade de seguro de ponta barato tem sido um aspecto notável do mundo em que vivemos. Ela reflete a obsessão das pessoas com o retorno – o fato de as pessoas procurarem alavancar qualquer coisa que encontrem. Como resultado, até a disseminação dos distúrbios iniciados no verão de 2007, era possível criar uma cesta de seguros de ponta para os quais o prêmio era bastante baixo, especialmente se a abordagem fosse recorrer a comprar proteção nas fatias mais antigas dos índices corporativos, por meio de pisos de taxas de juros, e assim por diante.

O custo de levar adiante programas de seguros de ponta pode ser aliviado, embora não eliminado, por várias estratégias. Em essência, as estratégias normalmente envolvem "financiar" parte da compra de seguros de ponta por meio da exploração de oportunidades estruturais de *hedging* no inchaço da curva de risco. Por definição, a compensação do financiamento será provavelmente parcial, se não minúscula. Um exemplo poderia ser a venda de proteção no curto prazo para títulos de crédito que tenham serviço da dívida a vencer. Particularmente no caso de fundos soberanos de mercados emergentes, tal proteção em geral é negociada bem acima de seu valor fundamental (em termos de pontos-base), porque é usada por outros investidores para proteger parcialmente (e de modo imperfeito) longas posições em entidades relacionadas que ficam abaixo na estrutura de capital do país. Assim, o retorno do vendedor da proteção soberana no curto prazo é consideravelmente mais alto do que aquilo que é garantido por considerações de credibilidade da estatal.

Depois de compartilhar com você os atributos óbvios de um programa de seguro de ponta, vou agora me concentrar em três aspectos adicionais que normalmente ficam menos visíveis para os investidores. Todos servem para melhorar o papel que um programa desses desempenha na construção do portfólio.

Primeiro, enquanto a maioria dos instrumentos de seguros busca oferecer proteção contra uma significativa perturbação econômica, eles também assumem valor na eventualidade de um transtorno de liquidez. Como exemplo, o custo da fatia de 15 a 30 de uma proteção por cinco anos no índice corporativo do *investment grade* nos Estados Unidos saltou de 4 a 6 pontos-base no ano anterior à turbulência de mercado do verão de 2007 para 55 a 65 pontos-base mais tarde naquele ano. Note que o grande salto ocorreu não obstante o fato de não ter havido mudança concreta na incidência de inadimplência no universo das companhias com pontuação na avaliação de risco. No entanto, os compradores de proteção experimentaram uma significativa valorização entre os mercados de suas posições de seguros, o que os colocou diante de um interessante dilema: tratar a proteção como um "negócio" e desfazer-se dela com um lucro considerável ou mantê-la como parte de um programa de seguro de ponta de longo prazo que havia sido significativamente reapreçado.

A sensibilidade às condições de liquidez se deve a como o risco subjacente é alavancado e à extensão da propriedade compartilhada. No caso da fatia de 15 a 30, a proteção é empacotada e vendida na forma de um título com uma classificação AAA pelas agências, em vista de seu alto grau de inadimplência embutida. Ela com freqüência acaba em portfólios que enfatizam a negociação de retornos alavancados e, portanto, detêm outras posições altamente correlacionadas. Esses portfólios em geral experimentam uma tensão significativa durante períodos de intensos transtornos de liquidez. Isso pode obrigar a liquidações que têm impacto sobre o valor dos instrumentos subjacentes, mesmo que não tenha havido mudança nas taxas-padrão.

Segundo, a atração de programas de seguro de ponta vai além de limitar o impacto potencialmente negativo de grandes perturbações econômicas e de liquidez sobre o portfólio. Também facilita a capacidade dos investidores de passarem de um posicionamento de portfólio defensivo para um ofensivo quando a situação garante uma mudança desse tipo (os que conhecem o futebol americano também vão reconhecer a fase intermediária das "equipes especiais", durante a qual o foco é nos bolsões de valor entre instrumentos de alta qualidade, cujos preços foram desnecessariamente rebaixados por efeitos contagiosos – pela aplicação dos *insights* da bibliografia sobre "mercado de limões" discutida no capítulo 3).

Programas de seguro de ponta podem minimizar o risco de uma paralisação indevida quando chega a época de "raspar o fundo do tacho" (compra de ações que estão caindo). Como a bibliografia sobre finanças comportamentais demonstra – e observadores experimentados de comportamento de investidores podem confirmar –, muitos investidores de longo prazo podem ficar paralisados no exato ponto em que seus atributos de capital lhes pedem que tomem a decisão que provavelmente irá render bons frutos por vários anos. Isso acontece normalmente na parte baixa de um ciclo de mercado, quando o preço supera o valor significativo da oferta, mas ao mesmo tempo também impõe grandes perdas entre os mercados nos investimentos existentes. Quando isso ocorre, os investidores que deveriam estar galgando posições ficam com freqüência inibidos em fazê-lo devido às avaliações de mercado predominantes de seus investimentos. Ao limitar a gravidade das perdas entre os mercados em tais circunstâncias, o programa de seguro de ponta pode aumentar a probabilidade de que a correta reação de investimento se materialize. De fato, junto com análises periódicas do cenário, pode servir para reduzir o risco de uma indevida, e às vezes custosa, paralisação entre os investidores de longo prazo na parte baixa do ciclo de mercado.

Terceiro, os programas de seguro de ponta podem ajudar os investidores a captar adequadamente o que eu chamo de "centro fugidio" nas épocas em que os analistas se dividem entre soluções de canto concorrentes. Escrevi pela primeira vez a respeito em novembro de 2003, usando a analogia de um pequeno livro que teve significativa influência sobre mim durante meus anos de graduação na Universidade de Cambridge[11].

A pequena brochura da Penguin (*Cooking in a Bedsit*)[12] estava longe de ser um clássico. Era um livro rudimentar de culinária que permitia ao leitor conciliar a necessidade de alimentação regular com a realidade das limitações de orçamento de um estudante. Se me lembro bem, o livro tinha duas seções distintas: "Cozinhando para sobreviver" e "Cozinhando para impressionar". A primeira continha receitas de brutal simplicidade que permitiam comer muito e barato. A segunda seção tratava do preparo de pratos sofisticados. Essa abordagem excluía explicitamente a zona intermediária. Quer dizer: ou você sobrevivia, ou impressionava. Algo similar ocorre quando os analistas são atraídos para os extremos nos debates sobre mercado.

Nos anos recentes, o fenômeno se manifestou em muitas áreas. Mostrou-se evidente em debates sobre desequilíbrios globais e no cabo-de-guerra que houve nos mercados entre medo e cobiça. Também incluiu acentuadas diferenças nas visões dos mercados a respeito: do cenário da economia dos Estados Unidos (a saber, de um retorno em forma de V ou de U a uma tendência de crescimento, em oposição a uma recessão prolongada que teria o aspecto de um l ou L, ou mesmo uma recuperação em duas fases, do tipo W); das perspectivas de uma quebra global do crédito (transtornos prolongados e expandidos *versus* cura politicamente induzida); e, é claro, das conseqüências das dificuldades econômicas e financeiras dos Estados Unidos ("desconexão" do resto do mundo *versus* contágio turbulento).

Programas de seguro de ponta oferecem aos investidores um importante grau adicional de liberdade para a construção de um portfólio no contexto da incerteza sobre soluções de canto. Especificamente, eles liberam os investidores da alternativa subótima de ter de usar grandes decisões sobre alocação de ativos como instrumentos principais para expressar uma visão sobre extremos incertos. Ao contrário, uma combinação desses programas e ajustes de alocações de ativos pode ajudar os investidores a refinar seu posicionamento ao longo do tempo, incluindo captar o centro fugidio em termos de construção de portfólio; ou seja, podem ajudar os investidores a manter uma aposta, embora de menos de cem por cento, na alta, e, ao mesmo tempo, a se proteger contra a baixa.

Questões de escala e *circuit breakers*

Grandes administradores de portfólio têm talento para escalar seus negócios. Ao fazerem-no, combinam o grau certo de seguros com um custo manejável.

É desnecessário dizer que aqui há uma consideração importante relacionada com a eficácia dos *circuit breakers* que surgem com as condições atuais da economia e das finanças globais. De fato, a análise deste livro vai além dos temas seculares dominantes para os próximos anos. Também lança luz na maneira como determinados aspectos podem ajudar a assegurar que os inevitáveis solavancos (entre eles, os de potenciais erros políticos e de acidentes de mercado, detalhados no capítulo 5) não comprometam a jornada.

A economia global tem sorte nessa época de se beneficiar de três *circuit breakers* que reduzem, mas não eliminam, a probabilidade de que transtornos individuais contaminem o bem-estar econômico no longo prazo:

- Primeiro, os mentores políticos parecem dispostos a intervir na tentativa de salvaguardar o funcionamento fluente do sistema financeiro internacional e a solidez do crescimento econômico; no processo, eles se dispõem a subscrever o inevitável risco moral.
- Segundo, existe considerável capital fresco aguardando, disposto a entrar em cena; no caso dos fundos pacientes dos SWFs, isso parte de uma significativa posição de subexposição absoluta e relativa aos ativos de risco.
- Terceiro, a fase de surto de crescimento econômico nas principais economias emergentes confere à economia global um grau de flexibilidade que ela em geral não apresentava no passado.

Os investidores devem se lembrar de manter uma verificação cuidadosa da força e da estrutura de defasagem desses três *circuit breakers*, cuja eficácia depende também da duração potencial do transtorno técnico (ele próprio uma função do grau em que as instituições existentes se viram impedidas e, portanto, precisaram alavancar e reduzir o balanço geral). Quanto maior (menor) a solidez, menor (maior) a escala adequada do programa de seguro de ponta para determinada unidade de custo de proteção. Além disso, quanto maior (menor) a solidez, mais forte (fraca) a necessidade de os investidores considerarem vender a volatilidade do índice em diversos segmentos de mercado (particularmente ações e títulos) como suplemento para os retornos esperados de sua alocação de ativos equilibrada.

Como conclusão, um pouco da sabedoria da Harvard Management Company

A discussão sobre *overlays* e seguros de ponta não seria completa se não mencionássemos uma história que Peter Dolan, chefe do setor de ações privadas da HMC, compartilhou comigo há algum tempo. Ela tem a ver com o que os profissionais chamam de "risco do administrador" – a possibilidade de enfrentar perdas por conta de uma deterioração na qualidade dos serviços de administração do portfólio.

Peter alertou para os ciclos potencialmente danosos que alguns administradores de investimentos podem atravessar se não convivem com uma cultura interna que valorize o potencial dos mercados de humilhar qualquer investidor. Em um e-mail que falava sobre o que ele ouvira de outras pessoas, Peter me lembrou da necessidade de me proteger contra a seguinte seqüência:

> O processo psicológico começa com uma pessoa que possui *areté* ("excelência", ou "busca de excelência"). Grande *areté* leva a *hubris* ("sentimento de orgulho excessivo de si mesmo"), que por sua vez leva a *ate* ("imprudência cega"), quando um indivíduo perde seu senso de limitação humana e se permite um comportamento irrefletido ou imprudente. Por sua vez, *ate* leva a *nemesis* ("justiça punitiva"), pois a pessoa que agiu de modo imprudente é punida pelos outros.

Peter prosseguiu descrevendo como esse cenário influenciou a decisão de sua equipe de se afastar de certos administradores de investimentos em determinados momentos: "Estamos constantemente vigilantes em relação a administradores de investimentos que, depois de terem demonstrado *areté*, tornaram-se imbuídos de *hubris* e acabaram destruídos por *nemesis*".

Seria bom que os investidores seguissem o insight de Peter ao empreenderem a avaliação periódica de seus veículos de investimento. Jornadas acidentadas conseguem derrubar do cavalo administradores de investimentos cujas *hubris* resultaram em excesso de autoconfiança e insuficiente visão dos desafios que vêm pela frente.

Capítulo 9

Conclusão

Durante minha época no FMI, tive a grande sorte de trabalhar com David Coleman, um *coach* de administradores. O Departamento de Administração do Fundo, como era chamado na época, contratou David para ajudar a instituição a gerenciar melhor seus talentos humanos. Assim, ele se encontrava regularmente com *senior personnel managers*, ou SPMs, para dar-lhes assistência em questões de recursos humanos no departamento que gerenciavam.

Como muitas outras instituições, o FMI promovia os membros de suas equipes principalmente com base na *expertise* técnica e realizações. Portanto, muitos dos membros mais graduados da equipe precisavam desenvolver uma base de conhecimentos sobre administração do capital humano. Não admira que muitos colegas fizessem o possível para evitar funções ligadas significativamente à administração de pessoas, em especial quando se tratava do cargo de SPM. Mas, não importa o quanto evitassem isso, alguns recebiam essas responsabilidades. Era-lhes solicitado que administrassem e supervisionassem as atividades de centenas de membros da equipe, além de desempenharem as próprias tarefas. Por isso a necessidade de especialistas como David.

Já faz quase 15 anos que trabalhei com David como meu *coach* de administração, e, mesmo assim, ainda me lembro de muitas das ferramentas que ele me passou em nossos encontros semanais. Uma das minhas favoritas é sobre a importância de nunca perder de vista de que modo a urgência e a importância interagem.

David explicava o conceito por meio de uma matriz simples, mas poderosa. Um dos eixos especificava a urgência da tarefa; o outro, a importância. Na sua forma mais genuína, a matriz tinha as quatro combinações detalhadas da Figura 9.1.

Figura 9.1 Esquema de referência simples de administração

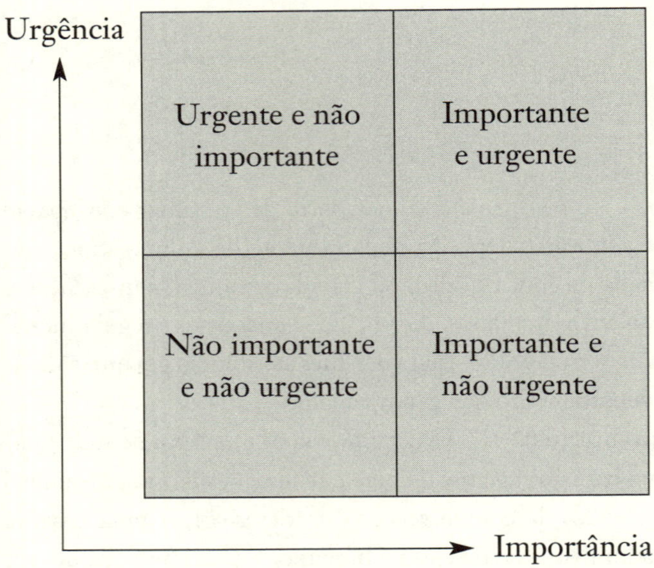

David notou que a maioria das pessoas era muito boa em reconhecer o que era importante e urgente, e reagia de acordo. Também tendiam a ser capazes de identificar e evitar o não-importante e o não-urgente. Eram as outras duas partes que faziam a diferença entre o sucesso e um desempenho médio ou medíocre.

Os administradores bem-sucedidos nunca perdiam de vista o importante, mas não urgente. Essas tarefas são altamente determinantes quando se trata de a pessoa se posicionar para uma futura excelência sustentável. Os demais acabam se dispersando com tarefas urgentes, mas não importantes. A maioria das tarefas acaba exigindo enorme quantidade de tempo e de esforço, mas tem pouco impacto material no sucesso no longo prazo.

Importante e urgente

Neste livro, argumentei que é importante e urgente compreender a natureza e as implicações das anomalias que têm surgido na economia global. Mais do que constituírem ruído com pouco conteúdo de informação – e, portanto, serem descartadas como não importantes e não urgentes –, elas sinalizam que a economia global atravessa uma transformação estrutural fundamental.

O modo como os propulsores dessas transformações estão se manifestando (a influência do que chamamos de novos atores, instrumentos e produtos) pegou muitos participantes de mercado de surpresa. Em conseqüência, as atividades propiciadas pela mudança em andamento claramente ultrapassaram a capacidade atual do sistema de acomodá-las e dar-lhes sustentação. Como resultado, tivemos, e continuaremos tendo, custosos transtornos para indivíduos, instituições e países.

Não é de surpreender. Trata-se de um aspecto que se repete na história de inovações e mudanças estruturais significativas. Tampouco surpreende que um número excessivo de participantes de mercado tenha deixado de perceber os sinais que estavam dentro do ruído: a tentação natural é reagir assim, como ilustrado nos *insights* de muitas disciplinas como economia, finanças e neurociência, além das relacionadas a comportamento.

As transformações em andamento alteram de modo antes impensável as configurações de risco e retorno. Elas precisam de ajustes por parte dos participantes do mercado, que, contrariando a lógica, podem se desviar ainda mais do que antes era tido como sabedoria convencional.

Como resultado, é importante e urgente que os participantes de mercado internalizem o fato de que algumas estratégias e entidades há muito estabelecidas vão enfrentar repentinas dificuldades operacionais jamais imaginadas. Inadvertidamente, o mundo embarcou num conjunto de mudanças fundamental, com um sistema de encanamento (incluindo as estruturas de regulação, posturas mentais, políticas e estratégias de administração de risco) mais adequado às realidades de ontem do que às do futuro. Em decorrência, os mercados de ontem têm colidido com os de amanhã e continuarão a fazê-lo.

No cerne de tudo isso está o gradual desdobramento de um realinhamento econômico, financeiro e técnico do sistema global. Os principais propulsores incluem a emergência de um novo conjunto de países sistemicamente importantes, uma significativa transferência transnacional de riqueza para entidades que ainda estão para se ajustar totalmente às suas novas circunstâncias, e a proliferação de novos instrumentos e produtos que alteraram de maneira drástica barreiras de entrada e saída, mudaram correlações e turbinaram a influência da liquidez endógena.

Ao longo do tempo, emergirá um novo destino secular que vai envolver maiores elementos de estabilidade. O vacilante motor de crescimento global dos Estados Unidos será substituído pelos vários motores dos mercados emergentes. Os desequilíbrios globais ficarão menores conforme os países se ajustem. Portfólios altamente concentrados serão alocados a uma classe mais ampla de ativos. E a inevitável melhora na política e na infra-estrutura de mercado permitirá acomodar melhor as novas e complexas interações de produtos e investidores.

É crucial que os participantes de mercado reconheçam e ajam levando em conta a probabilidade de que o novo destino secular seja atingido pelo que se afigura como uma jornada bastante acidentada. De fato, eu diria que se trata de algo inevitável, considerando a necessidade de reformatar sistemas, pessoas, políticas e processos para garantir que a economia internacional acomode e sustente de maneira adequada as novas realidades. Também reflete o desafio colocado aos mentores políticos pela gradual mudança na dinâmica de preços, uma vez que os ventos favoráveis da desinflação global, propiciada pela entrada em larga escala de trabalho barato na produção global, dá lugar a um vento contrário causado por diversos fatores, entre eles, contínuas pressões de preços sobre as *commodities*.

A jornada já foi caracterizada por excessos institucionais e de mercado, e por desastres institucionais. Até mesmo alguns parâmetros básicos do funcionamento normal do mercado – como a confiança em avaliações, descoberta de preço, visibilidade e direitos de propriedade – sofreram pressões. Pior ainda, balanços gerais já sob pressão ficaram ainda mais difíceis de definir devido à natureza nova e incerta de dívidas contingentes.

Não é de admirar, portanto, que os resultados tenham incluído (e que continuem a incluir) colapsos periódicos no funcionamento dos mercados. Compradores e vendedores não são mais capazes de repetir facilmente resultados de liquidações de mercado; a confiança entre as partes declinou, forçando cada empresa a esticar e preservar seus balanços gerais; alguns segmentos de mercado ficaram sujeitos a repentinas interrupções de liquidez; e mentores políticos foram empurrados para o modo de administração de crise, tendo de empreender intervenções de emergência para lidar com os transtornos de liquidez imediatos, mas ao custo de minar gradualmente o funcionamento eficiente dos mercados no longo prazo.

Não importante, mas urgente

O que dizer a respeito do não importante, mas urgente? O maior risco para os participantes de mercado são os inevitáveis desvios de atenção que povoam a jornada até o novo destino secular. Esses desvios podem consumir uma significativa parcela de recursos sem trazer melhorias de bem-estar no longo prazo.

Nesse caso, os riscos são materiais. Eles são liderados pela tentação de agir de maneira a tratar a crescente série de aberrações como se não requeresse uma reorientação estratégica. O resultado é uma função de reação caso a caso, que consiste de forma essencial numa série de respostas temporárias e, em última análise, ineficazes, que resultam em probabilidade bem maior de acidentes de mercado e de erros políticos conforme os participantes de mercado continuem adotando estratégias antiquadas.

Existe ainda a tentação de reagir a apenas uma das três transformações estruturais, sem dar adequada atenção a como ela interage com as outras duas. Essa adaptação parcial não se traduz necessariamente numa melhora geral e, na verdade, poderia de fato distorcer o processo de ajuste.

Importante e não urgente

O título nos conduz ao que pode parecer, para muitos, "importante e não urgente", a saber, como se posicionar para o novo destino secular que vai transparecer em alguns anos. É aparentemente "não urgente" porque a mudança pertence ao mundo de amanhã – mundo que ainda é pouco familiar e corre em sentido contrário aos hábitos formados pela experiência passada. Além do mais, alguns elementos desse destino entram em conflito com a jornada que deverá ser percorrida primeiro. No entanto, é "importante", uma vez que representa uma resposta a uma mudança sustentável no longo prazo.

David me ensinou que aquilo que aparece hoje como "importante e não urgente" vai, com muita probabilidade, separar no futuro quem tem forte desempenho de quem tem desempenho mediano ou medíocre. Assim sendo, *Mercados em colisão* tentou propor os componentes básicos de um plano de ação para cada um dos três principais grupos de participantes do mercado: investidores de longo prazo, funcionários do governo e instituições internacionais. Inevitavelmente, os detalhes do plano de ação individual envolvem rever elementos da sabedoria convencional. Alguns implicam uma mudança de postura mental; outros, uma reformatação de parâmetros institucionais e organizacionais. Portanto, algo que não é fácil de implementar. Além de envolver riscos. Mas as dificuldades perdem importância em comparação com as conseqüências de não se ajustar.

Para os investidores, a lista de coisas a fazer inclui a capacidade de ter como objetivo alocações de ativos no longo prazo que vão se exaurir com o tempo conforme as novas realidades seculares se afirmem em termos de preços de mercado. No processo, os investidores devem também testar a solidez de seus veículos de investimento, a redução do risco e os arranjos institucionais para assegurar que sejam compatíveis com as mudanças estruturais em andamento. Criticamente, devem estar abertos em particular a suplementar a tradicional (e com excessiva freqüência mal implementada) terceirização da administração do risco com um uso maior de *overlays* e programas de proteção de seguro de ponta.

Para os mentores políticos, a lista de coisas a fazer inclui ter disposição para procurar novas fontes de informações relacionadas à política e melhorar os instrumentos políticos e as abordagens de acordo. E, para as instituições multilaterais, a lista inclui atualizar sua governança e abordagens operacionais, que estão sendo sufocadas por atribuições desatualizadas e por posturas mentais medievais.

Ao adaptarem o plano de ação às respectivas circunstâncias particulares, os participantes individuais do mercado estarão em posição melhor tanto para percorrer a jornada como para se beneficiar do novo destino. Eles poderão perceber melhor o potencial para explorar oportunidades e administrar as novas configurações de risco. E o impacto será sentido no porte e no perfil de tempo de seus resultados finais.

O bem público

Até aqui, a discussão tem sido sobre o interesse de cada grupo de participantes do mercado. No entanto, existe outra razão para esperar que todos reajam adequadamente: a necessidade de salvaguardar o crescimento e o potencial da economia global de diminuir a pobreza.

Como um agregado, a economia global está passando por mudanças estruturais numa época de considerável fragilidade. Alguns balanços gerais estão expandidos no limite, particularmente nos Estados Unidos; nem todos os segmentos da população se beneficiam das novas realidades globais; o desafio da mudança do clima global é real e até agora não foi enfrentado; e os ciclos políticos estão crescentemente se desviando dos econômicos, o que eleva o risco de um protecionismo desordenado e de políticas que resultam em benefícios para um país em detrimento de outro.

Realmente, a economia global está no meio de um cabo-de-guerra. De um lado, temos bolsões de excessos financeiros, superalavancagem, pressões de recursos e desigualdades – todos eles servem para minar a sustentabilidade e o impacto benéfico da globalização e integração. Do outro lado, a chegada de uma corrente de crescimento mais equilibrada, liderada pelas economias emergentes, e a aplicação de seu excesso de poupança atuam como estabilizadores e proporcionam significativo potencial para uma nova fase de aumento do bem-estar para a globalização, crescimento econômico e diminuição da pobreza.

Existe muito em jogo, e os desafios são consideráveis e multifacetados. Há também questões críticas de coordenação e interdependência.

Mesmo que isso fosse viável e desejável, o setor oficial não está em posição de conduzir o setor privado para um ajuste ordenado. O setor privado deve assumir essa responsabilidade. O melhor que o setor oficial pode fazer é ajudar a estimular um processo potencialmente mais ordenado, por meio dos tão necessários progressos no próprio conjunto de reformas prioritárias. De fato, para o setor privado se acertar, ele precisa de apoio na forma de ajustes concorrentes nos parâmetros que regem importantes aspectos do comportamento do mercado, entre eles, os dos canais reguladores e políticos, tanto no nível nacional como no multinacional.

A esperança é que, à maneira clássica de Adam Smith, o bem-estar global seja incrementado pelos diversos grupos de participantes do mercado, perseguindo simultaneamente seu auto-interesse em resposta às transformações estruturais em andamento, e com isso reforçando os potenciais alinhamentos de incentivos e alimentando os elementos virtuosos do processo de ajuste. O perigo é que as diferenças na disposição e na capacidade de se adaptar possam complicar ainda mais a jornada e tornar a economia global mais vulnerável a desacelerações de crescimento, forças protecionistas, repentinas interrupções de liquidez e transtornos do mercado financeiro.

É tempo de investidores e mentores políticos tomarem decisões. Agindo de maneira decidida e oportuna, eles podem atuar sobre o equilíbrio, afastando-o da dinâmica de um ciclo vicioso para a de um ciclo virtuoso. Os ganhos resultantes vão bem além de um desempenho superior de investimento e da implementação de uma boa política. Também se refletirá na capacidade de tornar esta era de mudança econômica global compatível com alto crescimento global, diminuição da pobreza e relativa estabilidade financeira.

Notas

Prefácio

1. Steven D. Levitt e Stephen J. Dubner, *Freakonomics: A Rogue Economist Explores the Hidden Sides of Everything*. Nova York: HarperTorch, 2006.

2. Nassim Nicholas Taleb, *Fooled by Randomness: The Hidden Role of Chance in Life and the Markets*. Nova York: Random House, 2005; e Nassim Nicholas Taleb, *The Black Swan: The Impact of the Highly Improbable*. Nova York: Random House, 2007. [Trad. bras.: *A lógica do cisne negro: o impacto do altamente improvável*. Rio de Janeiro: Best Seller, 2008.]

3. Peter L. Bernstein, *Capital Ideas Evolving*. Hoboken (NJ): Wiley, 2007.

4. Richard L. Peterson, *Inside the Investor's Brain: The Power of Mind Over Money*. Hoboken (NJ): Wiley Trading, 2007.

5. Esta citação aparece com freqüência em certas universidades quando fazem divulgação de seus cursos de economia.

Introdução

1. Como observado num artigo do professor da Universidade de Columbia, Guillermo Calvo, publicado pelo FMI (Guillermo Calvo, "Explaining Sudden Stop, Growth Collapse, and BOP Crisis: The Case of Distortionary Output Taxes", *IMF Staff Papers*, v. 50, 2003), o termo "interrupção de liquidez" foi cunhado pelo economista do MIT, Rudi Dornbusch, em 1995 (Rudiger Dornbusch, Ilan Golfajn e Rodrigo O. Valdes, "Currency Crises and Collapses", *Brookings Papers on Economic Activity*, 1995). Foi popularizado por Calvo no contexto das crises dos mercados emergentes na década de 1990.

2. David Enrich, Robin Sidel e Susanne Craig, "World Rides to Wall Street's Rescue: Citigroup, Merrill Tap Foreign Aid Lifelines; Damage Tops $90 Billion", *Wall Street Journal*, 16 jan. 2008, p. A-1.

3. "US Banks Get $21 Billion Foreign Bail-Out", *Financial Times*, 16 jan. 2008, p. 1.

4. "Invasion of the Sovereign Wealth Funds", *The Economist*, 19-25 jan. 2008, matéria de capa.

5. As razões foram detalhadas por Mohamed A. El-Erian em "Development and Globalization: Friends or Foes", *Emerging Markets Watch*, PIMCO, mar. 2002.

6. A publicação *Emerging Markets Watch*, que tive o privilégio de dirigir de dezembro de 1999 até deixar a PIMCO e ir para a HMC, no início de 2006, foi assumida por meus dois colegas da PIMCO, Michael Gomez e Curtis Mewbourne. Os artigos estão disponíveis em: <www.pimco.com>. As colunas que apareceram no *Financial Times* e na *Newsweek* estão disponíveis em: <www.ft.com> e <www.newsweek.com>.

7. Veja a discussão relacionada no capítulo 1, sobre o testemunho dado em 16 de fevereiro de 2005 pelo presidente Alan Greenspan diante da Comissão do Senado norte-americano sobre bancos, habitação e questões urbanas. Disponível em: <www.federalreserve.gov/boarddocs/hh/2005/february/testimony.htm>.

8. Stephen Barrow, diretor de operações de informações da Ironbridge Capital Management em Londres, se pronunciou da seguinte forma numa entrevista na edição de 20 de agosto da *Barron's*: "A riqueza não é criada por engenharia financeira. A engenharia financeira tende a ser uma transferência de riqueza".

9. Ben White e David Wighton, "Credit Squeeze Costs Banks $18 Billion", *Financial Times*, 6 out. 2007, p. 1.

10. Christine Harper, "Goldman Doesn't Plan Significant Mortgage Writedowns, CEO Blanfein Says", *Bloomberg News*, 13 nov. 2007.

11. Mohamed A. El-Erian, "Foreign Capital Must Not Be Blocked", *Financial Times*, 2 out. 2007.

12. Para uma discussão anterior dos SWFs, consulte os artigos de Jennifer Johnson-Calari e Malan Rietveld em *Sovereign Wealth Management*, Londres: Central Banking Publications, 2007.

13. Veja, por exemplo, Berkshire Hathaway Annual Report 2002.

Capítulo 1

1. Palestra em memória a L. K. Jha proferida por Lawrence H. Summers, "Reflections on Global Account Imbalances and Emerging Markets Reserve Accumulation", em 24 de março de 2006, no Reserve Bank of India, Mumbai, Índia. Disponível em: <www.president.harvard.edu/speeches/2006/0324_rbi.html>.

2. Gillian Tett e Steve Johnson, "New Zealand Finance Chief Says Rush into Currency Is 'Irracional'", *Financial Times*, 7 set. 2006.

3. Não existe uma definição consensual para o grupo das "economias emergentes". Para os propósitos de nossa análise, usaremos a definição do FMI/Banco Mundial.

4. Martin Wolf, "Questions and Answers on a Sadly Predictable Debt Crisis", *Financial Times*, 5 set. 2007.

5. Alan Greenspan, *The Age of Turbulence: Adventures in a New World*, Nova York: Penguin, 2007. [Trad. bras.: *A era da turbulência: aventuras em um novo mundo*. São Paulo: Campus, 2007.]

6. O argumento é apresentado em suas observações: "The Global Saving Glut and the U.S. Current Account Deficit", Remarks by Governor Ben S. Bernanke at the Sandridge Lecture, Virginia Association of Economics, Richmond, Virgínia, 10 mar. 2005. Disponível em: <www.federalreserve.gov/boarddocs/speeches/2005/200503102/default.htm>. (Bernanke fez observações similares com dados incrementados na Homer Jones Lecture, St. Louis, Missouri, em 14 de abril de 2005.)

7. Ben Bernanke, "The Economic Outlook", depoimento diante da Comissão de Orçamento, Câmara dos Deputados dos Estados Unidos, 17 jan. 2007.

Capítulo 2

1. *The Managing Director's Report on the Fund's Medium-Term Strategy, September 15, 2005*, FMI, Washington, D.C. Ver também *The Managing Director's Report on Implementing the Fund's Medium-Term Strategy*, FMI, Washington, D.C., 5 abr. 2006.

2. Barry Eichengreen, "The IMF Adrift on a Sea of Liquidity", in *Reforming the IMF for the 21st Century*, editado por Edwin M. Truman, Peter G. Peterson Institute for International Economics (IIE), Washington, D.C., 2006.

3. Timothy D. Adams, "The IMF: Back to Basics", in *Reforming the IMF for the 21st Century*, editado por Edwin M. Truman, IIE, Washington, D.C., 2006.

4. Os senhores Lerrick e O'Neil são citados em Christopher Swann, "Strauss-Kahn to Inherit IMF Job with Reduced Clout", *Bloomberg News*, 31 ago. 2007.

5. "Europe Is Wrong to Push Strauss-Kahn", *Financial Times*, 28 ago. 2007, p. 8.

6. Como relatado por Jude Webber e Richard Lapper, "It Won't be Easy... No Tears for the IMF as Feisty Argentina Awaits Its Next Evita", *Financial Times*, 25 out. 2007.

7. Para uma discussão resumida, consulte Mohamed A. El-Erian, "IMF Reforms: Attaining the Critical Mass", in *Reforming the IMF for the 21st Century*, editado por Edwin M. Truman, IIE, Washington, D.C., 2006.

8. Para uma descrição do problema e das potenciais soluções, veja *Committee to Study Sustainable Long-Term Financing of the IMF, Final Report*, FMI, Washington, D.C., 2007. Disponível em: <www.imf.org/external/np/oth/2007/013107.pdf>.

9. Estas questões são discutidas em detalhe em um volume do Peter G. Peterson Institute for International Economics (IIE), editado por Edwin M. Truman (2006). Para mais detalhes, veja também os seguintes artigos opinativos que apareceram no *Financial Times*: Mohamed A. El-Erian e Michael Spence, "Refocus the IMF", *Financial Times*, 6 ago. 2007; e Mohamed A. El-Erian, "It's Time to End Feudal Selection Processes", *Financial Times*, 29 mar. 2005.

10. Dados extraídos de *IMF inFocus*, suplemento do Fundo Monetário Internacional, *IMF Survey*, v. 35, set. 2006. Disponível em: <www.imf.org/external/pubs/ft/survey/2006/090106.pdf>.

11. Alexei Kudrin, "The Era of Empires Is Over for International Bodies", *Financial Times*, 30 set. 2007.

12. Neil Unmack e Sebastian Boyd, "HSBC Will Take on $45 Billion of Assets from Two SIVs", *Bloomberg News*, 26 nov. 2007.

13. Para informações anteriores, veja *Report on the Role and Function of Credit Rating Agencies in the Operation of the Securities Markets*, jan. 2003, da Comissão de Valores Mobiliários (U.S. Securities and Exchange Commission – SEC).

14. Gillian Tett, "Why Financiers Have Missed the New Monster", *Financial Times*, 7 set. 2007, p. 22.

15. Michiyo Nakamoto e David Wighton, "Bullish Citigroup Is 'Still Dancing' to the Beat of the Buyout Boom", *Financial Times*, 10 jul. 2007.

16. Susanne Craig, David Reilly e Randall Smith, "More Zeroes for Investors", *Wall Street Journal*, 18 jan. 2008.

17. Ver, por exemplo, Irving Fisher, "The Debt-Deflation Theory of Great Depression", *Econometrica*, v. 1, n. 4, out. 1933.

18. Lawrence H. Summers, "Why America Must Have a Fiscal Stimulus", *Financial Times*, 6 jan. 2008.

19. Citado com base na carta de Meryvn King, diretor do Banco da Inglaterra, para John McFall, presidente do Treasury Select Committee of Parliament, como citado em Scheherazade Daneshkhu, "Bank Chief Defends Role in Northern Rock Crisis", *Financial Times*, 21 set. 2007, p. 2.

20. Matt Ridley, Letters to the Editor, *Economist*, 29 set. 2007, p. 19.

21. Martin Wolf, "The Bank Loses a Game of Chicken", *Financial Times*, 21 set. 2007, p. 11.

22. Ver discussão em Xavier Freixas, "Systematic Risk and Prudential Regularities in the Global Economy". Artigo preparado para a palestra conjunta do Federal Reserve de Chicago e do Fundo Monetário Internacional sobre Globalização e Risco Sistêmico, Chicago, 27-28 set. 2007.

23. Guillermo A. Calvo, Alejandro lzquierdo e Luis-Fernando Mjia, "On the Empirics of Sudden Stops: The Relevance of Balance Sheet Effects", National Bureau of Economic Research (NBER), Cambridge, Massachusetts, 2004.

24. Charlie McCreevy, discurso oficial de abertura, Banco Internacional Wachovia, 26 out. 2007, p. 5. Disponível em: <www.ec.europa.eu/commission_barroso/mccreevy/docs/speeches/2007-1026/regulators_to_be_humble.pdf>.

Capítulo 3

1. John Mayard Keynes, *The General Theory of Employment, Interest and Money*. Londres: Macmillan, 1936. [Trad. bras.: *Teoria geral do emprego, do juro e da moeda*. São Paulo: Atlas, 1998.]

2. Stuart Sim, *Manifesto for Silence: Confronting the Politics and Culture of Noise*. Edimburgo: Edinburgh University Press, 2007.

3. Ver, por exemplo, Milton Friedman, *Essays in Positive Economics*. Chicago: University of Chicago Press, 1953. Para uma discussão mais holística, ver Frank Hahn e Martin Hollis, *Philosophy and Economic Theory*. Nova York: Oxford University Press, 1979.

4. Javier C. Hernandez, "Boston Tea Party Catches Fire Again", *Boston Globe*, 28 ago. 2007.

5. Amartya K. Sen, "Rational Fools: A Critique of the Behavioral Foundations of Economic Theory", *Philosophy and Public Affairs*, v. 6, n. 4, verão de 1977.

6. Michael Douglas ganhou o Oscar de 1987 de melhor ator por esse papel. O filme foi dirigido por Oliver Stone.

7. Thomas S. Kuhn, *The Structure of Scientific Revolutions*. Chicago: University of Chicago Press, 1962.

8. George A. Akerlof, "The Market for 'Lemons': Quality Uncertainty and the Market Mechanism", *Quarterly Journal of Economics*, v. 84, n. 3, ago. 1970, pp. 488-500.

9. Nassim Nicholas Taleb, *The Black Swan: The Impact of the Highly Improbable*. Nova York: Random House, 2007, p. xviii. [Trad. bras.: *A lógica do cisne negro: o impacto do altamente improvável*. Rio de Janeiro: Best Seller, 2008.]

10. Como exemplo, veja as muitas cartas enviadas aos editores do *Financial Times* em resposta ao artigo de Taleb: Nassim Nicholas Taleb, "The Pseudo-Science Hurting Markets", *Financial Times*, 24 out. 2007.

11. Howard Wainer, "The Most Dangerous Equation", *American Scientist*, maio-jun. 2007, p. 250.

12. Uma discussão sobre o assunto está em James J. Choi, David Laibson e Brigitte Madrian, *Plan Design and 401(k) Savings Outcomes*, NBER Working Paper N. 10486, NBER, Cambridge, Massachussets, maio 2004.

13. Uma discussão detalhada pode ser encontrada em Daniel Kahneman e Amos Tversky (eds.), *Choices, Values, and Frames*. Cambridge: Cambridge University Press, 2000.

14. Daniel Kahneman, "Maps of Bounded Rationality: A Perspective on Intuitive Judgment and Choice", Palestra de Prêmio Nobel, Estocolmo, Suécia, 8 dez. 2002.

15. O termo foi cunhado em Hersh Shefrin e Meir Starman, "The Disposition to Sell Winners Too Early and Ride Losers Too Long: Theory and Evidence", *Journal of Finance*, v. 40, n. 3, 1985, pp. 777-90.

16. Ver, por exemplo, Baba Shiv e Alexander Fedorikhin, "Heart and Mind in Conflict: The Interplay of Affect and Cognition in Consumer Decision Making", *Journal of Consumer Research*, v. 26, n. 3, dez. 1999, pp. 278-92.

17. John Y. Campbell, "An Interview with Robert J. Shiller", in *Inside the Economist's Mind: Conversations with Eminent Economists*, editado por Paul A. Samuelson e William A. Barnett. Malden (Massachusetts): Blackwell, 2007.

18. Samuel M. McClure, David I. Laibson, George Lowenstein e Jonathan D. Cohen, "Separate Neural Systems Value Immediate and Delayed Monetary Rewards", *Science*, v. 306, 15 out. 2004, pp. 503-7.

19. Drew Gilpin Faust, "Unleashing Our Most Ambitious Imaginings", discurso inaugural, Universidade Harvard, Cambridge, Massachusetts, 12 out. 2007.

20. Ver, por exemplo, a obra de Andrei Shleifer incluindo Andrei Shleifer e Robert W. Vishny, "The Limits to Arbitrage", *Journal of Finance*, mar. 1997, p. 35-55.

21. Ben S. Bernanke, "The Economic Outlook", depoimento diante da Comissão de Orçamento, Câmara dos Deputados dos Estados Unidos, 17 jan. 2008.

22. Para um exemplo desse tipo de análise, ver Paul R. Masson, *Multiple Equilibria, Contagion, and the Emerging Market Crises*, International Monetary Fund (IMF) Working Paper N. 99/164, Washington, D.C., nov. 1999.

23. Para uma discussão mais detalhada, ver Mohamed A. El-Erian, *Mexico's External Debt and the Return to Voluntary Capital Market Financing*, International Monetary Fund (IMF) Working Paper N. 91/83, Washington, D.C., ago. 1991.

24. Para informações adicionais, ver Mohamed A. El-Erian, *Restoration of Access to Voluntary Capital Market Financing: The Recent Latin American Experience*, International Monetary Fund (IMF) Staff Papers 39, n. 1, Washington, D.C., mar. 1992.

25. Mohamed A. El-Erian, "How Investors Should Respond to the Boom in M&A Activity", *Financial Times*, 30 maio 2007.

Capítulo 4

1. Esta seção se apóia bastante no trabalho de Mohamed A. El-Erian e Michael Spence, "Growth Strategies and Dynamics: Insights from Country Experiences", *World Economics*, v. 9, n. 1, jan.-mar. 2008.

2. Este *insight* vem de uma discussão com o ministro das Finanças do Egito, Youssef Boutros-Ghali, durante uma palestra de 1995 sobre as perspectivas econômicas do país.

3. El-Erian e Spence, "Growth Strategies and Dynamics", p. 4.

4. El-Erian e Spence, "Growth Strategies and Dynamics", p. 7.

5. Dani Rodrik, *One Economics, Many Recipes: Globalization, Institutions, and Economic Growth*. Princeton (NJ): Princeton University Press, 2007.

6. Tira Callen, "Emerging Markets Main Engine of Growth", *IMF Survey Magazine*, FMI, Washington, D.C., 17 out. 2007.

7. "Stronger China", *The Economist*, 29 set. 2007, p. 14.

8. Para detalhes, ver Mohamed A. El-Erian, "Asia: Regionalism with an Outward Orientation", *Emerging Markets Watch*, PIMCO, Newport Beach, Califórnia, jul. 2004.

9. Lawrence H. Summers, "The U.S. Current Account Deficit and the Global Economy", The Per Jacobsson Foundation, Washington, D.C., 3 out. 2004. Disponível em: <www.perjacobsson.org/2004/100304.pdf>.

10. Michael Dooley, David Folkerts-Landau e Peter Garber, *The Revived Bretton Woods System: The Effects of Periphery Intervention and Reserve Management on Interest Rates and Exchange Rates in Center Countries*, NBER Working Paper N. 10332, NBER, Cambridge, Massachusetts, mar. 2004.

11. Nouriel Roubini e Brad Setser, "How Scary Is the Deficit?", *Foreign Affairs*, jul.-ago. 2005.

12. Chris P. Dialynas e Marshall Auerback, "Renegade Economics and the Bretton Woods II Fiction", PIMCO, Newport Beach, Califórnia, 2007.

13. Alan Greenspan, *The Age of Turbulence: Adventures in a New World*. Nova York: Penguin, 2007. [Trad. bras.: *A era da turbulência: aventuras em um novo mundo*. São Paulo: Campus, 2007.]

14. Por exemplo, a força de trabalho da Índia ainda é predominantemente do setor agrícola, e existe um significativo excedente de trabalho para ser introduzido nas atividades da moderna economia global.

15. Greenspan, *The Age of Turbulence*, p. 382.

16. International Energy Agency (IEA), *World Energy Outlook (WEO)*, Paris, out. 2007.

17. Aasim M. Husain, "Riding the Crest of the Oil Boom", *IMF Survey Magazine*, FMI, Washington, D.C., 30 out. 2007.

18. Os quatro passos foram inicialmente apresentados em Mohamed A. El-Erian, "The Policy Challenge of Managing Success", *Emerging Markets Watch*, PIMCO, Newport Beach, Califórnia, jan. 2005. Elucidações adicionais podem ser encontradas em Mohamed A. El-Erian, "Asset-Liability Management in Emerging Economies", in *Sovereign Wealth Management*, editado por Jennifer Johnson-Calari e Malan Rietveld. Londres: Central Banking Publications, 2007.

19. Ver, por exemplo, Barry Eichengreen e Ricardo Hausmann, "How to Eliminate Original Sin", *Financial Times*, 22 nov. 2002. Disponível em: <www.ft.com>.

20. O livro de Paul Blustein sobre a Argentina, de janeiro de 2005, contém uma boa discussão sobre esta e outras questões relacionadas. Ver Paul Blustein, *And the Money Kept Rolling In (and Out): Wall Street, the IMF, and the Bankrupting of Argentina*. Nova York: Public Affairs/Perseus, 2005.

21. *The New Power Brokers: How Oil, Asia, Hedge Funds, and Private Equity Are Shaping Global Capital Markets*, Instituto Global McKinsey (McKinsey Global Institute – MGI), San Francisco/McKinsey & Company, out. 2007.

22. Norges Bank Investment Management, Oslo, Noruega. Disponível em: <www.norges-bank.no/>.

23. Lee Kuan Yew, *From Third World to First – The Singapore Story: 1965-2000*. Nova York: HarperCollins, 2000, p. 97.

24. Esta categoria abrange ativos cuja expectativa era de que iriam se comportar bem num ambiente inflacionário. Além de imóveis, incluem Treasury Inflation-Protected Securities (TIPS) e *commodities*.

25. Simon Johnson, "The Rise of Sovereign Wealth Funds", *Finance and Development*, set. 2007, p. 57.

26. China Universal Asset Management Co. Ltd., Xangai, China.

27. *Triennial and Semiannual Surveys on Positions in Global Over-the-Counter (OTC) Derivative Markets at End-June 2007*, Bank for International Settlements (BIS), Basiléia, Suíça, 2007.

28. Darrell Duffie, "Innovation in Credit Risk Transfer: Implications for Financial Stability". Artigo apresentado na sexta conferência anual do BIS, Financial System and Macroeconomic Resilience, Brunnen, Suíça, 18-19 jun. 2007. Disponível em: <www.bis.org/events/brunnen07/duflìepres.pdf>.

29. Avalia-se que dois terços do risco *subprime* estava nos instrumentos de finanças estruturadas.

CAPÍTULO 5

1. "Getting the Message, At Last", *The Economist*, 13 dez. 2007.

2. Antoine van Agtmael, *The Emerging Markets Century: How a New Breed of World Class Companies Is Overtaking the World*. Nova York: Free Press, 2007.

3. Estas alocações estão refletidas na evolução da política de portfólio (ou *mix* neutro de ativos) que aparece no site <www.hmc.harvard.edu>.

4. Os dados sobre alocações de ativos estão disponíveis no site da Harvard Management Company (HMC): <www.hmc.harvard.edu>.

5. Mohamed A. El-Erian, "In the New Liquidity Factories, Buyers Must Still Beware", *Financial Times*, 22 mar. 2007.

6. Martin Wolf, "Questions and Answers on a Sadly Predictable Debt Crisis", *Financial Times*, 5 set. 2007.

7. Kevin Warsh, "The End of History?". Discurso na New York Association for Business Economics, Nova York, 7 nov. 2007.

8. Bryan Keogh e Shannon D. Harrington, "Citigroup Pushes Bank Borrowing Costs Above Companies", *Bloomberg News*, 16 nov. 2007.

9. Ben S. Bernanke, "Housing, Housing Finance, and Monetary Policy". Apresentação do Federal Reserve no Simpósio Econômico de Kansas City, Jackson Hole, Wyoming, 31 ago. 2007. Disponível em: <www.federalreserve.gov/newsevents/speech/bernanke20070831a.htm>.

10. Para uma primeira aplicação deste ponto de vista, ver Mohamed A. El-Erian, "Symbiotic Parenting", *Emerging Markets Watch*, PIMCO, Newport Beach, Califórnia, jun. 2004.

11. Mohamed A. El-Erian, "A Route Back to Potency for Central Banks", *Financial Times*, 17 jan. 2007, p. 9.

12. A explosão emocional de Jim Cramer, na sexta, 10 de agosto de 2007, pode ser vista no YouTube.com e no www.cnbe.com.

13. Frederic S. Mishkin, "Monetary Policy and the Dual Mandate". Discurso no Bridgewater College, Bridgewater, Virgínia, em 10 de abril de 2007. Disponível em: <www.federalreserve.gov/newsevents/speech/ Mishkin20070410a.htm>.

14. Roberto Cardarelli, Selim Elekdag e M. Ayhan Kose, "Managing Large Capital Inflows", *World Economic Outlook*, FMI, Washington, D.C., out. 2007, cap. 3, p. 123.

15. Edwin M. Truman, "The Management of China's International Reserves: China and an SWF Scorecard". Artigo preparado para a Conferência sobre a Política de Taxa Cambial da China, IIE, Washington, D.C., 19 out. 2007, p. 11. Disponível em: <www.petersoninstitute.org/publications/ papers/ truman1007.pdf>. Como publicado em *Debating China's Exchange Rate Policy*, editado por Nicholas R. Lardy e Morris Goldstein, IIE, Washington, D.C., 2008.

16. Jim VandeHei e Jonathan Weisman, "Republicans Split with Bush over Ports: White House Vows to Brief Lawmakers on Deal with Firm Run by Arab State", *Washington Post*, 23 fev. 2006, p. A01.

17. Minhas observações estão contidas em Mohamed A. El-Erian, "Towards a Better Understanding of Sovereign Wealth Funds". Debate sobre o artigo de Edwin M. Truman, Senior Fellow do Peterson Institut, "The Management of China's International Reserves", para a Conferência sobre Política da Taxa Cambial da China, Peterson Institute for International Economics (IIE), Washington, D.C., 19 out. 2007. Disponível em: <www.petersoninstitute.org/events/event_detail.cfm?EventID=47>.

18. "The Invasion of the Sovereign-Wealth Funds", *The Economist*, 17 jan. 2008, p. 11.

19. A transcrição do debate democrático em Las Vegas, em 15 de janeiro de 2008, como fornecido pelo

Federal News Service e reimpresso no *New York Times*, está disponível em: <www.nytlmes.com/2008/01/15/us/politics/15demdebatetranscript.html?_r=2&pagewanted=all&oref=slogin&oref=slogin>.

20. "The Invasion of the Sovereign-Wealth Funds", *The Economist*.

21. El-Erian, "Towards a Better Understanding of Sovereign Wealth Funds".

22. David Evans, "Public School Funds Hit by Defaulted SIV Debts Hidden in Investment Pools", *Bloomberg News*, 15 nov. 2007.

23. Os membros do Grupo dos Sete (G7) são Canadá, França, Alemanha, Itália, Japão, Reino Unido e Estados Unidos. O G7 concordou, não oficialmente em 1994 e oficialmente em 1997, em incluir a Rússia num novo fórum, predominantemente político, conhecido como Grupo dos Oito (G8).

24. Robert F. Bruner e Seara D. Carr, *The Panic of 1907: Lessons Learned from the Market's Perfect Storm*. Hoboken (NJ): Wiley, 2007.

Capítulo 6

1. Jeremy J. Siegel, *Stocks for the Long Run: The Definitive Guide to Financial Market Returns & Long Term Investment Strategies*. 4. ed. Nova York: McGraw-Hill, 2008, p. 4.

2. Mohamed A. El-Erian, "Waning Days of the Dollar", *Newsweek*, 19 nov. 2007.

3. David Swensen, *Unconventional Success: A Fundamental Approach to Personal Investment*. Nova York: Free Press, 2005.

4. Para uma discussão interessante sobre indexação de fundamentais, ver Robert D. Arnott, Jason C. Hsu e Philip Moore, "Fundamental Indexation", *Financial Analysts Journal*, v. 61, n. 2, mar.-abr. 2005.

5. Marc Lifscher, "CalPERS Panel OKs Broader Mix", *Los Angeles Times*, 18 dez. 2007, p. C2.

6. Para uma das primeiras análises abrangentes das *securities* protegidas contra a inflação, ver John Brynjolfsson e Frank J. Fabozzi (eds.), *Handbook of Inflation Indexed Bonds*. New Hope (Pensilvânia): Frank J. Fabozzi Associates, 1999.

7. C. A. E. Goodhart, "Monetary Relationship: A View from Threadneedle Street", *Papers in Monetary Economics*, v. I, Banco Central da Austrália, 1975.

8. Considerações similares levaram à atual mudança dos planos de pensão de empresas para a adesão automática, ou seja, oferecer aos novos contratados a alternativa de não optar, em lugar da alternativa de optar. Essa mudança mostrou como resultado um significativo aumento no volume e na velocidade da adesão. Ver John Beshears, James J. Choi, David Laibson e Brigitte C. Madrian, *The Importance of Default Options for Retirement Savings Outcome: Evidence from the United States*, CeRP Working Paper 43, Center for Research on Pensions and Welfare Policies (CeRP), Turim, Itália, 2003.

9. Mohamed A. El-Erian, "Decomposing Emerging Markets Bonds", *Emerging Markets Watcb*, PIMCO, Newport Beach, Califórnia, set. 2004.

10. William H. Gross, "Philosopher's Stone", *Investment Outlook*, PIMCO, Newport Beach, Califórnia, set. 2004.

11. Ver, por exemplo, Jasmina Hasanhodzic e Andrew W. Lo, "Can Hedge-Fund Returns Be Replicated? The Linear Case", 16 ago. 2006. Disponível no Social Science Research Network (SSRN): <www.ssrn.com/abstract=924565>.

12. Ver, por exemplo, Steven N. Kaplan e Antoinette Schoar, "Private Equity Performance: Returns, Persistence and Capital Flows", *Journal of Finance*, v. 60, n. 4, 2005.

13. Oliver Gottschlag e Ludovic Phalippou, "The Truth about Private Equity Performance", *Harvard Business Review*, dez. 2007.

14. Josh Lerner e Antoinette Schoar, *The Illiquidity Puzzle: Theory and Evidence from Private Equity*, NBER Working Paper N. W9146, NBER, Cambridge, Massachusetts, 2002.

15. Josh Lerner, Antoinette Schoar e Wan Wong, *Smart Institutions, Foolish Choices? The Limited Partner Performance Puzzle*, NBER Working Paper N. 11136, NBER, Cambridge, Massachusetts, fev. 2005.

16. Prashant A. Bhatia, *Chief Investment Officer Survey*, Citigroup Global Markets, 25 set. 2007, 36 pp.

17. Ver, por exemplo, Raghuram Rajan, "Bankers' Pay Is Deeply Flawed", *Financial Times*, 8 jan. 2008, p. 9.

18. Mohamed A. El-Erian, "Global Investor: Hedge Fund Truths", *Newsweek*, 1º out. 2007.

19. David S. Scharfstein e Jeremy Stein, "Herd Behavior and Investment", *American Economic Review*, v. 80, n. 3, jun. 1990, p. 465.

20. O conjunto total de ativos administrados pela HMC no final de junho de 2007, que inclui a dotação e contas relacionadas, totalizou 41 bilhões de dólares.

21. Todo mês de dezembro, a Universidade Harvard emite um comunicado à imprensa detalhando os rendimentos dos cinco maiores ganhadores da Harvard Management Company e os do CEO da HMC. Essa informação está contida também nas declarações de impostos da universidade.

22. O sexto grupo da HMC, a Convexity, que começou investindo em fevereiro de 2006, levantou mais de 6 bilhões de dólares de antemão. Essa quantia constituiu o maior levantamento de capital inicial para um fundo *hedge* na época.

Capítulo 7

1. William H. Gross, "What Do They Know?", *Investment Outlook*, PIMCO, Newport Beach, Califórnia, out. 2007.

2. "Managing Large Capital Inflows", *World Economic Outlook*, FMI, Washington, D.C., out. 2007.

3. Conferência sobre a Política de Taxa Cambial da China, IIE, Washington, D.C., 19 out. 2007. Os comentários de Truman estão em seu artigo: Edwin M. Truman, "The Management of China's International Reserves: China and an SWF Scorecard". Publicado também em *Debating Chinas Exchange Rate Policy*, editado por Nicholas R. Lardy e Morris Goldstein, IIE, Washington, D.C., 2008.

4. Para uma discussão mais detalhada, ver Mohamed A. El-Erian, "Towards a Better Understanding of Sovereign Wealth Funds". Debate sobre o artigo de Edwin M. Truman, Senior Fellow do Peterson Institute, "The Management of China's International Reserves", para a Conferência sobre a Política da Taxa Cambial da China, Peter G. Peterson Institute for International Economics (IIE), Washington, D.C., 19 out. 2007. Disponível em: <www.petersoninstitute.org/events/event_detail.cfm?EventID=47>.

5. Uma discussão detalhada pode ser encontrada em Mohamed A. El-Erian, "Asset-Liability Management in Emerging Economics", in *Sovereign Wealth Management*, editado por Jennifer Johnson-Calari e Malan Rietveld. Londres: Central Banking Publications, 2007.

6. Um exemplo de agências reguladoras é o Committee on Foreign Investment in the United States (CFIUS), do Tesouro dos Estados Unidos.

7. U. S. Department of the Treasury Office of Domestic Finance, "Who/What Is the Treasury Borrowing Advisory Committee (TBAC)?". Ver: <www.treas.gov/offices/domestic-finance/debt-management/who-is-tbac.shtml>.

8. Thomas L. Friedman, *The World Is Flat: A Brief History of the Twenty-First Century*. Nova York: Farrar, Straus and Giroux, 2005.

9. Como exemplo, ver o recente artigo-resenha de Pinelopi K. Goldberg e Nina Pavcnik, "Distributional Effects of Globalization in Developing Countries", *Journal of Economic Literature*, v. 45, n. 1, mar. 2007, pp. 39-82.

10. "Globalization and Inequality", *World Economic Outlook*, FMI, Washington, D.C., out. 2007, p. 49.

11. Ibid., p. 52.

12. Ver, por exemplo, *The Managing Director's Report on the Fund's Medium-Term Strategy, September 15, 2005*, e *The Managing Director's Report on Implementing the Fund's Medium-Term Strategy, April 5, 2006*, FMI, Washington, D.C.

13. Ver, por exemplo, *Committee to Study Sustainable Long-Term Financing of the IMF, Final Report*, FMI, Washington, D.C., 31 jan. 2007.

14. Edwin M. Truman (ed.), *Reforming the IMF for the 21st Century*, IIE, Washington, D.C., 2006.

15. Mohamed A. El-Erian, "IMF Reform: Attaining the Critical Mass", in *Reforming the IMF for the 21st Century*, editado por Edwin M. Truman, IIE, Washington, D.C., 2006.

16. Richard P. Feynman, *Personal Observations on the Reliability of the Shuttle*, reimpresso como Apêndice A em *What Do You Care What Other People Think: Further Adventures of a Curious Character*. Nova York: Norton, 1988.

17. Mohamed A. El-Erian e Michael Spence, "Refocus the Fund", *Financial Times*, 6 ago. 2007.

18. Lembre-se das qualidades de um CEO que Jack Welch gosta de enfatizar: autenticidade, visão, capacidade de contratar, flexibilidade, pensamento estratégico e execução. Para detalhes, ver Jack Welch e Suzy Welch, "Chief Executive Officer-in-Chief", *BusinessWeek*, 4 fev. 2008, p. 88.

19. Olivier Blanchard, "An Interview with Stanley Fischer", in *Inside the Economist's Mind. Conversations with Eminent Economists*, editado por Paul A. Samuelson e William A. Barnett. Malden (Massachusetts): Blackwell Publishing, 2007.

Capítulo 8

1. O impacto do risco moral e do fenômeno parcialmente relacionado da seleção adversa é discutido com elegância em Joseph E. Stiglitz e Andrew Murray Weiss, "Credit Rationing in Markets with Imperfect Information", *American Economic Review*, v. 73, n. 3, jun. 1981, pp. 303-410.

2. Xavier Freixas, "Systemic Risk and Prudential Regulation in the Global Economy". Artigo preparado para a conferência conjunta do Federal Reserve de Chicago e do FMI sobre Globalização e Risco Sistêmico, Chicago, 27 set. 2007.

3. Krishna Guha, "Fed Ready to Act Against 'Tail Risk'", *Financial Times*, 8/9 de setembro de 2007, p. 5.

4. Mohamed A. El-Erian, "Sophistication in Managing Risk Is Part of the Regime Change", *Financial Times*, 26 jul. 2007.

5. As restituições procuram assegurar desempenho superior no longo prazo. Elas proporcionam ao detentor do capital a capacidade de obter de volta comissões de desempenho do administrador de investimentos caso o registro de desempenho superior não se sustente a partir de um período predefinido.

6. Entre as questões do Emerging Markets Watch (EMW) que lidavam com a Argentina e que estão disponíveis na seção de arquivo do site da PIMCO (www.pimco.com), veja "IMF Delivers Packages for the Holidays", dez. 2000; "Distracted by Reality", abr. 2001; "The Ant Trail", ago. 2001; "Cambia, Todo Cambia", nov. 2001; e "To B Or Not to D?", jan. 2002.

7. O Emerging Market Bond Index (EMBI) é mantido pelo JPMorgan Chase.

8. Como ilustração, a ProShares anunciou na página M9 da edição de 17 de dezembro de 2007 da *Barron's*, o semanário financeiro, que estava oferecendo a investidores 29 ETFs curtos para os mercados dos Estados Unidos e procurando introduzir fundos que manipulassem os mercados estrangeiros.

9. Ver, por exemplo, Geraldine Fabrikant, "Playing Hunches at Harvard", *New York Times*, 15 mar. 2007.

10. Blaise Pascal, *Pensées*. Penguin Classics. Londres: Penguin Books, 1995.

11. Mohamed A. El-Erian, "The Elusive Center", *Emerging Markets Watch*, PIMCO, Newport Beach, Califórnia, nov. 2003.

12. Para os que não conhecem o conceito britânico, um *bedsit* é basicamente uma quitinete: sala que serve ao mesmo tempo como dormitório.

Agradecimentos

1. Tomo aqui a liberdade de me basear nas observações que fiz no jantar de premiação de 4 de outubro de 2006, na Arab Bankers Association of North America (ABANA). Disponível em: <www.arabbankers.org>.

Referências

AKERLOF, George A. "The Market for 'Lemons': Quality Uncertainty and the Market Mechanism". *Quarterly Journal of Economics*, v. 84, n. 3, ago. 1970, pp. 488-500.

ARNOTT, Robert D., HSU, Jason C. e MOORE, Philip. "Fundamental Indexation". *Financial Analysts Journal*, v. 61, n. 2, mar.-abr. 2005.

BANK FOR INTERNATIONAL SETTLEMENTS (BIS). *Triennial and Semiannual Surveys on Positions in Global Over the-Counter (OTC) Derivative Markets at end-June 2007*, Basiléia, Suíça, 2007.

BERKSHIRE HATHAWAY, *Annual Report 2002*.

BERNANKE, Ben S. "The Global Saving Glut and the U. S. Current Account Deficit". Sandridge Lecture, Virginia Association of Economics, Richmond, Virgínia, 10 mar. 2005.

______ . "Housing, Housing Finance, and Monetary Policy". Discurso do Federal Reserve no Simpósio Econômico de Kansas City, Jackson Hole, Wyoming, 31 ago. 2007.

BERNSTEIN, Peter L. *Capital Ideas Evolving*. Hoboken (NJ): Wiley, 2007.

BESHEARS, John, CHOI, James J., LAIBSON, David e MADRIAN, Brigitte C. *The Importance of Default Options for Retirement Savings Outcome: Evidence from the United States*, CeRP Working Paper 43, Center for Research on Pensions and Welfare Policies (CeRP), Turim, Itália, 2003.

BHATIA, Prashant A. *Chief Investment Officer Survey*, Citigroup Global Markets, 25 set. 2007, 36 pp.

BLUSTEIN, Paul. *And the Money Kept Rolling In (and Out): Wall Street, the IMF, and the Bankrupting of Argentina*. Nova York: Public Affairs/Perseus, 2005.

BRUNER, Robert E. e CARR, Sean D. *The Panic of 1907: Lessons Learned from the Market's Perfect Storm*. Hoboken (NJ): Wiley, 2007.

BRYNJOLFSSON, John e FABOZZI, Frank J. (eds.). *Handbook of Inflation Indexed Bonds*. New Hope (Pensilvânia): Frank J. Fabozzi Associates, 1999.

CALLEN, Tim. "Emerging Markets Main Engine of Growth", *IMF Survey Magazine*, FMI, Washington, D.C., 17 out. 2007.

CALVO, Guillermo A. "Explaining Sudden Stop, Growth Collapse, and BOP Crisis: The Case of Distortionary Output Taxes", *IMF Staff Papers*, v. 50, FMI, Washington, D.C., 2003.

CALVO, Guillermo A., IZQUIERDO, Alejandro e MJIA, Luis-Fernando. *On the Empirics of Sudden Stops: The Relevance of Balance Sheet Effects*, National Bureau of Economic Research (NBER), Cambridge, Massachusetts, 2004.

CARDARELLI, Roberto, ELEKDAG, Selim e KOSE, M. Ayhan. "Managing Large Capital Inflows", *World Economic Outlook*, FMI, Washington, D.C., out. 2007, cap. 3, p. 123.

CHOI, James J., LAIBSON, David e MADRIAN, Brigitte. *Plan Design and 401(k) Savings Outcomes*, NBER Working Paper N. 10486, NBER, Cambridge, Massachusetts, maio 2004.

DANESHKHU, Scheherazade. "Bank Chief Defends Role in Northern Rock Crisis". *Financial Times*, 21 set. 2007, p. 2.

DASH, Eric e THOMAS JR., Landon. "The Man in Citi's Hot Seat". *New York Times Sunday Business*, 7 out. 2007, p. 1.

DIALYNAS, Chris P. e AUERBACK, Marshall. "Renegade Economics and the Bretton Woods II Fiction", PIMCO, Newport Beach, Califórnia, 2007.

DOOLEY, Michael, FOLKERTS-LANDAU, David e GARBER, Peter. *The Revived Bretton Woods System: The Effects of Periphery Intervention and Reserve Management on Interest Rates and Exchange Rates in Center Countries*, NBER Working Paper N. 10332, NBER, Cambridge, Massachusetts, 2004.

DORNBUSCH, Rudiger, GOLFAJN, Ilan e VALDES, Rodrigo O. "Currency Crises and Collapses". *Brookings Papers on Economic Activity*, 1995.

DUFFIE, Darrell. "Innovation in Credit Risk Transfers: Implications for Financial Stability". Artigo apresentado na sexta conferência anual do Bank for International Settlements (BIS), Financial System and Macroeconomic Resilience, Brunnen, Suíça, 18-19 jun. 2007.

THE ECONOMIST, "Stronger China", 29 set. 2007, p. 14.

THE ECONOMIST, "Getting the Message, At Last", 13 dez. 2007, p. 18.

EICHENGREEN, Barry e HAUSMANN, Ricardo. "How to Eliminate Original Sin". *Financial Times*, 22 nov. 2002.

EL-ERIAN, Mohamed A. *Mexico's External Debt and the Return to Voluntary Capital Market Financing*, IMF Working Paper N. 91/83, FMI, Washington, D.C., ago. 1991.

______ . *Restoration of Access to Voluntary Capital Market Financing: The Recent Latin American Experience*, IMF Staff Papers 39, n. 1, FMI, Washington, D.C., mar. 1992.

______ . "Sound Economics, Noisy Politics, and the Market for Lemons". *Emerging Markets Watch*, PIMCO, Newport Beach, Califórnia, jun. 2000.

______ . "IMF Delivers Packages for the Holidays". *Emerging Markets Watch*, PIMCO, Newport Beach, Califórnia, dez. 2000.

______ . "Distracted by Reality". *Emerging Markets Watch*, PIMCO, Newport Beach, Califórnia, abr. 2001.

______ . "The Ant Trail". *Emerging Markets Watch*, PIMCO, Newport Beach, Califórnia, ago. 2001.

______ . "Cambia, Todo Cambia". *Emerging Markets Watch*, PIMCO, Newport Beach, Califórnia, nov. 2001.

______ . "To B Or Not to D?". *Emerging Markets Watch*, PIMCO, Newport Beach, Califórnia, jan. 2002.

______ . "Development and Globalization: Friends or Foes". *Emerging Markets Watch*, PIMCO, Newport Beach, Califórnia, mar. 2002.

______ . "The Elusive Center". *Emerging Markets Watch*, PIMCO, Newport Beach, Califórnia, nov. 2003.

______ . "Symbiotic Parenting". *Emerging Markets Watch*, PIMCO, Newport Beach, Califórnia, jun. 2004.

______ . "Asia: Regionalism with an Outward Orientation". *Emerging Markets Watch*, PIMCO, Newport Beach, Califórnia, jul. 2004.

______. "Decomposing Emerging Markets Bonds". *Emerging Markets Watch*, PIMCO, Newport Beach, Califórnia, set. 2004.

______. "The Policy Challenge of Managing Success". *Emerging Markets Watch*, PIMCO, Newport Beach, Califórnia, jan. 2005.

______. "Revisiting the Market for Lemons". *Emerging Markets Watch*, PIMCO, Newport Beach, Califórnia, maio 2005.

______. "It's Time to End Feudal Selection Processes". *Financial Times*, 29 mar. 2005.

______. "IMF Reforms: Attaining the Critical Mass". In: *Reforming the IMF for the 21st Century*, editado por Edwin M. Truman, Peter G. Peterson Institute for International Economics (IIE), Washington, D.C., 2006.

______. "Asset-Liability Management in Emerging Economies". In: *Sovereign Wealth Management*, editado por Jennifer Johnson-Calari e Malan Rietveld. Londres: Central Banking Publications, 2007.

______. "In the New Liquidity Factories, Buyers Must Still Beware". *Financial Times*, 22 mar. 2007.

______. "How Investors Should Respond to the Boom in M&A Activity". *Financial Times*, 30 maio 2007.

______. "Global Investor: Hedge Fund Truths". *Newsweek*, 1º out. 2007.

______. "Foreign Capital Must Not be Blocked". *Financial Times*, 2 out. 2007.

______. "Waning Days of the Dollar". *Newsweek*, 19 nov. 2007.

______. "Towards a Better Understanding of Sovereign Wealth Funds". Debate sobre o artigo de Edwin M. Truman, Senior Fellow do Peter G. Peterson Institute for International Economics (IIE), "The Management of China's International Reserves", para a Conferência sobre a Política de Taxa Cambial da China, IIE, Washington, D.C., 19 out. 2007.

EL-ERIAN, Mohamed A. e SPENCE, Michael. "Refocus the Fund". *Financial Times*, 6 ago. 2007.

______. "Growth Strategies and Dynamics: Insights from Country Experiences". *World Economics*, v. 9, n. 1, jan.-mar. 2008.

EVANS, David. "Public School Funds Hit by Defaulted SIV Debts Hidden in Investment Pools". *Bloomberg News*, 15 nov. 2007.

FABRIKANT, Geraldine. "Playing Hunches at Harvard". *New York Times*, 15 mar. 2007.

FAUST, Drew Gilpin. "Unleashing Our Most Ambitious Imaginings". Discurso inaugural, Universidade Harvard, Cambridge, Massachusetts, 12 out. 2007.

FEYNMAN, Richard P. *What Do You Care What Other People Think?: Further Adventures of a Curious Character*. Nova York: Norton, 1988.

FINANCIAL TIMES. "Europe Is Wrong to Push Strauss-Kahn", 28 ago. 2007, p. 8.

FISHER, Irving. "The Debt-Deflation Theory of the Great Depression". *Econometrica*, v. 1, n. 4, out. 1933.

FREIXAS, Xavier. "Systemic Risk and Prudential Regulation in the Global Economy". Artigo preparado para a palestra conjunta do Federal Reserve de Chicago e do FMI sobre Globalização e Risco Sistêmico, Chicago, 27-28 set. 2007.

FRIEDMAN, Milton. Essays *in Positive Economics*. Chicago: University of Chicago Press, 1953.

FRIEDMAN, Thomas L. *The World Is Flat: A Brief History of the Twenty-First Century*. Nova York: Farrar, Strauss and Giroux, 2005.

FUNDO MONETÁRIO INTERNACIONAL (FMI). *The Managing Director's Report on the Fund's Medium-Term Strategy*, 15 set. 2005, Washington, D.C.

______. *The Managing Director's Report on Implementing the Fund's Medium-Term Strategy*, 5 abr. 2006, Washington, D.C.

______. *IMF inFocus*, suplemento do *IMF Survey*, v. 35, set. 2006.

______. *Committee to Study Sustainable Long-Term Financing of the IMF, Final Report*, Washington, D.C., 31 jan. 2007.

______. "Managing Large Capital Inflows". *World Economic Outlook*, Washington, D.C., out. 2007.

______. "Globalization and Inequality". *World Economic Outlook*, Washington, D.C., out. 2007.

GOLDBERG, Pinelopi K. e PAVCNIK, Nina. "Distributional Effects of Globalization in Developing Countries". *Journal of Economic Literature*, v. 45, n. 1, mar. 2007, pp. 39-82.

GOODHART, C. A. E. "Monetary Relationship: A View from Threadneedle Street". *Papers in Monetary Economics*, v. I, Banco Central da Austrália, 1975.

GOTTSCHLAG, Oliver e PHALIPPOU, Ludovic. "The Truth about Private Equity Performance". *Harvard Business Review*, dez. 2007.

GREENSPAN, Alan. *The Age of Turbulence: Adventures in a New World*. Nova York: Penguin Press, 2007. [Trad. bras.: *A era da turbulência: aventuras em um novo mundo*. São Paulo: Campus, 2007.]

GROSS, William H. "Philosopher's Stone". *Investment Outlook*, PIMCO, Newport Beach, Califórnia, set. 2004.

______. "What Do They Know?". *Investment Outlook*, PIMCO, Newport Beach, Califórnia, out. 2007.

GUHA, Krishna. "Fed Ready to Act Against 'Tail Risk'". *Financial Times*, 8/9 set. 2007, p. 5.

HAHN, Frank e HOLLIS, Martin. *Philosophy and Economic Theory*. Nova York: Oxford University Press, 1979.

HARPER, Christine. "Goldman Doesn't Plan Significant Mortgage Writedowns, CEO Blanfein Says". *Bloomberg News*, 13 nov. 2007.

HERNANDEZ, Javier C. "Boston Tea Party Catches Fire Again". *Boston Globe*, 28 ago. 2007.

HUSAIN, Aasim M. "Riding the Crest of the Oil Boom". *IMF Survey Magazine*, FMI, Washington, D.C., 30 out. 2007.

INTERNATIONAL ENERGY AGENCY (IEA). *World Energy Outlook (WEO)*, Paris, out. 2007.

JOHNSON, Simon. "The Rise of Sovereign Wealth Funds". *Finance and Development*, set. 2007, p. 57.

JOHNSON-CALARI, Jennifer e RIETVELD, Malan. *Sovereign Wealth Management*. Londres: Central Banking Publications, 2007.

KAHNEMAN, Daniel. "Maps of Bounded Rationality: A Perspective on Intuitive Judgment and Choice". Palestra do Prêmio Nobel, Estocolmo, Suécia, 8 dez. 2002.

KAHNEMAN, Daniel e TVERSKY, Amos. "Prospect Theory: An Analysis of Decision Under Risk". *Econometrica*, v. 17, 1979.

KAHNEMAN, Daniel e TVERSKY, Amos (eds.). *Choices, Values, and Frames*. Cambridge: Cambridge University Press, 2000.

KAPLAN, Steven N. e SCHOAR, Antoinette. "Private Equity Performance: Returns, Persistence and Capital Flows". *Journal of Finance*, v. 60, n. 4, 2005.

KEOGH, Bryan e HARRINGTON, Shannon D. "Citigroup Pushes Bank Borrowing Costs above Companies". *Bloomberg News*, 16 nov. 2007.

KEYNES, John Maynard. *The General Theory of Employment, Interest, and Money*. Londres: Macmillan, 1936. [Trad. bras.: *Teoria geral do emprego, do juro e da moeda*. São Paulo: Atlas, 1998.]

KUDRIN, Alexei. "The Era of Empires Is Over for International Bodies". *Financial Times*, 30 set. 2007.

LARDY, Nicholas R. e GOLDSTEIN, Morris (eds.). *Debating China's Exchange Rate Policy*, IIE, Washington, D.C., 2008.

LERNER, Josh e SCHOAR, Antoinette. *The Eliquidity Puzzle: Theory and Evidence from Private Equity*,

NBER Working Paper N. W9146, National Bureau of Economic Research (NBER), Cambridge, Massachusetts, 2002.

LERNER, Josh, SCHOAR, Antoinette e WONG, Wan. *Smart Institutions, Foolish Choices? The Limited Partner Performance Puzzle*, NBER Working Paper N. 11136, National Bureau of Economic Research (NBER), Cambridge, Massachusetts, 2005.

LEVITT, Steven D. e DUBNER, Stephen J. *Freakonomics: A Rogue Economist Explores the Hidden Sides of Everything*. Nova York: HarperTorch, 2006.

LEWIS, K. "Trying to Explain Home Bias in Equities and Consumption". *Journal of Economic Literature*, v. 37, jun. 1999, pp. 571-608.

LIFSCHER, Marc. "CalPERS Panel OKs Broader Mix". *Los Angeles Times*, 18 dez. 2007, p. C2.

MASSON, Paul R. *Multiple Equilibria, Contagion, and the Emerging Market Crises*, IMF Working Paper WP/99/164, FMI, Washington, D.C., nov. 1999.

McCLURE, Samuel M., LAIBSON, David I., LOWENSTEIN, George e COHEN, Jonathan D. "Separate Neural Systems Value Immediate and Delayed Monetary Rewards". *Science*, v. 306, 15 out. 2004, pp. 503-7.

McCREEVY, Charlie. Discurso oficial de abertura, Banco Internacional Wachovia, 26 out. 2007, European Commission, p. 5.

McCULLEY, Paul. "Teton Reflections". *Global Central Bank Focus*, PIMCO, Newport Beach, Califórnia, ago.-set. 2007.

McKINSEY GLOBAL INSTITUTE (MGI). *The New Power Brokers: How Oil, Asia, Hedge Funds, and Private Equity Are Shaping Global Capital Markets*, San Francisco/McKinsey & Company, out. 2007.

MISHKIN, Frederic S. "Monetary Policy and the Dual Mandate". Discurso proferido no Bridgewater College, Bridgewater, Virgínia, 10 abr. 2007.

NAKAMOTO, Michiyo e WIGHTON, Wighton. "Bullish Citigroup Is 'Still Dancing' to the Beat of the Buyout Boom". *Financial Times*, 10 jul. 2007.

PASCAL, Blaise. *Pensées*. Penguin Classics. Londres: Penguin Books, 1995.

PETERSON, Richard L. *Inside the Investor's Brain: The Power of Mind Over Money*. Hoboken (NJ): Wiley, 2007.

RIDLEY, Matt. Letters to the Editor. *The Economist*, 29 set. 2007, p. 19.

RODRIK, Dani. *One Economics, Many Recipes: Globalization, Institutions, and Economic Growth*. Princenton (NJ): Princeton University Press, 2007.

ROUBINI, Nouriel e SESTER, Brad. "How Scary Is the Deficit?". *Foreign Affairs*, jul.-ago. 2005.

SAMUELSON, Paul A. e BARNETT, William A. *Inside the Economist's Mind: Conversations with Eminent Economists*. Malden (Massachusetts): Blackwell Publishing, 2007.

SCHARFSTEIN, David S. e STEIN, Jeremy. "Herd Behavior and Investment". *American Economic Review*, v. 80, n. 3, jun. 1990, p. 465.

SEN, Amartya K. "Rational Fools: A Critique of the Behavioral Foundations of Economic Theory". *Philosophy and Public Affairs*, v. 6, n. 4, verão de 1977.

SHEFRIN, Hersh e STATMAN, Meir. "The Disposition to Sell Winners Too Early and Ride Losers Too Long: Theory and Evidence". *Journal of Finance*, v. 40, n. 3, 1985, pp. 777-90.

SHILLER, Robert J. *Irrational Exuberance*. Princenton (NJ): Princeton University Press, 2000. [Trad. bras.: *Exuberância irracional*. São Paulo: Makron Books, 2000.]

SHIV, Baba e FEDORIKHIN, Alexander. "Heart and Mind in Conflict: The Interplay of Affect and Cognition in Consumer Decision Making". *Journal of Consumer Research*, v. 26, dez. 1999, pp. 278-92.

SHLEIFER, Andrei e VISHNY, Robert W. "The Limits to Arbitrage". *Journal of Finance*, mar. 1997, pp. 35-55.

SIEGEL, Jeremy J. *Stocks for the Long Run: The Definitive Guide to Financial Market Returns & Long Term Investment Strategies*. 4. ed. Nova York: McGraw-Hill, 2008.

SIM, Stuart. *Manifesto for Silence: Confronting the Politics and Culture of Noise*. Edimburgo: Edinburgh University Press, 2007.

SIMON, Scott. "Scott Simon Discusses PIMCO's Views on the U.S. Housing Market". PIMCO, Newport Beach, Califórnia, dez. 2006.

STIGLITZ, Joseph E. e WEISS, Andrew Murray. "Credit Rationing in Markets with Imperfect Information". *American Economic Review*, v. 73, n. 3, jun. 1981, pp. 303-410.

SUMMERS, Lawrence H. "Reflections on Global Account Imbalances and Emerging Markets Reserve Accumulation". Palestra em memória a L. K. Jha, proferida em 24 de março de 2006, no Banco Central da Índia, Mumbai, Índia.

SWANN, Christopher. "Strauss-Kahn to Inherit IMF Job with Reduced Clout". *Bloomberg News*, 31 ago. 2007. SWENSEN, David. *Unconventional Success: A Fundamental Approach to Personal Investment*. Nova York: Free Press, 2005.

TALEB, Nassim Nicholas. *Fooled by Randomness: The Hidden Role of Chance in Life and the Markets*. Nova York: Random House, 2005.

______ . *The Black Swan: The Impact of the Highly Improbable*. Nova York: Random House, 2007. [Trad. bras.: *A lógica do cisne negro: o impacto do altamente improvável*. Rio de Janeiro: Best Seller, 2008.]

______ . "The Pseudo-Science Hurting Markets". *Financial Times*, 24 out. 2007.

TETT, Gillian. "Why Financiers Have Missed the New Monster". *Financial Times*, 7 set. 2007, p. 22.

TRUMAN, Edwin M. (ed.). *Reforming the IMF for the 21st Century*, IIE, Washington, D.C., 2006.

______ . "The Management of China's International Reserves: China and an SWF Scorecard". Artigo preparado para a Conferência sobre a Política de Taxa Cambial da China, IIE, Washington, D.C., 19 out. 2007. Também publicado em *Debating China's Exchange Rate Policy*, editado por Nicholas R. Lardy e Morris Goldstein, Washington, D.C., 2008.

UNMACK, Neil e BOYD, Sebastian. "HSBC Will Take on $45 Billion of Assets from Two SIVs". *Bloomberg News*, 26 nov. 2007.

VAN AGTMAEL, Antoine. *The Emerging Markets Century: How a New Breed of World Class Companies Is Overtaking the World*. Nova York: Free Press, 2007.

VANDEHEI, Jim e WEISMAN, Jonathan. "Republicans Split with Bush on Ports: White House Vows to Brief Lawmakers on Deal with Firm Run by Arab State". *Washington Post*, 23 fev. 2006, p. A01.

WAINER, Howard. "The Most Dangerous Equation". *American Scientist*, maio-jun. 2007, p. 250.

WARSH, Kevin. "The End of History?". Discurso na New York Association for Business Economics, Nova York, 7 nov. 2007.

WEBBER, Jude e LAPPER, Richard. "It Won't be Easy... No Tears for the IMF as Feisty Argentina Awaits Its Next Evita". *Financial Times*, 25 out. 2007.

WELCH, Jack e WELCH, Suzy. "Chief Executive Officer-inChief". *BusinessWeek*, 4 fev. 2008.

WHITE, Ben e WIGHTON, David. "Credit Squeeze Costs Banks $18 Billion". *Financial Times*, 6 out. 2007, p. 1.

WOLF, Martin. "Questions and Answers on a Sadly Predictable Debt Crisis". *Financial Times*, 5 set. 2007.

______ . "The Bank Loses a Game of Chicken". *Financial Times*, 21 set. 2007, p. 11.

Yew, Lee Kuan. *From Third World to First-The Singapore Story: 1965-2000*. Nova York: HarperCollins, 2000.

Agradecimentos

Este livro foi influenciado por muitas pessoas com as quais tive contato em minha vida e que a enriqueceram com sua generosidade e *insights*.

A obra não teria visto a luz do dia se não fosse pelo papel crucial desempenhado por Jeanne Glasser na McGraw-Hill. Ela prestou auxílio fundamental para me incentivar a colocar a mão na massa (mais precisamente, os dedos no teclado), e tanto ela como suas colegas responderam prontamente às questões que surgiram.

Francesc Balcells, Mike Spence e Ramin Toloui tiveram a gentileza de ler o primeiro rascunho do manuscrito, e fizeram comentários extremamente úteis.

Várias das idéias contidas neste livro se beneficiaram das discussões em seminários e conferências. Aprendi muito com base em interações com alunos e professores na Harvard Business School, no Departamento de Economia da Universidade de Harvard e na John F. Kennedy School of Government. Também me beneficiei dos comentários ouvidos em reuniões organizadas pela Allianz, e em outras realizadas nas seguintes instituições: Bank for International Settlements (BIS); Conselho de Relações Exteriores; Federal Reserve de Chicago; Federal Reserve de Nova York; 100 Women in Hedge Funds; Grant Fall Forum; International Finance Corporation (IFC); Fundo Monetário Internacional (FMI); Kuwait Investment Authority (KIA); Massachusetts Institute of Technology (MIT); National Bank of Kuwait (NBK); Peter G. Peterson Institute for International Economics (IIE); Universidade Técnica de Munique; e Banco Mundial.

Se não tiver o mérito de apresentar nada mais, este livro pelo menos ilustrará como tenho tido sorte em minha vida. Tive várias oportunidades profissionais interessantes, aprendi com professores e colegas brilhantes, e vivi rodeado por uma família que me apoiou e me incentivou, além de ter amigos maravilhosos. Simplesmente não existe maneira de fazer justiça a todos eles por meio da tradicional seção de Agradecimentos. Portanto, com o risco de omissões inadvertidas, gostaria de agradecer a várias pessoas.

Por compartilharem seus *insights* e experiências, meus colegas da Harvard Management Company (HMC), do Fundo Monetário Internacional (FMI), da Pacific Investment Management Company (PIMCO) e da Salomon Smith Barney/Citigroup foram importantes ao me ensinarem como o mundo real funciona.

Nos dois agradáveis anos que passei na HMC, beneficiei-me das interações com colegas talentosos, como Joe Auth, Francesc Balcells, John Bergen, John Campbell, Peter Dolan, Graig Fantouzzi, John Galanek, Glenn Hutchins, Rob Kaplan, Dan Kelly, Marty Leibowitz, Jay Light, Kate Murtagh, Hilda Ochoa-Brillembourg, Don Rich, Jim Rothenberg e Andy Wiltshire. As interações foram muito aprimoradas por numerosas discussões espontâneas e esclarecedoras sobre investimentos, que tive no andar de negócios, principalmente com Steve Alperin, Stephen Blyth, Elise McDonald, Karen Parker, Craig Szeman, Marc Seidne e Stan Zuzic.

Muitas pessoas me ajudaram e influenciaram durante meus 15 anos em Washington, D.C., trabalhando no FMI. Agradecimentos especiais a Mark Allen, Caroline Atkinson, Fred Bergsten, Jack Boorman, Andrew Crockett, Said El-Naggar, Stan Fischer, Morris Goldstein, Jacque de Larosiere, Malcolm Knight, Alessandro Leipold, o falecido Tom Leddy, Cláudio Loser, Adan Mazarei, Mike Mussa, Moises Naim, Gumersindo Oliveros, Klaus Regling, Shakour Shaalan, Ernie Stern, Ted Truman, Max Watson, John Williamson e Muhammad Yaqub.

A PIMCO foi para mim um lar profissional e intelectual com o qual a maioria das pessoas só consegue sonhar. Sou particularmente grato a Bill Gross, que me inspirou, e a muitos outros, com sua abordagem disciplinada dos investimentos, *insights*, sua abertura para novas idéias e o compromisso de entender bem os diferentes ciclos de mercado e condições políticas. Também me beneficiei muito das interações com outras pessoas do Comitê de Investimentos da PIMCO, como Chris Dialynas, Pasi Hamalanian, Paul McCulley, Bill Powers e Changhong Zhu. Para quem vê de fora, nossas discussões podem parecer disputas verbais ásperas, mas sabemos que são tentativas preciosas de chegar à verdade no contexto de um alto grau de mútuo respeito pessoal e intelectual. As discussões foram enriquecidas por interações com muitos outros colegas da PIMCO, como Andrew Balls, Rich Clarida, Michael Gómez, Dan Ivacsyn, Jay Jacobs, Scott Mather, Curtis Mewbourne, Saumil Parikh, Mark Porterfield, Steve Rodosky, Scott Simon, Bill Thompson, Ramin Toloui, Dick Weil e Lori Whiting. Também me beneficiei de interessantes trocas em Munique. Agradecimentos especiais a Paul Achleitner, Michael Diekmann, Joachim Faber, Helmut Perlet e outros membros do Allianz Group.

Meu tempo na Salomon Smith Barney/Citigroup marcou uma importante transição do mundo da política para o da realidade diária do mercado. Consegui lidar bem com essa transição graças à orientação de colegas como Rafael Biosse-Duplan, Amer Bisat, Edward Cowen, Jim Faroese, Mark Franklin, Desmond Lachman, Tom Maheras e Kim Shoenholtz.

Minha carreira profissional não teria sido tão divertida se não tivesse sido capaz de me inspirar no mundo acadêmico. Nesse sentido, gostaria de agradecer aos colegas de Cambridge, Harvard e Oxford, que me ensinaram muito por meio de discussões e debates interessantes. Agradecimentos especiais a Rawi Abdelal, Derek Bowett, Randy Cohen, Andy Cosh, Joy de Beyer, John Eatwell, Drew Faust, Frank Hahn, Jim Herzog, o falecido John Hicks, Jakub Jurek, Nick Knight, Robert Mabro, Murray Milgate, André Perolt, Ken Rogoff, a falecida Joan Robinson, Bob Rowthorne, Eytan Shapiro, Ajit Singh, Frances Stewart, Larry Summers, Luis Vicer e Jeff Weir. Gostaria de agradecer também a Lloyd Blankfein, Gary Cohn, Alan Greenspan, Ken Griffin, Seth Klarman, Adam Lerrick, Vikram Pandit e Mike Spence, que foram maravilhosos como estímulo intelectual.

Ao longo dos anos, tive o privilégio de publicar artigos opinativos que me ajudaram a aguçar e definir melhor meus pontos de vista. Sou particularmente grato a colegas no *Financial Times* e na *Newsweek*, como Lionel Barber, Thorold Barker, Rana Faroohar, Chrystia Freeland, Brian Groom, Krishna Guha, Roula Khalaf, Gwen Robinson, Tony Tussell, Martin Wolf e Fareed Zakaria.

Por fim, e mais importante, nada do que citei anteriormente teria se materializado se não fosse por minha família e meus amigos maravilhosos[1]. Meus pais instilaram em mim desde cedo a importância da educação e da investigação. Apesar de seu modesto salário de acadêmico (e depois de funcionário público), meu pai nunca hesitou em mandar seus filhos para as melhores escolas do Egito, Europa e Estados Unidos. Ele nos estimulou a buscar excelência e permanecer fiéis a nossas origens, sem nunca perder de vista as oportunidades especiais que nos eram proporcionadas. Minha mãe continuou essa tradição depois que meu pai faleceu repentinamente em 1981. Ao longo disso tudo, recebi conselhos sábios deles e de muitos amigos – em geral, com uma saudável dose de bom humor.

A lembrança do apoio familiar ficaria incompleta se não fizesse menção especial à minha incrível esposa, Jamie, e a nossa maravilhosa filha. Sou muito privilegiado a esse respeito. Elas me cercaram de um imenso amor. E criaram, cotidianamente, as condições que me permitiram atuar bem.

Durante semanas, toleraram que eu chegasse em casa depois de um dia no escritório, ou de vários dias viajando, e então ficasse na frente do computador na cozinha para escrever este livro. Elas agüentaram me ver muitos fins de semana trabalhando enquanto nosso cachorro deitava no chão perto de mim para me fazer companhia. Toleraram até mesmo que eu escrevesse durante nossas já tão pouco freqüentes férias familiares. Sem o apoio da minha família, não teria sido capaz de escrever este livro.

Este livro foi composto em Goudy Old Style e impresso pela Edigraf
sobre papel pólen soft 70g para a Ediouro, em novembro de 2008.